위험한 정치경제학

정치와 경제의
은밀한 거래에 관한 보고서

위험한 정치경제학

정치와 경제의 은밀한 거래에 관한 보고서

| **박훈탁** 지음 |

더난출판

정치와 경제의 은밀한 거래에 관한 보고서
위험한 정치경제학

초판 1쇄 인쇄 2012년 8월 20일
초판 1쇄 발행 2012년 8월 27일

지은이 박훈탁 | **펴낸이** 신경렬 | **펴낸곳** (주)더난콘텐츠그룹

상무 강용구 | **기획편집부** 차재호 민기범 임영묵 성효영 윤현주 서유미 | **디자인** 서은영 장진희
마케팅 김대두 견진수 홍영기 서영호 | **교육기획** 함승현 양인종 지승희 이선미 이소정
디지털콘텐츠 최정원 박진혜 | **관리** 김태희 양은지 | **제작** 유수경 | **물류** 김양천 박진철
책임편집 임영묵

출판등록 2011년 6월 2일 제25100-2011-158호
주소 121-840 서울시 마포구 서교동 395-137 | **전화** (02)325-2525 | **팩스** (02)325-9007
이메일 book@thenanbiz.com | **홈페이지** http://www.thenanbiz.com

ISBN 978-89-8405-683-1 03320

추 천 사

'막가는 정치가 금융위기를 초래했다는 사실'을 경험적 증거와 정밀하고 논리적인 설명으로 명명백백하게 입증한 최초의 책이다. '대한민국의 금융위기뿐 아니라 세계 중요한 경제위기가 모두 정치인들의 꼼수와 속임수' 때문이라고 밝힌 저자의 예리한 관찰과 치밀한 분석에 놀랐다. 더 놀란 것은 주기적으로 반복하는 주가대폭락과 경제위기를 이용해 수익을 창출하는 사람들이 많다는 사실이다. 이를 서민과 대중이 알게 되어 적극적으로 활용하면, 중산층으로 도약하는 데 결정적인 수단이 될 수 있다는 저자의 주장이 상당히 정교하다.

● 김주홍(울산대학교 교수) ●

글로벌증시 대폭락과 경제위기를 초래하는 정치와 경제의 은밀한 거래에 관한 비장의 보고서를 세상에 내놓은 저자에게 감사의 말을 전한다. '가치의 권위적 배분'이라는 정치 개념을 모르는 사람은 많지 않다. 그런데 정치가 '국가와 지방정부의 예산을 멋대로 배분하는 폭력'이라는 사실을 아는 사람은 많지 않다. 공공의 목적에 사적인 이해를 덮어씌우는 것이 정치인의 보편적 특성임을 아는 사람도 많지 않다.

정치와 정치인이 경제정책을 만들다 보니까 경제가 올바르게 경제교과서대로 돌아가지 않는다. 정치와 정치인이 주기적으로 글로벌증시 대폭락과 경제위기를 만들어낼 수밖에 없다는 저자의 섬뜩한 통찰력이 경이로울 뿐이다. 이 책은 자본주의사회에서 중산층으로 살아남으려면 한 번은 읽어야 할 필독서다.

● 이홍종(부경대학교 교수) ●

평생 국제정치학과 외교사를 연구하고 가르치면서 그렇지 않을 수도 있다는 생각을 전혀 하지 않은 것은 아니지만, 정치와 경제는 마땅히 별개의 것이어야 한다고 믿었고 또 그렇게 가르쳤다. 1980년대 말부터 1990년대까지 몇몇 중남미제국에서 제도권정치 밖의 포퓰리스트 인사들이 대통령으로 선출된 것은 경제를 망쳐버린 민주화세력에 대한 반발이었다. 그래도 나는 그것이 중남미제국에서나 일어날 만한 현상이라고 믿었다. 그런데 우리나라에서도 민주화세력이 금융위기를 일으켰고, 책임을 감추려고 거짓된 전염이론을 빌미로 만든 금융감독원이 새로운 금융위기를 만들고 있다는 이 책의 진술에 도무지 빈틈이 없다. '금융위기의 정치적인 원인'을 숨기려고 금융감독원을 만들었다는 사실을 처음엔 도저히 믿을 수 없었다. 그런데 금융감독원의 관리감독 소홀로 빚어진 저축은행 부도사태와 CD 금리 담합의혹이 단지 빙산의 일각일 뿐이라니 개탄스럽기까지 하다. 금융위기를 일으킨 세력이 1970년대에 권력을 잡았더라면 경제가 꽃을 피우기도 전에 무너졌으리라는 생각에 소름이 돋고 모골이 송연해진다. 몰랐던 사실을 알게 되어 국민의 한 사람으로서 감사할 뿐이다.

● 박봉식(전 서울대학교 총장) ●

읽고 나니 속이 후련해진다. 금융위기가 발생한 지 무려 15년이나 지났는데 새삼스럽게 '금융위기의 정치적인 원인'을 이야기할까 궁금했는데, 거대한 이유가 숨겨져 있었다니 충격적이다. 모든 위기의 이면에 정치와 정치인의 꼼수가 있었다는 사실을 알게 된 것도 어찌 보면 내겐 행운이다. 안타까운 것은 정작 대중들은 이 무시무시한 사건에 별 관심이 없다는 것이다. 두렵고 걱정되는 것은 금융위기나 경제위기가 반복될 가능성이 아주 크다는 것이고, 위기가 다시 터지면 서민과 대중만 또다시 치명적인 피해를 보게 된다는 점이다. 많은 사람이 정치와 경제의 음험한 관계를 알게 되면, 그들의 속임수와 꼼수가 오히려 우리에게 절호의 기회가 될 수 있다는 저자의 말에 귀가 솔깃해진다. 아무쪼록 이 책이 널려 알려져 정치인들의 꼼수 때문에 주기적으로 발생할지 모를 '경제위기'에 대한 강력한 대비책이 되길 바란다.

● 박홍규(전 외교안보연구원(현 국립외교원) 교수) ●

Prologue

정치인은 사람을 속인다

'금융위기의 정치적인 원인'을 찾아 논문을 발표한 것이 벌써 12년 전의 일이다. 학회 관계자가 금융위기를 다룬 논문의 심사를 의뢰한 적도 있고, 사회·정치·경제적 변화와 함께 시간도 많이 흘러 '금융위기의 정치적인 원인'이 어느 정도는 알려진 줄 알았는데, 아직 일반 대중에게는 전파되지 못한 것 같다. 그래서 그런지 정치권에서 또다시 금융위기를 가져올 만한 사건이 연이어 발생하는데도 대중은 별 관심을 보이지 않고 있다. 그것들 중 일부는 지금도 진행 중이다. 더 오래 금융위기의 정치적인 원인이 묻히면, 새로운 금융위기가 터지고 또다시 대중이 큰 피해를 보리라는 두려움이 생겨 이 책을 쓰게 되었다. 이제 이런 사실이 세상에 널리 알려져 많은 사람이 정치와 경제의 음험한 관계를 좀 더 면밀히 알게 되기를 바란다.

정치는 중앙정부나 지방정부의 예산을 멋대로 배분하는 행위다. 정치인은 공공公共의 목적을 추구하는 척하면서 아무도 모르게 개인이나 당파의 사적私的인 동기를 추구하는데, 이를 위해 국가와 지방의 예산을 멋대로 배분한다. 이러한 정치인이 만드는 경제정책은 공공의 목적이 아니라, 개인이나 당파의 이해를 추구하는 것일 수밖에 없다.

그래서 정치인이 만드는 경제정책이 경제위기를 효과적으로 해결하리라는 기대는 허망하게 무너질 수밖에 없다. 경제정책을 만드는 주체는 경제인이 아니라, 정치인이고 이들에게 경제위기를 효과적으로 해결해주는 경제정책을 기대하는 것은 연목구어緣木求魚요, 우물가에서 숭늉 찾는 격이다.

그렇다면, 정치인이 사적인 동기를 공공의 목적에 덮어씌우는 것을 효과적으로 파악하는 방법이 없을까? 천만 다행스럽게도 있다. 비교정치학의 '역사적 제도주의Historical Institutionalism'라는 접근법을 사용하면, 직관과 관찰력이 뛰어나지 않아도 정치인이 공공의 목적에 사적인 동기를 덮어씌우는 과정을 이해할 수 있다.

그뿐만 아니라 '역사적 제도주의'는 정치세력이 비합리적이고 사적인 이해를 추구하려고 시장제도를 만들고 유지하는 과정을 분석하는 작업에도 매우 유용하다. 이 책은 '역사적 제도주의' 접근법과 개념과 방법론으로 한국과 미국의 정치인과 관료집단의 꼼수를 분석했는데 '한국연구재단 등재학술지'에 출판한 필자의 논문을 일반

■ ■ ■ ■ ■

대중들까지 쉽게 볼 수 있도록 풀어놓았다.

이 책을 통해 독자들과 이야기하고 싶은 핵심 중 하나는, 우리가 처절하게 경험한 1997년 11월 한국의 금융위기와 2007~2008년에 발생한 글로벌증시 대폭락과 경제위기의 이면을 들춰보는 것이다. 혼란의 한 가운데 있었던 한국과 미국의 정치인과 관료집단의 정치 꼼수 그리고 이것의 여파들을 하나하나 확인하고, 그동안 가려져 있던 숨겨진 비밀도 밝히고자 한다. 무엇보다 이 사실을 우리나라 일반 대중들에게 널리 알리는 것이 이 책의 주목적이다. 그들이 가장 큰 피해를 보는 당사자가 되기 때문이다. 더불어 조만간의 미래에 글로벌증시 대폭락과 경제위기가 또다시 닥쳐온다고 예측해보고, 우리가 취해야 할 대안도 모색한다.

집중적으로 전달하려는 또 다른 메시지는, 정치적 현상과 팩트 자체를 뛰어넘어 '정치와 정치인들의 보편적인 특성을 꿰뚫어 보아야 한다.'라는 것이다. 즉, 정치는 원래 '폭력적'이고, 대중을 속이고 공공의 목적에 사적인 이해를 덮어씌운다는 것이다. 이런 속성을 간파해야 한다는 것이 전달하고 싶은 주요 메시지이며 이를 돕는 것이 이 책의 역할 중 하나다.

시카고대학교의 원로 정치학자 이스턴David Easton 교수는 정치를

‘가치의 권위적 배분Authoritative Distribution of Value’이라고 정의한 바 있다. 가치는 예산을 의미하고, 권위적 배분이란 시장배분에 반대되는 개념으로서 자의적으로 또는 멋대로 배분하는 것을 말한다. 정치인들이 멋대로 배분한 예산은 결국 자신들을 선출한 유권자들에게 막대한 손해를 끼칠 수 있기 때문에 정치는 폭력적일 수밖에 없다는 말이다. 지금도 정치학자들은 이스턴 교수의 정치개념을 사용한다.

이런 특성을 못 본 채 또는 간과한 채, 단순히 정치적 업적과 이해관계의 관점에서 정치와 정치인들을 들여다본다면, 당신은 상당히 곤란한 문제를 겪을 수도 있다. 이 책은 그들을 단순히 비난하고 헐뜯는 비판서가 아니다. 정치 이슈의 변화와 정치의 속성을 좀 더 깊이 있게 들여다보라고 요구하고 있으며, 제대로 이해할 것을 주장한다. 그래야, 정치인과 정치가 ‘대중의, 대중에 의한, 대중을 위한’ 정치를 펼쳐나갈 것이기 때문이다.

정치와 정치인들의 정치적인 꼼수와 속임수는 비단 우리나라뿐만 아니라, 개발도상국부터 선진국에 이르기까지 나라를 가리지 않고 필연적으로 나타나는 현상이기도 하다. 꼼수를 부려서 사람을 속이는 것은 일부 정치인의 개인적 속성이 아니라, 모든 정치인의 보편적 특성이다. 정치인은 속이는 피조물로 자신의 사적인 동기를 공공의 목적에 덮어씌우는데, 아무도 알아차리지 못하게 그렇게 한

■ ■ ■ ■ ■

다.[1] 이것은 정치인이 보편적으로 갖는 정신병리학적 특성Psycho-pathological Characteristics을 간파한 것인데 '꼼수를 부려서 사람을 속이는 것이 모든 정치인이 갖는 보편적 특성'이라는 말이다. 이런 특성에 비춰볼 때, 정치인은 과거에도 그래 왔고, 현재뿐만 아니라 미래에도 사람을 속일 것이다.

사실 정치인은 사람을 속이지 않으면 정치인으로 살아남을 수가 없다. 그들이나 연예인이나 대중의 인기를 먹고사는 것은 마찬가지다. 연예인은 갈고닦은 용모와 재능으로 대중의 사랑과 신뢰를 얻는다. 정치인은 정책으로 대중의 사랑과 신뢰를 얻어야 하고, 그래야만 살아남을 수 있다. 그런데 정책이라는 것은 그것을 시행하는 정치세력을 포함한 특정 집단에게만 혜택을 주는 것이라서 모든 대중의 사랑과 신뢰를 얻을 수 없다. 그래서 정치인은 생존을 위해 살아남으려면 대중을 속일 수밖에 없고, '전체 대중의 사랑과 신뢰'를 얻고자 속임수와 꼼수를 펼친다.

그런데 우리 모두가 정치와 정치인의 이런 성질과 특성을 제대로 파악하면, 그들은 세간의 따가운 시선을 분명히 의식하게 될 것이고

1 이것은 좌파로 분류되는 미국 정치학계의 태두이며 정치심리학자 라스웰(Harold Lasswell)의 주장이다. 그는 주로 정신병리학의 관점에서 정치인의 행태를 분석했다: Harold Lasswell, *Psychopathology and Politics* (Chicago: University of Chicago Press, 1977) 8, 153

■ ■ ■ ■ ■

이 때문에 함부로 거짓말을 하거나 '사적인 이해'를 추구하는 꼼수를 부리지 못하게 된다.

그런데 문제의 본질은, 정치인과 관료집단의 꼼수가 단지 사람을 속이는데 그치지 않고, 주기적으로 글로벌증시 대폭락과 경제위기로 이어지게 한다는 데 있다. 이런 엄청난 혼란의 실체를 좀 더 깊이 있게 들여다보는 것이 이 책이 말하는 주요한 메시지이고, 경제생활을 하면서 열심히 일하는 대중들이 알게 되기를 희망한다.

희한하게도 글로벌증시 대폭락과 경제위기의 발생주기는 기업의 설비투자 변동으로 인해 8~10년마다 발생하는 주글라 파동Jugla Cycle과 일치한다. 과거의 대표적 사례로, 글로벌증시 대폭락의 발생으로 경제위기가 시작된 1987년 10월 19일 블랙먼데이Black Monday를 들 수 있다.[2] 이 날 홍콩에서 주가가 45.5% 떨어졌고, 호주 41.8%, 스페인 31%, 영국 26.45%, 미국 22.68%, 캐나다 22.5%, 그리고 뉴질랜드는 60%나 떨어졌다.

그로부터 10년 후 1997년에 발생한 동아시아의 금융위기로 인한 글로벌증시 대폭락과 경제위기 또 그로부터 10년 후 2007년에 터진 글로벌 주택거품과 2008년의 리만 브러더스Lehman Brothers 부도사태가 가져온 글로벌증시 대폭락과 경제위기의 이면에 정치인과 관료

■ ■ ■ ■ ■

집단의 꼼수가 있었다. '정치적인 원인'에 의해 양산된 경제위기였다. 답답한 것은 이런 사실을 그 누구도 공론화하고 그 사실의 이면을 밝히지 못하고 있다는 것과, 대부분 사람이 인지조차 못한다는 점이다.

차치하고, 1997년 11월 한국에서 발생한 금융위기가 지금까지 단순히 '경제적인 원인' 때문에 일어난 것으로 알려졌지만, 근본적으로는 '정치적인 원인'에 의해서 발생했다. 이런 사실을 이제는 모든 사람이 알아야 한다. 이는 부인할 수 없는 명백한 사실이다. 당시 정부는 금융위기의 원인을 동남아 금융위기의 전염Contagion으로 돌렸고, 전염을 막는다며 금융감독원금감원을 설립하여 '정치적인 원인'을

2 1987년 10월 글로벌증시 대폭락을 설명하는 가장 유명한 이론은 프로그램트레이딩(Program Trading)이다. 그런데 프로그램 트레이딩은 주가폭락의 기술적 측면이지 원인은 아니다. 그때 프로그램 트레이딩은 미국 월가에서만 사용했고 1987년 10월의 글로벌증시 대폭락은 홍콩에서 시작해 유럽을 거쳐 미국으로 건너갔다. 1987년 10월의 글로벌증시 대폭락을 설명하는 다른 이론은 블랙먼데이가 발생하기 수년 전부터 진행된 환율과 이자율을 둘러싼 국제분쟁과 인플레이션에 대한 두려움을 원인으로 지목한다. 미국이 달러화 강세를 유지하고 인플레이션을 억제하려고 유럽보다 더 강력한 긴축정책을 추구했고 독일에게 통화정책의 완화를 요구했는데 이것이 인플레이션에 민감한 투자자들을 불안케 해서 주식을 대거 매도하게 만든 여러 요인 중 하나라는 것이다. 또 다른 이론은 미국과 유럽에서 채권시장 붕괴가 블랙먼데이의 원인이라고 주장한다. 채권시장의 붕괴가 이자율에 민감한 저축대부업체(Savings & Loans)와 시중은행들의 주식투매를 초래했다는 것이다.

■ ■ ■ ■ ■

숨겼다. 그런데 지금도 금융감독원의 부실한 감독 때문에 저축은행의 부실경영과 부도사태, 개인과 가계의 과도한 부채, 사채업자들의 전횡, 그리고 신용카드사의 카드남발이 끊이지 않고 있다.

전 세계에 걸쳐 대혼란을 일으킨, 2007년에 터진 글로벌 주택거품 역시도 부시George W. Bush 대통령과 미국의 연방준비제도이사회연준리, Federal Reserve Board, FRB[3] 그린스펀Alan Greenspan 의장의 꼼수가 만든 것이다. 이에 대한 접근 역시도 경제학적 측면에서 잘잘못만 가릴 뿐 진짜 원흉이 어디에 있는지는 꼭꼭 숨겨져 있다. 이 책에서는 이에 관한 진실들을 하나하나 끄집어내 밝힐 것이다.

2017년에 발생할지도 모를 글로벌증시 대폭락과 경제위기는 이미 예측됐다. 미래에셋자산운용 대표이사를 지낸 저명한 애널리스트 조승제가 2010년 머니투데이MTN 〈고수비책〉에 출연해서, 전설적인 개인투자자이며 에셋플러스자산운용 회장 강방천이 2017년에 일본에서 국가부도가 발생해서 글로벌증시 대폭락과 경제위기로 이어질 것으로 예측했고, 2016년 말 주식계좌를 철수할 것이라고 전했다.

일본의 국가부채는 이미 GDP의 220%를 넘었고 계속 증가하고

3 연방준비제도이사회는 미국의 중앙은행이다.

■ ■ ■ ■ ■

있다. 이것은 수십 년에 걸친 경기부양의 결과인데 여기에도 정치인과 관료집단의 꼼수가 체계적으로 개입되었다.[4]

그리고 지금처럼 유럽의 부채를 근본적으로 해결하지 않고 미봉책으로 대응하면 부채가 기하급수적으로 증가해서 유로화의 붕괴로 이어질 수 있다.[5] 유럽의 부채위기도 정치인의 꼼수 때문에 근본적인 해결은 어렵다.[6] 화불단행禍不單行이라는 사자성어가 예측하듯이 유로화의 붕괴가 일본의 국가부도와 함께 동시다발적으로 발생하고 그때 국내에서 금융감독원의 부실한 감독 때문에 신용경색과 부도사태가 발생한다면, 2017년에 글로벌증시 대폭락과 경제위기가 발생한다는 예측이 현실화될 수 있다.

하지만, 2017년에 실제로 글로벌증시 대폭락과 경제위기가 발생해도 글로벌경제가 무너져버리지는 않을 것이다. 미국의 일본 국채

....

4 일본의 방대한 국가부채는 담합경제(Cartel Economy)와 방만한 경기부양책의 당연한 결과였고 반세기에 걸친 자민당 일당지배를 위해 지급된 정치적 비용이었다: Richard Katz, *Japan the System That Soured: The Rise and Fall of the Japanese Economic Miracle* (New York: M. E. Sharpe, 1998); Richard Katz, *Japanese Phoenix: The Long Road to Economic Rivival* (New York: M. E. Sharpe, 2002)

5 예측된 위기는 위기가 아니라는 속담에도 불구하고 〈이코노미스트〉는 유로화의 붕괴 가능성을 배제하지 않는다: "The euro zone: Is this really the end?"; "Charlemagne: The sinking euro"; "The euro: Beware of falling masonry" *Economist* (November 26th 2011)

6 "Buttonwood: A crisis carol" *Economist* (October 8th 2011)

■ ■ ■ ■ ■

보유량은 극히 제한적이고 유럽의 부채위기가 미국으로 전염되지도 않는다.[7] 그때쯤이면 미국의 주택가격이 반등하고, 미국경제의 70%를 차지하는 내수경제가 회복할 것이다.[8] 이미 민간부문의 부채가 줄어들었고 미국경제가 재창조의 길에 접어들었다.[9] 주택이 다시 성장의 동력이 되리라는 희망이 생겼다.[10] 따라서 2017년에 글로벌증시 대폭락과 경제위기가 발생하더라도 주가가 신속하게 그리고 대대적으로 반등할 가능성이 크다.

정치인과 관료집단의 꼼수에 속아온 우리에게 또다시 2017년에 글로벌증시 대폭락이 찾아온다면, 단순히 또 다른 큰 위기로만 바라보지 말고, 그것을 우량한 주식또는 펀드나 다른 투자상품 등의 저점매수 시점으로 삼는 등 기회의 한 방편으로 활용해야 한다. 물론 그러려면

7 현재 유럽에서 진행 중인 부채위기는 2008년에 발생한 리만 부도사태와 달리 미국의 은행에 피해를 주지 않고 있다. 미국의 은행들은 충분한 유동성을 확보하고 있다: "American banks: Contagion? What contagion?" *Economist* (December 3rd 2011)

8 다른 주요 선진국들의 주택가격은 아직도 고평가된 것으로 나타났으나 미국의 주택가격은 충분한 조정을 거쳐 저평가되었고 반등이 기대된다. 미국의 다른 경제지표들도 호전되고 있는 것으로 나타났다: "Economic Focus: House of horror, part 2"; "The economy: Finally, some good news" *Economist* (November 26th 2011)

9 "The American economy: Comeback kid"; "America's economy: Points of light" *Economist* (July 14th 2012)

10 "The housing market: Pulling its weight at last" *Economist* (August 4th 2012)

■ ■ ■ ■ ■

관련된 자료수집과 학습이 충분히 되어 있어야 하겠지만, 전체 판세를 알고 활용한다면 오히려 좋은 기회가 될 수도 있다.

이 책의 역할은 정치와 정치인들의 음험한 행태를 대중들이 꿰뚫어보는 것을 돕는데 그치지 않는다. 그들의 꼼수로 인해 발생한 글로벌증시 대폭락과 경제위기의 정치적인 원인을 세상에 널리 알려서 많은 사람이 알게 하고, 실생활에서 일어나는 경제문제의 정치적인 기원을 진단하고 문제를 해결해 나가는데 하나의 방편이 되었으면 한다.

■ ■ ■ ■ ■

Contents

한국 금융위기 이면에 **숨겨진 비밀**

한국경제를 집어삼킨 정치

정치경제를 읽어야 비로소 보이는 것들

정치와 금융의 긴밀한 연계

금융위기를 초래한 정치

꿈에도 생각 못한 사건

얼간이 악당

그들의 현저한 특성

정부가 양산하는 혼란의 실체들

금융위기가 발생한 지 무려 15년이 지났지만, 아직도 '정치적인 원인'이 세상에 제대로 알려지지 않고 있다. 십수 년이 지난 지금 새삼스럽게 '금융위기의 정치적인 원인'을 거론하는 데에는 그럴 만한 두 가지 이유가 있다.

첫째, 금융위기의 정치적인 원인이 명백한데 정치인의 꼼수에 속아 아직도 사람들이 그것을 알지 못하고, 둘째, 그래서 금융위기가 반복될 가능성이 크다. 많은 사람이 1997년 11월 금융위기가 발발한 원인을 1997년 봄 동남아에서 발생한 금융위기의 전염에서 찾는데 사실 전염은 없었다. 금융위기는 국회가 '신자유주의 금융개혁법안'을 거부해서 발생했다. 국내외의 금융시장이 국회의 법안 거부를 금융시장에 대한 '정치적인 지급보증'의 거부로 받아들인 것이다. 그런데 1997년 11월 국회에서 그 법안을 거부한 많은 정치인이 지금도 정치를 하고 있고, 그들 중에서 대통령도 나왔다. 그때 만든 금융감독원이 지금 또다시 금융위기를 만들고 있다.

금융시장에 대한 정치적인 지급보증의 거부는 1997년 1~4월에도 있었다. 그때 한보그룹 부도사태, 삼미그룹 부도사태, 그리고 진로그룹 부도사태가 연이어 발생했고 여기에 문민정부의 실세가 연루되어 금융시장에 대한 정치권의 지급보증 실패로 여겨졌다. 그래서 그때 일반 은행들은 물론 심지어 산업은행도 국외차입이 불가능했다. 그런데 2011년 중반 이런 일이 또 일어날 뻔했다. 이명박 정부가 부족한 세수를 채운다며 엄청난 이익을 내는 세계최고의 인천국제공항을 정권 실세의 아들이 한국지사장으로 있는 외국증권사에 매각하려다가 무산된 일이 있었다. 만일 인천국제공항이 정권 실세에게 넘어가서 부실경영으로 부도를 낸다면, 금융시장에 대한 정치권의 지급보증 실패로 여겨져서 금융시장에 큰 혼란이 발생할 것은 불 보듯 뻔하다.

이 장에서 제시한 '금융위기의 정치적인 설명'은 경험적인 증거와 이론적인 근거를 모두 갖추고 있다. 1997년 11월에 금융위기를 초래한 정치적인 원인을 이해하려면 우선은 김영삼 대통령의 문민정부가 만들어낸 '정실자본주의Crony Capitalism'를 알아야 한다. 이때 어떠한 속임수가 있었고, 정치인의 어떤 속성이 금융위기를 양산하게 되었는지 그 속을 들여다보자.

한국경제를 집어삼킨 정치

몰려다니는 패거리 자본주의

많은 경제학자가 금융위기의 출발점을 김영삼 대통령의 문민정부 시절에 발생한 정실자본주의[1]에서 찾는데 그것은 의심할 수 없는 분명한 사실이다. '정실자본주의'란 효율과 합리성을 무시하고 친한 사람들끼리 패거리를 지어서 운영하는 자본주의를 일컫는다. 정실자본주의라는 용어는 서방사회가 동남아시아의 소위 '아시아적 가치Asian Values'라는 것에 기반을 둔 자본주의를 비판하려고 만든 것이다. 실제로 김영삼 대통령과 문민정부가 저지른 가장 큰 잘못은

1 Ha Joon Chang, "Korea: "The Misunderstood Crisis" *World Development* Vol.26 (1998) 1555-61; Kyoo H. Kim, "The Korean Economicl Crisis" *Korea Observer* Vol.14 (1998) 467-84; Youn-Suk Kim, "The Korea's Financial-and-Industrial Crisis: Cause and Implications" *Korea Observer* Vol.14 (1998) 511-34; Young Back Choi, "On Financial Crisis in Korea" *Korea Observer* Vol.14 (1998) 485-510; Joo-Kwang Yun, "Economic Crisis in South Korea: Causes and Prescription for Private Industries" *Korea Observer* Vol.14 (1998) 433-66

무엇보다도 정실자본주의에 있고, 이로 인한 과잉중복투자가 금융위기의 실마리가 되었다는 시각은 결코 무시할 수 없다.

1962년 우리나라가 경제개발을 본격적으로 시작한 이후 박정희 대통령과 공화당 정부는 높은 경제효율을 유지할 수 있었다. 무엇보다 경제개발 5개년계획을 수립하여 과잉중복투자를 철저하게 피했기 때문이다. 이러한 전통이 전두환 정부 시절까지 지속하였다. 미국의 신용평가사 Credit Rating Agency 스탠다드앤푸어스 Standard&Poor's의 경제 분석관이 말한 바로는, 한국경제가 적어도 1961~1987년에는 매우 효율적이었다.[2]

그런데 1993년부터 김영삼 정부가 본격적으로 경제효율을 망치기 시작했다. 김영삼 대통령이 취임하면서 '합리화'라는 이름으로 경제개발 5개년계획이라는 과잉중복투자를 막기 위한 정책협조기구를 포기했고, 이를 주관해 온 경제기획원을 재무부와 합병했고 정교하지 못하고 엉성하기 짝이 없는 소위 '신경제를 위한 100일 계획'을 시행했다. 김영삼 정부는 또한 전두환 정부가 1980년대에 채택한 산업의 부문보다는 기능을 중요시하는 '선택적 산업정책'마저 간단하게 폐기해버렸다. 경제에 대한 정부의 개입을 관리하는 합리적인 기준이 사라지고 집권세력의 '정치적인 목적'을 위해서 멋대로 산업정책을 변경할 수 있게 된 것이다. 국가경제를 '사적인 이해'를 위해 운영하게 된 것이다.

2 캘럼 헨더슨, 유한수 역, 『위기의 아시아, 한국의 선택 S&P 통화분석관의 긴급진단』 (서울: 21세기북스, 1998) 102-6

김영삼 정부 시절에 재벌을 하나의 집단으로 묶어 대응하던 정부-재벌의 보편적 관계가 사라지고, '국민정서'라는 정치논리가 경제논리를 압도했다. 박정희 대통령의 공화당 정부 이래 김영삼의 문민정부가 출범하기 전까지 대체로 정치적 부패로부터 격리되어 있었던 주요 산업부문에서 특정한 재벌과 정부의 정실에 의한 개별적이고 부적절한 관계가 만들어지기 시작했다.

이처럼 김영삼 정부가 정부부처들의 경제정책협조 전통을 포기하고 정실자본주의로 흐르는 바람에 과잉중복투자가 발생했고, 이것이 금융위기의 근본적인 원인으로 작용했다는 지적은 누구도 부인할 수 없는 분명한 사실이다. 문민정부 시절에 과자를 만드는 해태제과가 해태중공업을 창립한 사실은 정실자본주의로 인한 과잉중복투자의 단적인 사례다.

김영삼 정부가 만들어낸 정실자본주의의 전형적 사례는 한보철강에서 찾을 수 있다. 인천제철을 보유하고 충분한 조강실적을 쌓아온 현대그룹의 철강부문 진출은 여러 번 좌절됐지만, 철강 생산실적이 없지만, 대통령의 차남과 깊은 친분을 쌓은 한보그룹이 철강부문에 진입했다. 그뿐만 아니라 경영과 회계상의 심각한 문제가 여러 번 드러났는데도 불구하고 한보철강은 신청할 때마다 대출연장을 받았다. 한보철강이 받은 이러한 특혜는 집권세력 고위층과의 긴밀한 연계가 아니면 도저히 설명할 수 없다.

과거군사정부 시절에도 재벌에서부터 정치권과 고급관료까지 자금이동이 있었다. 그러나 그것은 대부분 도시개발과 정부조달과 같은 일반적인 부문에서 수립한 특별한 계획과 관련된 것이었다. 주요 제조업부문의 특별한 프로젝트와 관련되어 특정한 재벌이 정부와 가깝다는 소문이 나돌고, 특정 재벌이 정부에 막대한 정치자금을 제공하는 현상은 문민정부 때 처음 발생했다.

재벌그룹 부도사태와 금융위기의 시작

1997년 1월에 금융가에 떠돌던 한보그룹의 부도설이 결국 현실이 되어버렸고, 사실상의 금융위기가 시작되었다. 설상가상으로 3~4월 집권세력의 고위층과 정실관계를 형성한 것으로 알려진 삼미그룹과 진로그룹이 연달아 부도를 내는 바람에 우리나라 은행들이 국외에서 자금을 차입하지 못하는 사태가 발생했다. 한보사태와 삼미사태, 진로사태 때문에 1997년 4월 말까지 우리나라는 사실상 금융위기를 겪었다.

1997년 5월 금융위기가 진정국면에 접어들었는데, 그것은 김영삼 대통령이 '신자유주의 금융개혁법안'을 발표했기 때문이다. 이 금융개혁법안은 국내외 금융시장을 안정시키기에 충분할 정도로 강력한 것이었다. 이 금융개혁법안의 주요 내용은 1998년 초 김대중 대통령이 국제통화기금IMF의 요구로 시행한 '신자유주의 정책개혁'과 거의 똑같았다.

국내외 금융시장이 국회가 금융개혁법안을 통과시킬 것이라는 점을 의심하지 않았고, 급속하게 안정을 되찾았다. 그때까지만 해도 김영삼 대통령이 발표한 '신자유주의 금융개혁법안'이 엄청난 사회적 피해를 가져온다는 사실을 아무도 주목하지 않았고, 우여곡절은 있겠지만 결국 이것이 국회를 통과할 것이라고 낙관했다.

그 후 1997년 7월에 기아그룹의 부도사태가 발생했는데, 집권세력과의 정실관계가 아닌 단순한 부실경영 때문에 발생한 것으로 드러났다. 기아사태가 그해 봄 동남아에서 발생한 금융위기를 우리나라에 전염시켰다고 주장하는 '전염이론Contagion Theory'은 그야말로 가당치도 않다. 1997년 9월에 금융위기가 발생한 동남아에서 막대한 외국인자금이 우리나라 금융시장에 유입되어 '전염이론'을 여지없이 무너뜨렸다. 7월에 발생한 기아그룹 부도사태는 9월까지 지지부진하게 이어져 '9월 외환대란설'이 떠돌았지만, 동남아에서 외국인자금이 대거 유입해서 '전염이론'을 잠재워버린 것이다. 그리고 10월에는 외국계 은행들이 우리나라에 대한 대출한도를 크게 확대해서 '전염이론'의 허구성을 또다시 입증했다.

그런데 1997년 10월 갑자기 정치권에서 'DJ 비자금 공방'을 시작하면서 금융시장이 돌연 공황상태에 접어들었다. 집권 신한국당이 야권의 유력한 대선후보 김대중의 비자금을 들춰내 공격하기 시작했고, 야권에서는 김영삼 대통령의 차남이 저지른 온갖 비리를 모조리 들춰냈다. 금융시장은 'DJ 비자금 공방'을 대선국면의 시작으로 간주했고, 국회가 '신자유주의 금융개혁법안'을 통과시키지 못할 것으로 예측했다. 그리고 금융시장이 공황에 빠져버렸다.

실제로 1997년 11월 국회가 '신자유주의 금융개혁법안'을 간단하게 거부해버렸고, 곧바로 국가부도사태가 발생하고 말았다. 대선을 목전에 둔 여야정치권이 모두 엄청난 사회적 피해를 동반하는 '신자유주의 금융개혁법안'을 거부해버린 것이다.

이회창 후보와 김대중 후보를 포함한 당시 여야정치권이 모두 1997년 11월에 건국 이후 처음으로 발생한 금융위기의 주범이다.

물론 정실자본주의를 만든 김영삼 대통령도 금융위기의 책임에서 벗어날 수 없다.

정실자본주의에서 금융위기로 이어지는 '인과적 과정Causal Process'을 뒷받침하는 경험적인 증거와 이것의 이론적인 근거를 확인하기 전에 먼저 금융위기를 설명하는 경제적인 요인과 외부요인의 한계를 명확하게 확인할 필요가 있다. 그러면 '금융위기의 정치적인 원인'이 훨씬 더 선명해진다.

정치경제를 읽어야 비로소 보이는 것들

금융위기의 진짜 비밀

단지 경제적인 요인만으로는 '금융위기'를 설명하지 못한다.[3] 김영삼 정부의 환율정책 실패가 금융위기의 원인이라는 주장이 있었으나, 설득력은 없다. 김영삼 정부 시절에 저축률이 감소했고, 국외자본이 각종 투자수요와 공공부문 지출에 대한 외국인직접투자FDI가 아닌 유가증권투자Portfolio Investment의 형태로 들어왔다. 그래서 원화가치가 절상되었으나, 정부가 원화의 평가절하를 거부했다. 수출촉진을 위한 전통적 환율정책을 취하지 않은 것이다. 그것이 국민소

3 Ha Joon Chang, "The Political Economy of Industrial Policy in Korea" *Cambridge Journal of Economics* Vol.17 131-57; Ha Joon Chang, Hong-Jae Park, and Chul Gyue Yoo, "Interpreting the Korean Crisis: Financial Liberalization, Industrial Policy and Corporate Governance" *Cambridge Journal of Economics* Vol.21 73-93; Sung Hee Jwa and Chan Guk Huh, "Korea's 1997 Currency Crisis: Causes and Implications" *Korea Journal* Vol.38 (1998) 5-33; Bong Joon Yoon, "Labor Cost Increases and the Currency Crisis of Korea" *Korea Observer* Vol. 14 (1998) 551-74

득 1만 달러 유지라는 정치적 목적을 위한 것이라는 소문이 나돌기도 했다.

1993년 4억 달러의 경상수지 흑자가 1994년 45억 달러 적자로 돌아섰다. 경상수지 적자가 1995년 89억 달러, 1996년에는 237억 달러로 대대적으로 증가했다. 1994년과 1995년 중국과 일본이 자국 통화의 평가절하를 단행했는데, 한국은 원화를 평가절하하지 않았다.

상대적으로 고평가된 원화가 수출경쟁력을 떨어뜨렸고, 외채규모가 급증한 것은 사실이지만 그래서 금융위기가 발생했다는 설명은 논리의 비약이다. 외채가 많아도 국외에서 자금을 빌릴 수 있다면, 금융위기가 발생하지는 않는다. 1997년 11월 국외차입이 불가능했던 것은 국회가 '신자유주의 금융개혁법안'을 거부하여 금융시장에 대한 지급보증을 거부했기 때문이다.

외채구성의 악화가 금융위기의 원인이라는 설명이 있으나, 이것도 설득력 없는 것은 마찬가지다.[4] 실제로 김영삼 정부 시절에 총 외채뿐만 아니라, 만기 1년 미만의 단기외채 비율이 증가해서 외채구성이 악화하였다. 외채가 1993년 440억 달러에서 1997년 9월 말 1,200억 달러로 증가했고 만기 1년 미만의 단기외채 비율이 1993년 전체 외채의 43.7%에서 1996년 58.2%로 많이 증가했다. 1990년대 초까지 정부가 자금흐름을 엄격히 통제했으나 1997년 외화차입에 관한 규제가 사라졌다. 종금사가 국외에서 차입한 200억 달러 가

4 Chang, Park, and Yoo, 앞의 글, 73-93; Jwa and Huh, 앞의 글, 5-33; Yoon, 앞의 글, 551-74

운데 64%가 만기 1년 미만이고, 그들이 대출한 자금의 85%가 만기 1년 이상이라는 사실을 감독기관이 몰랐다.

그런데 이러한 자금운용기간의 불일치를 문제 삼을 수는 없다. 선진국의 은행도 단기로 차입해서 장기로 대출하는 경우가 매우 많다. 그래도 만기연장만 된다면 아무런 문제가 없다. 1997년 11월 금융위기가 발생한 것은 외채의 증가와 외채구성의 악화가 아니라, 외채의 만기연장 불가능 때문이었다. 외채의 만기연장이 불가능했던 것은 국회에서 '신자유주의 금융개혁법안'을 거부했기 때문이다.

외부요인은 없었다

하버드대 교수였던 삭스Jeffrey Sachs가 '양떼효과Herd Effect'라는 것으로 금융위기를 설명했다. 단기자본을 제공한 투자자가 갑자기 채권자로부터 자금을 회수하면, 금융시장에 심리적인 공황이 발생하고 이것이 양떼효과, 즉 집단적으로 자금을 회수하는 현상을 촉발한다고 주장한 것이다.

그런데 이것은 동어반복Tautology에 불과하다. '집단적 자금회수현상'은 금융위기의 원인이 아니라, 그 자체가 곧 금융위기다. 따라서 양떼효과가 금융위기의 원인이라는 설명은 동어반복이다. 도대체 왜 양떼효과가 발생하는가? 삭스는 이 질문에 대답하지 않았다.

앞에서 보았듯이 '전염이론'은 신빙성이 없다. 전염이론의 저자가 누군지는 알려지지 않았는데 이것은 1997년 7월에 발생한 기아그룹 부도사태가 그해 봄 동남아시아에서 발생한 금융위기를 한국에 전염시켰다는 설명이다.

그런데 3대 경제사학자라는 보르도Michael Bordo가 '전염이론'을 비판했다.[5] 2백 년 전부터 1997년 봄 동남아에서 발생한 금융위기까지 모든 금융위기를 조사했지만, '전염이론'으로 설명할 수 있는 사례는 단 한 건도 없다는 것이다. 금융위기를 치른 국가는 모두 심각한 경제적인 모순에 시달리고 있었다. 단지 전염 때문에 금융위기를 겪은 '죄 없는 구경꾼Innocent Bystanders'은 하나도 없었다는 것이다.

1997년 7월에 발생한 기아그룹 부도사태가 장기화하여 '9월 외환대란설'이 발생하여 '전염이론'을 지지하는 듯했다. 그런데 9~10월에 막대한 규모의 외국계 은행의 자금이 동남아에서 금융위기를 피해 한국으로 대거 이동했다. 그래서 10월 중순 'DJ 비자금 공방'이 발생하기 전까지 금융시장이 안정적이었다. 전염은 없었다.

보르도가 '전염이론'을 비판하면서 '전시이론Demonstration Theory'을 대안으로 제시했는데 이것 역시도 한국의 금융위기를 설명하지는 못한다.[6] 이것은 금융위기가 특정지역에 집단적으로 발생하면, 인접지역에 자금을 제공한 외국인투자자가 채권국의 내부사정을 파악하게 되고, 이때 채권국이 경제적인 모순을 전시하면, 외국인투자자가 신규여신을 중단하고 여신을 회수해서 외환-금융위기가 발생한다는 설명이다.

그런데 1997년 9~10월에 막대한 외국계 자금이 금융위기가 발생

5 "Is Contagion a myth? These days people talk freely about "financial contagion" *Economist* (October 31st-November 6th, 1998)

6 *Economist* (October 31st-November 6th, 1998)

한 동남아에서 빠져나와 한국으로 이동한 사실은 '전시이론'까지도 부인한다. 1997년 봄 동남아에서 금융위기가 집단적으로 발생했을 때, 한국에 투자한 외국인들이 한국의 내부사정을 파악했으나 7월에 발생하여 9월까지 장기화한 기아그룹 부도사태에도 불구하고, 한국 경제의 모순이 전시되지 않은 것이다.

요약건대, 1997년 11월의 금융위기를 설명할 만한 외부요인은 없었다. 1997년 8월 〈이코노미스트〉가 한국에서 발생한 금융위기를 자생적 위기Home-grown Crisis로 규정했고, 구조조정에 관한 집권 정치세력의 의지를 의심했고, 11월 초에는 금융권과 정치권의 유착을 조만간 발생할 금융위기의 원인으로 진단했다.[7]

정치의 덫에 걸린 금융시장

금융위기에 관한 이 책의 정치적인 설명을 강력하게 지지하는 계량적 연구가 있다. 1999년 10월 한국금융연구원이 발표한 '정치적 불안의 경제적 영향'이라는 연구가 바로 그것이다.[8]

이 연구는 정치적인 불안정성이 경제에 미치는 악영향을 계량적으로 규명했다. 구체적으로 이 연구는 PERC 지표[9]를 통해서 정치불안의 다양한 측면을 측정하고 계량화해서 독립변수로 사용하고,

7 "South Korean Banks, Fist and Worst" *Economist* (August 23th, 1997); Asia's Economic Crisis: How Far is Down? *Economist* (November 15th, 1997)

8 최공필, "정치적 불안의 경제적 영향" (서울: 한국금융연구원, 1999) 237-62

9 최공필, 앞의 글, 241

1997년에 금융위기를 겪은 아시아국가의 패널데이터Panel Data와 국내의 시계열자료Time-series Data를 종속변수로 사용해서 패널시계열회귀분석Panel time-series Regression Analyses을 했다.

그 결과 정치불안이 경제변수에 미치는 부정적인 영향을 확인했다. 정치불안이 금리, 주가, 환율의 수준과 변동성에 적지 않은 악영향을 미쳤는데 특히 정치불안이 일정한 수준을 넘어서면, 위기발생 여부에 큰 영향을 행사하는 것으로 나타났다.

만일 정치불안이 최고조에 달했던 1997년 11월의 상황이 재현된다면, 물가가 10% 상승하고, 주가는 33% 떨어지고 금리는 19.5%까지 상승하는 것으로 나타났다. 이 연구는 정치불안이 외화보유액이 낮고, 환율이 고평가되고 은행부문이 취약한 경우에 훨씬 더 분명한 불안요인으로 작용할 수 있다는 점도 확인했다.

특히 이 연구는 선거에 관련된 정치불안에 초점을 맞추는데 선거 이전보다 선거 이후에 나타나는 정치불안의 경제적 영향력을 강조한다.[10] 이 연구의 저자는 '무엇보다도 경제적 영향과 관련된 정치적인 불안정성은 선거에 앞서 정부가 구조적인 취약성에 대한 근본적 처방을 지연시키는 경향과 더불어 경제적인 취약성이 선거 직후 크게 확대되는 경향에서 찾아볼 수 있다.'[11]라고 강조한다.

실제로 이 금융연구원의 필자가 강조한 선거 이후에 나타나는 정치불안의 경제적인 영향력을 다음의 '그림'에서 확인할 수 있다.[12] 이

10 최공필, 앞의 글, 237
11 최공필, 앞의 글, 240
12 최공필, 앞의 글, 246

'그림'에서 정치불안 관련지수가 대통령 선거를 치르기 전 1997년 11월에 최고점에 달했다. 그런데 외환시장 압력지수는 대통령 선거가 끝나고, 한 달여가 지난 1998년 1월에 가서야 정점을 찍었다.

그리고 이 '그림'은 필자가 제시한 금융위기의 정치적인 설명을 강력하게 지지한다. 금융위기가 발생한 시점은 외환시장 압력지수가 정점을 찍은 1998년 1월이 아니라, 정치불안 관련지수가 최고에 달한 1997년 11월이다. 이것은 1997년 11월에 발생한 금융위기의 원인이 '외환시장 압력'이 아니라, 11월에 최고에 달했던 '정치적인 불안'이라는 것을 말해준다. 금융위기가 발생한 1997년 11월 외환시장 압력지수는 정점의 1/3~1/4에 머물렀다.

그리고 이 '그림'에 나타난 정치불안 관련지수의 변화는 앞에서 필자가 제시한 금융위기의 정치적인 설명을 경험적으로 완벽하게 뒷받침한다. 1996년 말까지 제로 아래에 머물던 정치불안 관련지수

그림 • 정치불안 관련지수와 외환시장 압력지수의 추이비교

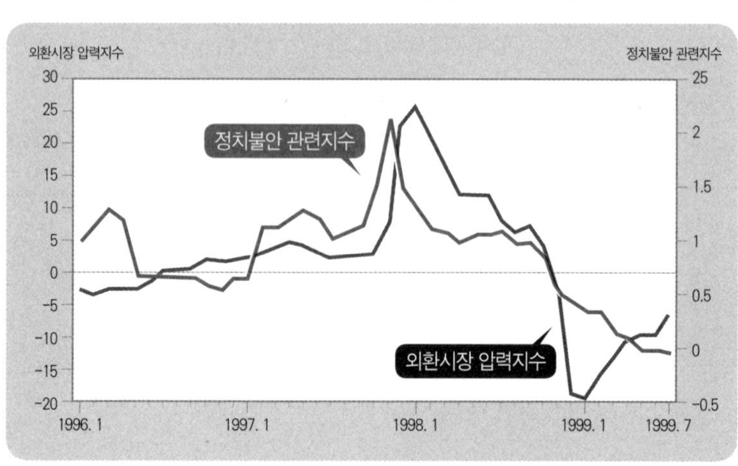

출처: 최공필, "정치적 불안의 경제적 영향" (서울: 한국금융연구원, 1999)

가 한보그룹의 부도사태가 발생한 1997년 1월에 갑자기 급등해서 1월 말~2월 초까지 높은 수준을 유지하다가 삼미그룹과 진로그룹이 부도를 낸 3~4월에 다시 증가했다.

그런데 김영삼 대통령이 금융개혁법안을 발표한 5월 초에 정치불안 관련지수가 급격하게 떨어졌다. 기아그룹 부도사태가 발생하고 진행된 7~9월에는 정치불안 관련지수가 미미하게 상승하는데 그쳤다. 그런데 10월에 'DJ 비자금 공방'이 시작되면서 정치불안 관련지수가 거의 수직으로 상승했고, 금융위기가 발생한 1997년 11월에 정점을 찍고 급락해서 대통령 선거가 있었던 12월까지 계속 떨어졌다.

그렇다면, 도대체 1997년 1~12월에 정치불안 관련지수와 외환시장 압력지수가 동행했고 정치불안이 금융위기를 초래한 이유는 무엇일까? 지금까지 인과적인 과정을 경험적으로 확인했지만, 아직 필자가 제시한 금융위기의 정치적인 설명이 완전하다고 할 수는 없다. 경험적으로 확인된 인과적인 과정을 논리적으로 그럴 듯하게 설명해주는 이론이 필요하다.

정치와 금융의 긴밀한 연계

불안한 정치가 금융위기를 불러온다

1996년 하반기 문민정부의 임기가 1년여 남았을 무렵 많은 사람이 김영삼 정부가 초래한 '정실자본주의'가 중남미에서처럼 금융위기를 초래할지도 모른다고 걱정했다. 제도적 한계를 개선하려는 노력을 기울이지 않아 대만과의 IT 기술경쟁에서 뒤질 위기에 처했고, 비공식경제Informal Economy가 증가했다.[13]

더 심각한 것은 대통령의 차남과 가신출신 집권세력이 초래한 정실자본주의로 인한 정치적 불안의 만연이었다. 그러나 누구도 정치불안이 금융위기로 이어지는 인과적인 과정을 논리적으로 그럴 듯하게 서술해줄 만한 이론을 찾지 못하고 있었다.

13 박훈탁, "첨단기술산업화시대에 한국경제의 국제경쟁력 저하의 제도적 설명: 비교정치경제학의 시각에서 본 한국과 대만"『국제정치논총』 제34집 1호 (1994); 박훈탁, "글로벌경제와 한국의 이중노동시장: 비공식경제의 변화(1967-1994), 인과적 추론, 그리고 정책대안을 중심으로"『한국과 국제정치』 제12월 2호 (1996 가을·겨울호)

그런데 다행히 필자는 앞에서 소개한 금융연구원 논문이 나오기 3년 전인 1996년 말에 이미 그럴 만한 이론을 미국사회학회American Sociological Association의 〈북 리뷰저널Current Sociology〉에서 찾았다.[14] 그 이론의 관점에서 보면, 1997년 11월에 금융위기가 발생한 것은 국회의 '신자유주의 금융개혁법안' 거부가 금융시장에 대한 정치적 지급보증의 거부로 비추어졌기 때문이다.

대선을 거의 1년이나 앞둔 1997년 1월에 정치불안 관련지수가 급등하기 시작해서 4월에 11월 최고치의 절반에 육박한 것은 한보사태, 삼미사태, 진로사태가 금융시장에 대한 정치적 지급보증의 실패로 비추어졌기 때문이다. 5월에 정치불안 관련지수가 급락한 것은 김영삼 대통령이 발표한 '신자유주의 금융개혁법안'이 금융시장에 대한 정치적 지급보증으로 비추어졌기 때문이다. 10월에 정치불안 관련지수가 거의 수직으로 치솟기 시작한 것은, 정치권에서 'DJ 비자금 공방'이 발생해서 국회가 금융개혁법안을 거부할 것이라는 염려가 발생했기 때문이다. 이렇게 정치와 금융은 긴밀하게 연계되어 있다.

이러한 현상을 설명하는 이론을 제시한 저서는 18세기 초 런던에서 국채시장과 주식시장이 발생하게 된 과정에 관한 연구를 실었는데 내용을 요약하면, '금융시장이 성립하려면 반드시 금융재산권에 대한 정치적 지급보증이 필요하다.'라는 것이다. 구체적인Concrete 토지재산권과 달리 금융시장에서 거래하는 금융재산권은 추상적이다.

14 Bruce G. Carruthers, *City of Capital: Politics and Markets in the English Financial Revolution* (Princeton: Princeton University Press, 1996)

따라서 정치적 지급보증이 있어야 금융재산권을 발행할 수 있고, 금융재산권을 거래하는 금융시장도 성립할 수가 있다는 것이다.

역으로, 금융재산권에 대한 정치적 지급보증이 없으면, 금융시장이 성립하지 않으며 성립된 금융시장도 무너진다는 것이다. 이것은 문민정부 말엽에 대통령의 차남과 가신 출신 정치인들의 정실자본주의로 인해 정치적인 불안정성이 금융위기로 이어질 수 있다고 예측한 필자가 찾던 바로 그 관점이었다.

카루더스Bruce G. Carruthers는 18세기 초 런던에서 최초의 근대적 금융시장이 발생했다고 말한다. 금융시장 성립을 위한 선행조건은 민주주의와 정당정치를 통한 정치적인 불안정성의 해소였다. 정치적인 불안정성이란 '정치권력의 행동이나 변화의 방향을 예측하기 어려운 상태'를 의미한다. 카루더스는 1672년과 1712년을 비교한다.

그때 런던에서 가장 큰 이슈는 전쟁, 종교, 그리고 전쟁비용 충당을 위한 공공재정의 관리였다. 그런데 1672년과 달리 1712년에는 영국에 대의정치와 두 개의 정당 정체성 그리고 금융시장이 있었다. 1672년 국왕 찰스 2세는 3차 네덜란드 왕위계승전쟁을 위해 필요한 비용을 마련하기 위해서 1, 2차 네덜란드 왕위계승전쟁을 치르면서 차용한 채무의 지급정지The Stop of Excheqeur를 선언해야만 했다.[15]

그런데 국왕은 1712년에 3차 네덜란드 전쟁보다 훨씬 큰 비용이 든 스페인 왕위계승전쟁을 준비하면서 지급정지를 선언하지 않았

15 금융재산권을 발행한 주체의 지급정지선언은 금융재산권의 소멸을 의미한다. 토지와 달리 금융재산권은 추상적이다. 따라서 금융재산권은 그것을 발행한 주체가 지급을 정지하면 휴짓조각에 불과한 것이다.

다. 금융시장의 도움으로 지급정지를 선언하지 않고도 전쟁비용을 마련할 수 있었다.

영국에서 금융시장이 발생한 것은 1688년 명예혁명으로 의회가 국왕을 제압했기 때문이다. 의회가 국왕의 회계를 감사하고, 재정지출을 통제하고 국왕의 자의적 지급정지를 막아서 정치적인 불안정성을 해소했다. 1693년 의회가 네덜란드에서 도입한 평생연금 Life-annuity 등 금융상품에 지급보증을 했다. 국왕이 자의적으로 지급정지를 선언하다가, 이젠 국왕이 아닌 국민을 대표하는 의회가 추상적인 금융재산권을 보증하자 이자율이 떨어지고 장기 채권시장이 발생했다.

의회 민주주의가 낳은 정치적인 안정성 덕분에 형성된 금융시장이 무려 600만 파운드에 달하는 스페인전쟁의 비용을 충당했다.

금융시장의 팽창을 초래한 것은 위그 Wigh와 토리 Tory의 정당정치였다. 위그와 토리는 1670년대 왕위계승을 둘러싼 종교분쟁의 와중에 태동했고, 네덜란드 왕위계승전쟁을 치르면서 자리를 잡았다. 연합증권회사 영국은행, 동인도회사, 그리고 남해회사들이 위그 또는 토리와 연계를 맺었다. 정당과의 연계는 추상적인 금융재산권을 보장받기 위해 불가피한 조치였다. 연합증권회사들은 정당이 지급을 보증한 금융재산권에 양도성 Alienability을 제공해서 금융시장 팽창에 결정적인 이바지를 했다. 연합증권회사들이 스페인 왕위계승전쟁을 치르는 정부의 단기부채를 관리했고 막대한 장기저리자금을 제공했다.

이들이 생존을 위해 경쟁적으로 그들과 연계된 정당에 제공하는 정치자금의 규모를 증가시키고 이자율을 낮추었다. 정당에 재정지원을 해주고 추상적인 금융재산권에 대한 정치적 지급보증을 받아낸 것이다. 이 와중에 런던 주식시장의 거래규모가 기하급수적으로 팽창했다.

카루더스는 영국이 '정치적인 불안정성의 해소'라는 금융시장 성립의 정치적인 선행조건을 마련할 수 있었던 배경을 설명한다.[16] 네덜란드는 영국보다 먼저 금융재산권을 발명했지만, 국가조직이 극단적으로 분열되어 금융시장이 연계되어야 할 대의정치가 불가능했다.[17]

한편, 프랑스에서는 국가통합이 너무나 강력해서 절대왕정을 견제하는 대의정치가 발달하지 못했고, 금융시장도 발생하지 않았다. 프랑스는 가매 관직Venal Office을 팔아 전비를 조달했다. 영국에서는 국가통합이 네덜란드보다 실질적이었고, 프랑스처럼 절대적이지 않았기 때문에 의회가 발달하여 국왕의 자의적 지급정지를 막을 수 있었고, 금융시장 성립의 선행조건인 '정치적인 불안정성의 해소'에 성공했다.

정치적인 불안정성의 해소를 금융시장 성립의 조건으로 제시하는 카루더스의 경제사회학 이론은 단지 유효경쟁만 있으면 금융시장이

16 자세한 내용은 카루더스의 저서 4장 'Britain in Comparative Perspective'를 참조하라.

17 법을 새로 제정하거나 개정하려면 100여 개에 달하는 주의 만장일치가 필요했다. 네덜란드가 영국보다 국가조직의 분열이 훨씬 심했다.

성립할 수 있다고 주장하는 주류경제학자들을 무색하게 한다.[18]

주류경제학Mainstream Economics에서는 경제변수를 제외한 정치를 비롯한 나머지 모든 변수를 불변으로 가정하고Ceteris Paribus 오로지 경제변수들만을 분석하기 때문에 정치적인 불안정성이 금융위기를 초래하는 인과관계를 설명하지 못한다.[19]

신제도주의 경제학도 구제도주의 경제학과 달리 오로지 '거래비용Transaction Cost'에 관련된 제도만을 독립변수로 사용하기 때문에 정치적인 불안정성과 불확실성이 금융위기를 일으키는 인과관계를 이해하지 못하는 것은 마찬가지다.[20]

주류경제학과 신제도주의 경제학은 각각 종속변수와 독립변수의 선택 폭을 좁힘으로써 설명의 경제성Parsimony을 높이지만 설명의 비현실성이라는 심각한 문제를 안고 있다.[21]

반면에 경제사회학자들은 행위자가 자신의 이해를 정의하고, 다른 집단과의 관계를 형성하는 과정을 연구하면서 다양한 제도의 영

---

18 Neil Fligstein, "Market as Politics: A Political-Cultural Approach to Market Institution" *American Sociological Review* Vol.61 (1996) 656-73; Wayne E. Baker and Jason B. Jimerson, "The Sociology of Money" *American Behavioral Scientist* Vol.35 (1992) 678-93; Wayne E. Baker, Robert R. Faulkner, and Gene A. Fisher, "Hazard of the Market: The Continuity and Dissolution of Interorganizational Market Relationships" *American Sociological Review* Vol.63 (1998) 147-77

19 Sheila Dow, "Critical Survey: Mainstream Economic Methodology" *Cambridge Journal of Economics* Vol.21 (1997) 735-46; Daniel Hauman, *The Philosophy of Economics: An Anthology* (Cambridge: Cambridge University Press, 1994)

20 Oliver Williamson, "The Economics of Organization: The Transaction Cost Approach" *American Journal of Sociology* Vol.87 (1981) 548-77

21 Arthur Stinchcombe, "On the Virtue of the Old Institutionalism" *Annual Review of Sociology* Vol.23 (1997) 1-18

향력을 인정하는 '역사적 제도주의' 입장을 선택하여 종속변수와 독립변수의 폭을 넓힌다.[22]

그래서 경제사회학자들은 시장, 자본, 그리고 노동을 재 개념화하고, 다양한 경제현상과 사회정치적 제도 간의 '연계됨Embededness'의 테제These를 제시한다.[23] 카루더스의 비교경제사회학이 제시하는 금융과 정치의 '연계됨'의 테제는 금융위기와 정치적인 불안정성 사이에 인과적 메커니즘의 존재를 강력하게 시사한다.

이제 정치적인 불안정성과 금융위기 사이의 인과적 메커니즘 Causal Mechanism을 진술하는 명제를 도출할 수 있다.

첫째, 금융재산권은 토지재산권과 달리 추상적이라서 정치권력이 지급을 보장하지 않으면 존재할 수 없다.

둘째, 따라서 정치적인 불안정성은 금융재산권의 불안정성을 의미한다.

셋째, 지속적인 정치적인 불안정성은 금융재산권의 지속적인 불안정성을 의미하기 때문에 금융재산권을 거래하는 금융시장에 위기

....

22 Kathleen Thelen and Sven Steinmo, "Historical Institutionalism in Comparative Politics" in Seven Steinmo, Kathleen Thelen, and Frank Longstreth eds., *Structuring Politics: Historical Institutionalism in Comparative Analysis* (Cambridge: Cambridge University Press, 1992)

23 Mark Granovetter, "Economic Action and Social Structure: The Problem of Embeddedness" *American Journal of Sociology* Vol.91 (1985) 481-510; Geoffrey Ingham, "Some Recent Changes in the Relationship between Economics and Sociology" *Cambridge Journal of Economics* Vol.20 (1996) 243-75; Richard Swedberg, *Explorations in Economic Sociology* (New York: Russell Sage Foundation, 1993)

를 촉발할 수 있다.

넷째, 요약하건대 금융시장은 추상적인 금융재산권을 보호하는 정치적인 안정성과 연계되어야만 성립할 수 있다.

오늘날에도 정치적인 불안정성이 금융위기를 촉발한다는 명제를 뒷받침하는 경험적 사례는 많다.

뉴욕 주식시장에서 주가대폭락의 경우 낙폭은 대개 8% 안팎인데 1974년 워터게이트 사건으로 닉슨 대통령이 하야한 날 다우지수가 15%나 떨어졌다. 1994년 1월 치아파스에서 발생한 농민반란의 정치적인 충격으로 멕시코 금융시장이 크게 동요했다. 개혁 지향적 대통령 후보 콜로시오가 암살되고 또 다른 개혁주의자 세디요가 대통령에 당선되자 금융시장은 농민반란 이전보다 높은 신뢰를 회복했다. 그러나 집권당의 사무총장이 암살되고 수사과정에서 개혁에 반대하는 기득권의 실체가 드러나면서 금융시장이 붕괴하기 시작했다. 1998년 7월 무디스Moodys가 금융개혁과 거시경제의 운영에 관한 공감대가 없다며 일본의 국가신용등급을 낮추려 하자 일본과 아시아의 통화와 주가가 일제히 하락했다. 다우지수와 나스닥지수가 1998년 9월 21일 연방대법원이 공개한 클린턴의 증언녹화테이프를 생중계하자 폭락했고 클린턴의 탄핵을 반대하는 여론이 높아지면서 회복되었다.

금융위기를 초래한 정치

정치가 쓰러뜨린 재벌그룹들

카루더스 이론의 관점에서 보면, 제로 아래에 머물던 정치불안 관련지수를 1997년 1월부터 급등시키고 4월 말에 11월 최고치의 거의 절반까지 상승시킨 일련의 사건들을 재확인할 수 있다. 그것은 1월부터 4월까지 연달아 발생한 한보그룹 부도사태, 삼미그룹 부도사태, 그리고 진로그룹 부도사태였다.

이 세 개의 재벌그룹 부도사태에 대통령의 차남과 집권세력 실세들이 연루된 사실이 언론보도를 통해 낱낱이 드러났다. 이 기간에 외환시장 압력지수도 상당히 증가했다. 금융시장이 한보사태, 삼미사태, 그리고 진로사태를 금융시장에 대한 정치적 지급보증 실패로 받아들인 것이다.

1997년 1월 대통령의 차남과 정실로 얽힌 한보철강이 부도를 내자 금융시장이 무너지기 시작했다.[24] 한보그룹의 부도사태에 대통령의 차남을 비롯한 집권세력의 고위층이 거미줄처럼 연결돼 있다는 사실이 언론을 통해 낱낱이 드러났고, 이것이 사회적으로 전파되자 외환시장이 크게 동요했다.

외국인이 투자한 주식을 대량으로 팔아 확보한 원화를 달러화로 바꾸는 바람에 환율이 급상승했고, 내국인도 외국인의 달러사재기에 합세했다. 외환시장에 대한 압력이 대대적으로 증가한 것이다. 설상가상으로 달러 선물환이 폭등해서 현물시장의 환율을 올렸고, 달러 가수요를 부추겼다. 한국은행의 〈2월 중 외국인 주식투자자금 유출입 동향〉에 의하면, 한보사태가 정치권으로 비화하고 나서, 1월 21일부터 28일까지 1주일 동안 4,200만 달러의 순 유출이 있었다.

은행장이 한보사태에 연루되어 소환된 은행들이 대외신인도에 타격을 입었고, 조달금리가 급등했으며 외국은행의 빗발치는 자금상환 요구에 시달렸다. 유럽계 은행들은 한국의 금융기관을 감시하고 있었고, 독일계 은행은 여신을 중단했다.

한보사태가 정치권으로 비화하여 정치적인 불안정성과 불확실성이 발생하면서 주식시장도 폭락을 거듭했다.[25] 외국인의 주식투매 현상이 나타났고, 기관투자가와 내국인들도 덩달아 투매에 가담했

---

24 한보파문-국내銀 해외지점 곤욕 국제금융시장 한국계銀 "경계" 「한국경제신문」 1997년 2월 3일; 유럽도 한국계銀 감시 착수 「한국경제신문」 1997년 2월 5일; 춤추는 환율 어디로 가나 당국 상승억제 강한의지 「한국경제신문」 1997년 2월 20일

25 달러부족…先物換도 급등 「한국경제신문」 1997년 1월 17일; 외국인 어제 34억 어치 순매도 「한국경제신문」 1997년 1월 24일; [한보부도] 정치권으로 비화 「한국경제신문」 1997년 1월 27일; [한보] 국정조사권 발동, 한보관련 사정설 투자심리 위축 은행.대형우량주 경계매물 쏟아져…거래량도 크게 줄어, 외국인 은행주중심 "팔자" 나서 한보철강 부도사태 후 123억 어치 순매도 「한국경제신문」 1997년 1월 28일; [逆한보장세] 연출…5일 만에 680선 회복 「한국경제신문」 1997년 2월 1일

다. 주식시장이 무너질 지경에 이르렀다.

그런데 갑자기 주가가 오히려 폭등하는 소위 '역逆 한보장세'가 발생했다.[26] 한보그룹이 부도를 내자, 정부가 주식시장에 유동성을 무차별적으로 공급하면서 주가 폭락이 멈추었고, 주가지수가 오히려 한보사태 이전 수준보다 더 오르는 현상이 발생한 것이다.

'역한보장세'라는 신조어는 정부의 무차별적인 부양책으로 인한 주가급등을 비아냥거리는 것이었다. 외국인 한도 소진, 예탁금증가세의 둔화, 그리고 노동법재개정 논란으로 계속 내려가던 주가가 한보그룹의 600여 하도급회사에 대출금 상환 납기를 연장해주고, 자금을 계속 지원하겠다는 정부의 발표로 회복되었다.

한국은행이 2조 6,000억 원의 통안증권을 환매하고, 외국인 전용 수익증권을 발행해 6조 원의 구정 자금 공급을 앞당긴다는 소문이 돌면서 대형주의 강세가 시작되었다.

1997년 3~4월에 삼미그룹과 진로그룹의 부도사태가 발생하여 1월 한보그룹 부도사태 때문에 발생한 금융위기가 4월 말까지 지속하였다.[27] 삼미그룹과 진로그룹의 부도사태에는 대통령의 가신그룹 출신의 국회의원들이 연루된 것으로 드러났다. 삼미사태와 진로사

26 증시 최대 작전세력은 정부 1997년 1월 9일 1차 방어선 845원 붕괴 달러 팔자세 실종…당국 개입 무위로 딜러들 "855원까지 수직상승" 예상「한국경제신문」1997년 1월 10일

27 외환부족규모 갈수록 커져 1분기 97억弗 모자라 前분기의 4배 이상「한국경제신문」1997년 4월 11일; 국제금융시장 "한국기피" 잇단 부도로 자금대여 중단.축소「한국경제신문」1997년 4월 22일; "단기해외자금시장: 진로쇼크. 일본銀行 대출 축소 강구. 한국계 銀 추가여신 불가능. 10여 개 유럽은행 거부입장. 조달금리도 0.2% 올라"「한국경제신문」1997년 4월 23일; 한은, 市銀수탁고 회수 속사정 비어가는 '외화창고' 메우기「한국경제신문」1997년 4월 29일

태가 발생하자 국제 금융시장이 한국계 은행에 대한 대출을 축소했고 조달금리가 속등했다.

1997년 1분기 외환 공급부족 규모가 97억 달러에 달했다. 이에 한국은행이 수탁액을 회수했고 시중은행이 단기자금 조달시장에 의존했다. 외국계 은행이 신용재평가 또는 대출한도를 이유로 여신을 거절했다. 호주 중앙은행은 국책 산업은행을 예치대상은행 리스트에 올려달라는 우리 정부의 요구를 거절했다. 외환 당국이 사실상 환율 방어를 포기하자 환율이 급등락을 반복했다.

삼미그룹의 신용등급이 떨어졌다.[28] 2월 말까지 외화예금이 40억 달러로 증가했고 외국인 주식자금이 감소했고 외화부족현상이 여전했다. 외화보유액이 국제통화기금의 권고기준3개월분 수입결제금액 360억 달러에 못 미치게 되자 정부가 환율보다 금리 안정에 매달렸다.

환율이 900원에 육박했고 외환시장이 '혼돈상태'에 빠졌다. 한보와 삼미사태 이후 '국제금융시장에 한국물에 대한 경계심리가 강해 상반기 중 은행과 기업을 통한 대량차입이 불가능한' 상태였다.

삼미사태와 진로사태로 인한 새로운 금융위기는 역한보장세를 소멸시킬 정도로 심각한 것이었다.[29] 한보사태 이후 주식시장에서 역한보장세를 만든 정부의 무차별적 유동성 공급이 삼미사태와 진로

28 금융기관 해외차입 한보쇼크 계속 「한국경제신문」 1997년 3월 6일; 韓銀 외환정책 '진퇴양난' 「한국경제신문」 1997년 3월 12일; '해외차입 자유화' 효과와 반응 「한국경제신문」 1997년 3월 15일; 외환시장 '불안·혼돈' 상태 환율 900원 선 육박 「한국경제신문」 1997년 3월 29일; 외국투자자, 한국물 기피 「한국경제신문」 1997년 3월 12일

사태 이후에도 계속되었다. 그러나 한보청문회가 열려 정경유착의 실상이 알려지고 삼미사태와 진로사태 또한 집권정치세력이 저지른 것으로 드러나자 역한보장세가 사라지고 주가가 대대적으로 폭락하기 시작했다.

그런데 5월 김영삼 대통령이 정부가 정초부터 준비해온 금융개혁법안을 발표하자마자 정치불안 관련지수가 급격하게 하락하기 시작했고, 6월까지 하락세가 이어졌는데 이 기간에 외환시장 압력지수도 하락했다. 금융시장이 안정을 되찾은 것이다. 주식시장에서는 6월까지 주가지수가 폭등했다. 외국인 투자자들이 1997년 상반기 주식시장에서 1조 6,663억 원이라는 거액의 순매수를 단행했다.[30]

카루더스 이론의 관점에서 보면, 대통령의 금융개혁법안 발표가 이렇게 긍정적인 변화를 초래한 것을 이해할 수 있다. 대통령의 발표와 함께 1월에 설치된 금융개혁위원회가 금융개혁법안에 관한 논의를 본격적으로 시작했다.[31] 기업과 금융기관의 구조조정 필요성

29 외국인 순매도 급속확대 「한국경제신문」 1997년 3월 15일; 한보·삼미 관련銀 신용등급 하락 유럽평가기관 제일·조흥·외환 1-2단계 하향조정, [삼미 부도] 정치쟁점 부상 정경유착 의혹 제기 「한국경제신문」 1997년 3월 21일; 주가 한보 때와 정반대 움직임 「한국경제신문」 1997년 3월 22일; 청문회 파문…지수 700선 붕괴 「한국경제신문」 1997년 4월 22일; 부도공포감 확산…주가 9하락 「한국경제신문」 1997년 4월 23일

30 『증권조사월보』 1997년 2월 - 1998년 1월; 『한국금융연감 1997-98년』

31 "금융개혁委 설치와 증시영향 은행 간 M&A 가속화…. 연내 성사될 수도" 「한국경제신문」 1997년 1월 8일; "노동법 예정대로 3월 시행 정부, 신한국확정 [재개정시사] 사실과 달라, 외국인 선물시장서 큰 폭 매수우위 9-11일 939계약 순매수…. 향후장세 낙관 반영" 「한국경제신문」 1997년 1월 14일; "설비과다. 중복투자업종 전략제휴 통해 구조조정" 「한국경제신문」 1997년 1월 18일; "금융개혁安 9월까지 완료" 「한국경제신문」 1997년 1월 23일; "정부도 [급진]쪽으로… 빅뱅 빨라진다" 「한국경제신문」 1997년 1월 27일

에 대한 사회적 합의가 도출되는 듯했고, 정치권도 금융개혁법안을 수용하는 듯했다.

금융개혁법안의 골자는 금융개혁위원회가 신용경색을 초래하는 금융기관들의 막대한 부실채권을 신속하게 처리하고, 정리해고와 파견근로를 쉽게 만드는 개정 노동관련 법안을 원안 그대로 시행해서 고용조정을 단행하고, 기업의 과잉중복투자를 조기에 해결한다는 것이었다.

이러한 금융개혁법안의 내용은 대통령 선거 이후 1998년 초부터 김대중 정부가 국제통화기금과 합의하여 추진한 '신자유주의 정책개혁'과 동일하다. 이 '신자유주의 금융개혁법안'에 대한 정치권의 암묵적인 동의가 '금융시장에 대한 정치적 지급보증'을 의미했기 때문에 금융시장의 안정을 도모할 수 있었던 것이다.

'전염이론'은 완전 거짓이다

1997년 7월 기아그룹 부도사태가 발생해서 국책은행과 정부기관의 대외신인도가 또다시 추락했다.[32] 신용경색으로 금리가 폭등했고 자금순환이 마비됐다. 달러사재기로 원화가치가 크게 떨어져 환율이 급등했고, 외화보유액이 국제통화기금의 권고치에 50억 달러 부족

32 "기아파문 금리·환율이 춤 춘다. 국내외 금융시장 충격파 본격화" 「한국경제신문」 1997년 7월 18일; "전문가들 "한국도 [통화위기] 안전지대 아니다"" 「한국경제신문」 1997년 7월 23일; "자금순환 사실상 마비" 「한국경제신문」 1997년 7월 24일

했다. 주가도 7월부터 폭락했다.[33] 정부의 대대적 증시부양책에도 불구하고 외국인 투자자의 매도 탓에 주가가 계속 내려갔다.

기아사태가 발생하자 외환대란과 금융시장의 붕괴가능성에 대한 사회적 염려가 팽배했고 신용경색이 심각해졌다.[34] 한국은행과 한화경제연구소가 금융위기를 예측했다. 무디스는 정부와 국책은행의 신용등급을 하향 조정할 뜻을 비쳤다. 스탠다드앤푸어스S&P가 한국의 장기신용등급 평가전망이 '부정적'이라고 발표했다. 외화보유액이 위험수위에 이르러 정부의 외환시장 개입이 여의치 않았다. 그뿐만 아니라 사채거래가 중단되어 신용경색이 극심해졌다.

그런데 기아그룹 부도사태의 장기화에도 불구하고 '9월 외환대란설'이 현실로는 나타나지 않았고 그냥 소문으로 끝났다.[35] 정부의 개입이 '9월 외환대란설'의 현실화를 막았다고 믿기 어려운 것은 외화보유액이 시장에 개입할 수 있을 만큼 충분하지도 않았거니와 정부의 시장개입이 오히려 외환 사정을 악화시킨 사례가 있었기 때문이다.

....

33 "또… 또… 또… 금융시장 난기류 금리. 환율급등… 株價 폭락, 해외 한국물 가격 하락 기아 여파 신인도 하락우려…. 차입비용상승 產銀 글로벌펀드 발행도 악영향" 「한국경제신문」 1997년 9월 26일

34 "한국 신용하락 요주의 국가 무디스社 단기 대외지급능력 부족 產銀등 4개 국책銀 하향대상" 「한국경제신문」 1997년 8월 4일; "한국 신용등급 하향 조정 확산 무디스 이어 S&P社도 외화 조달비용 상승 등 우려" 「한국경제신문」 1997년 8월 7일; "외국인 투자 철수 급증" 「한국경제신문」 1997년 8월 8일; 한화경제硏 분석 "통화위기 올 수도 있다" 「한국경제신문」 1997년 8월 22일; "암달러商 고개 든다: 1인당 하루 1만$ 거래. 개인투기꾼·기업자금 담당자들 북적" 「한국경제신문」 1997년 8월 29일

35 "'9월대란' 說로 끝난다" 「한국경제신문」 1997년 9월 19일

정부의 금융기관의 대외채무에 대한 지급보증이 오히려 국제금융 시장에서 시중은행과 국책은행 간의 금리경쟁을 부추겨 국외차입을 더욱 어렵게 만들었다.[36]

그런데 뜻밖에도 1997년 9월 일본계 은행들의 막대한 자금이 동남아에서 금융위기를 피해 한국으로 이동했다.[37] 그때 일본계 자금의 대대적 유입이 '9월 외환대란설'의 현실화를 막는 데 얼마나 크게 이바지를 했는지는 확인할 수 없으나 적어도 기아사태가 동남아의 금융위기를 한국에 전염시켰다는 '전염이론'과 동남아의 금융위기가 한국경제의 문제점을 전시했다는 '전시이론'의 허구성은 입증하고도 남는다. 10월 초에는 일본계, 유럽계, 그리고 화교계 은행들이 한국계 금융기관에 대해 대출한도를 확대했다. 이러한 사실도 '전염이론'과 '전시이론'의 허구성을 입증한다.

'전염이론'과 '전시이론'의 허구성은 1997년 7~8월에 있었던 정치불안 관련지수와 외환시장 압력지수의 변화를 통해서도 확인할 수 있다. 이 기간에 진행된 기아사태는 그해 상반기에 있었던 한보사태, 삼미사태, 그리고 진로사태와 달리 정치불안 관련지수의 급등을 불러오지 않았다. 구체적으로 이 이간에 정치불안 관련지수가 아주 미미하게 상승하는데 그쳤고, 외환시장 압력지수는 거의 변동이 없었다.

36 "대외채무정부보증 부작용 더 많다" 「한국경제신문」 1997년 9월 3일
37 「한국경제신문」 1997년 9월 19일

카루더스 이론의 관점에서 볼 때, 1997년 7~8월에 정치불안 관련지수가 거의 증가하지 않은 것은 기아사태에 집권 정치세력이 개입되지 않았기 때문이다. 기아사태는 정치권이 관련된 부도사태가 아니라, 단지 전문경영인의 경영실패 사례로 취급되었다. 기아그룹의 부도 가능성이 처음 발생한 1997년 6월 경제부총리가 시장에서의 훈련이 필요하다면, 거대한 재벌일지라도 얼마든지 실패할 수 있음을 보여줄 것이라고 말하면서 기아사태를 독단적이고 부도덕하고 무능한 전문경영인의 경영실패 사례로 취급했다.

정치가 뭉개 버린 대외신뢰도

카루더스 이론의 관점에서 볼 때, 1997년 10월에 정치불안 관련지수와 외환시장 압력지수의 급등을 초래한 것은 10월에 정치권에서 발생한 'DJ 비자금 공방'이다.[38] 5~6월에 시작된 '신자유주의 금융개혁법안'에 관한 논의가 7~8월에는 기아그룹 부도사태 때문에 탄력을 받지 못하고 지지부진했는데, 9월에 외환대란설이 발생하여 불안감이 팽배해졌다.

그런데 10월에 접어들면서 집권세력이 12월로 다가온 대선에서 승리하기 위한 전략의 하나로 유력한 대선후보인 김대중 당시 야당 총재의 비자금 문제를 들춰내고 공격하기 시작했다. 그러자 야당이 즉각 한보그룹 부도사태에 연루된 김영삼 대통령 차남의 비자금문제를 들고 나왔다. 이렇게 정치권이 아무런 대책 없이 DJ와 대통령

38 "외환위기 우려, 외국인 사상 최대 무차별 '팔자'" 「한국경제신문」 1997년 10월 18일

차남의 비자금 공방에 파묻혀 버리자, 금융시장에 금융개혁법안의 국회통과가 무산될지도 모른다는 불안감이 팽배해졌다.

10월 'DJ 비자금 공방'으로 발생한 정치불안이 금융시장에 심각한 위기를 초래했다.[39] 주식시장에서는 비자금 공방이 금융시장에게 던진 충격을 '정경풍政經風'이라고 불렀다. 비자금 공방이 시작되면서 외국인 투자자들이 무차별적으로 매도주문을 냈고, 금융기관의 대외신인도가 또 떨어졌다.

비자금 공방이 멎고 정부가 기아사태의 해결에 나서겠다고 발표했으나 외국인 투자자는 매도공세를 멈추지 않았다. 10월 한 달 동안 국외 신용평가기관들이 무려 네 번씩이나 우리나라의 국가신용등급을 떨어뜨렸다. 정부와 정치권에 대한 외국인과 국제금융시장의 신뢰가 사라진 것이다.

1997년 10~11월 외화보유액이 국제통화기금의 권고치에 크게 미달했다. 그래서 외환시장에 대한 정부의 개입이 원활하지 못했다. 정부가 환율방어를 위해서 할 수 있는 일은 단지 선물환 매입뿐이었다. 경제여건도 무역수지 적자가 계속 증가하고, 수출이 부진해지는 등 열악한 상태에 있었다.

39 "매서운 '政經風' 멎자 햇빛 쨍쨍 상승률 6.08%로 연중 최고"「한국경제신문」1997년 10월 23일; "S&P 한국 국가신용도 한 등급 하향조정 외화보유액 IMF 권고선에 60억 弗 모자라"「한국경제신문」1997년 10월 25일; ""당황한 재경원" 동남아 주가 회복에도 한국증시 急落계속"「한국경제신문」1997년 10월 27일; "10월 外換위기說 현실화" 실감「한국경제신문」1997년 10월 28일; "세계증시 폭락 도미노 한국 '검은 화요일'"「한국경제신문」1997년 10월 29일; "신용등급 추락 10월 중 무려 4차례…투자적격 '최하위'"「한국경제신문」1997년 11월 1일

1997년 11월 정치불안 관련지수가 정점을 찍었고, 정부는 국제통화기금에 구제금융을 요청하기에 이르렀다. 금융위기를 초래한 이 사건은 국회의 금융개혁법안 거부 때문에 발생했다. 11월 초 외국의 분석기관과 국책연구기관이 금융기관의 부실채권과 대기업의 과다차입 및 과잉투자를 해소하는 구조조정이 시급하다는 보고서를 냈다.[40] 이에 정부가 국회에 금융개혁법을 조속히 처리해 달라는 요청을 했다. 그러자 국회가 이를 행정부의 입법부에 대한 협박으로 인식했고, 금융개혁법안의 통과를 단호하게 거부했다.

사실, 대통령 선거가 임박할수록 금융개혁법안의 국회통과 가능성은 희박해질 수밖에 없었다. '금융개혁법안'이 엄청난 사회적 피해를 초래하는 신자유주의 경제안정화 정책과 다르지 않았기 때문이다. 1997년 11월 국회가 금융개혁법안을 거부했을 때, 정치권 전체가 온통 임박한 대통령 선거에 골몰해 있었다.

이러한 상황에서 엄청난 사회적 비용을 수반할 것이 명백한 '신자유주의 금융개혁법안'을 앞장서서 통과시킨다는 것은 대선패배를 의미하는 것이었다.

카루더스 이론의 관점에서 보면, 1997년 11월 국회의 금융개혁법안 거부는 금융시장에 대한 정치적 지급보증의 거부를 의미한다. 국회가 추상적인 금융재산권을 보장할 의지와 능력이 없다는 사실을 만천하에 확신시켜준 것이다. 이에 대한 국외금융시장의 반응은 즉각적이었다. 국회가 금융개혁법안의 통과를 거부하자마자 국외 신

40 스티브 마빈, 『한국에 제2의 위기가 다가오고 있다』 (서울: 사회평론, 1998) 285-327

용평가기관들이 우리나라의 국가신용등급을 투기등급으로 떨어뜨렸고, 외화부족에 시달리던 정부가 버티지 못하고 국제통화기금에 구제금융을 요청했다.[41]

11월 말에 일본계 자금이 연말정산을 위해 빠져나가 금융위기가 발생했다는 주장은 설득력이 없다. 일본에서는 회계연도 종료시점이 대개 12월이 아니라 3월이다. 11월 말 일본계 자금을 비롯한 국제자금이 대거 이탈한 것은, 11월에 발생한 국회의 '금융개혁법안 거부' 때문이었다.

■ 이 장은 필자가 2000년 봄에 한국연구재단 등재학술지에 출판한 논문을 쉽게 읽을 수 있도록 풀어내고 새로운 내용을 더한 것이다: "금융위기를 촉발한 정치적인 불안정성: 금융시장의 성립에 관한 비교경제사회학 이론을 중심으로"『한국과 국제정치』 제16권 제1호 (2000년 봄/여름 통권)

41 "국책銀 신용등급 다시 떨어져 해외 CP발행 등 사실상 중단"「한국경제신문」 1997년 11월 4일; "외화차입 잇달아 무산 국제信評기관 등급하향조정 영향"「한국경제신문」 1997년 11월 6일; "대외경제정책硏 금융기관 구조조정 시급"「한국경제신문」 1997년 11월 7일; "정부 한건주의 '과욕' 정치권 눈치 보기 '당략' 경제立法 무산…. 국정 표류 신인도 추락 금융위기 부채질"「한국경제신문」 1997년 11월 18일

꿈에도 생각 못한 사건

필자도 1996년 12월 이전에는 김영삼 대통령과 문민정부가 금융위기를 일으킬 것이라고는 생각하지 못했다. 그런데 김영삼 대통령이 취임하자마자 한 일이라는 것이 겨우 역대 군사정부가 시행한 경제개발 5개년계획을 폐기하는 것이었다. 이 때문에 심각한 과잉중복투자가 발생할 것이라는 국내외 경제학자들의 태산 같은 걱정이 현실이 되고 말았다. 해태중공업은 그때 발생한 과잉중복투자의 상징이었다. 1996년 하반기 들어 금융시장에 집권 정치세력이 만들어낸 정실자본주의로 인한 과잉중복투자가 대기업 부도사태를 초래할 것이라는 흉흉한 소문이 떠돌았다. 그래도 1996년 12월 이전에는 대기업 부도사태가 터지면 그것이 금융위기로 이어질 수 있다는 생각은 꿈에도 하지 못했다.

그런데 1996년 12월 필자가 미국사회학회에서 발간하는 〈북 리뷰 저널〉을 보다가 무릎을 탁 쳤다. 필자의 눈에 프린스턴대학교 출판부 Princeton University Press에서 나온 책의 리뷰가 들어왔는데 18세기 초 런던에서 금융시장의 발생을 초래한 정치적인 조건을 제시하고 있었다. 영국에서 세계 최초로 금융시장이 발생한 것은 명예혁명 이후 의회와 정당이 금융시장에게 '정치적 지급보증'을 해주었기 때문이라는 것이었다. 다시 말해서, 금융시장이 성립하려면 반드시 '정치적 지급보증'이 필요하다는 것이었다.

'그렇다면 정치적 지급보증이 없으면 금융시장이 성립할 수 없겠네!'

그때 필자는 모 대학 도서관에 쪼그려 앉아 그 리뷰를 읽으면서 이렇게 중얼거렸다.

'정치적 지급보증이 없으면 금융시장이 성립하지 않는다. 그렇다면, 어! 금융시장이 성립하지 않는다면 결국 금융위기, 디폴트Default, 즉 국가부도사태가 발생한다는 것 아냐!'

'으음, 정치적 지급보증이 없으면 국가부도사태가 발생할 수도 있겠네~ 정말!'

그리고 며칠 후 해가 넘어갔고 필자는 1997년 11월 '정치적 지급보증이 없으면 금융시장이 성립하지 않는다.'라는 명제가 현실이 되는 것을 목격하고야 말았다. 1997년 11월에 발생한 금융위기는 사실 그해 1월에 시작되었다. 1월에 김영삼 대통령의 차남과 정실로 얽힌 한보그룹이 부도를 냈고 3~4월에는 집권 정치세력과 정실관계를 맺은 삼미그룹과 진로그룹이 부도를 내면서 민간은행과 심지어 국책 산업은행마저도 국외차입을 할 수 없게 되었다. 금융위기가 발생한 것이다. 그러나 5월 김영삼 대통령이 발표한 '신자유주의 금융개혁법안'을 금융시장이 정치적 지급보증으로 받아들였고 안정을 되찾았다.

그런데 결국 그해 11월 국회가 '신자유주의 금융개혁법안'을 거부했고, 즉각 금융위기가 발생했다. 정치적 지급보증이 없으면 금융시장이 성립하지 않는다는 명제가 완벽하게 들어맞은 것이다. 국민의 한 사람으로서 내심 필자의 예측이 맞지 않기를 무척이나 기대했지만, 정치인들은 필자의 기대를 여지없이 무너뜨렸다. 그때 정치인에게는 국가의 안위와 국민의 생명과 재산 따위는 아예 관심의 대상이 아니라는 것을 뼈저리게 느꼈다. 분노에 치를 떨었고, 도저히 그냥 그렇게 가만히 있을 수 없었다.

그런데 1999년 말 모 일간지가 한국금융연구원에서 발표한 '정치적인 불안의 경제적 영향'이라는 논문을 소개하면서 마침내 금융위기의 정치적인 원인을 찾았다고 대서특필했다. 그때 이 신문의 논조를 보고 이런 생각을 했다.

'으음, 언론도 금융위기의 정치적인 원인을 찾고 있었던 모양이군.'

필자가 그 논문을 찾아보니까 놀랍게도 1997년 1~11월에 진행된 금융위기 전개과정에 관한 필자의 관찰을 완벽하게 지지하는 경험적인 연구를 포함하고 있었다. 그것은 정말 짜릿한 순간이었다.

해를 넘겨 2000년 여름 1997년 1~11월에 진행된 금융위기의 정치적인 원인을 찾은 논문을 한국연구재단 등재학술지에 출판했는데 얼마 후 매우 가까운 지인으로부터 어떤 세력이 필자를 사법처리 하려고 한다는 어처구니없는 얘기를 전해 들었다. 그런데 한참 후 그들이 학술적인 분석으로 인한 비방이나 명예훼손은 형사소추의 대상이 되지 않는다는 결론을 내렸고 필자의 사법처리를 포기했다는 뒷얘기를 들었다. 그 이면에 무슨 일이 더 있었는지 잘 모르지만, 이것은 틀림없이 있었던 사실이다. 역사는 패자에 대한 승자의 기록일 뿐이고 나는 어느 모로 봐도 역사를 기록할 만한 승자가 아니다. 그럼에도 불구하고 금융위기를 초래한 정치적인 원인에 관한 이야기를 어떠한 일이 일어나더라도 세상에 내놓고 말겠다는 결심을 하였다. 금융위기라는 중요한 역사의 현장에 있었던 사람으로서 그것의 실체와 본질을 똑똑히 보았기 때문이다.

얼간이 악당

1993년 여름 미국에서 유학을 마치고 돌아와 모 연구소에서 2년간 연구위원으로 있다가 퇴직했다. 1999년 말까지 서울과 수도권 대학에서 시간강사로 전전하면서 학회활동을 했는데 그때 매우 큰 정신적 충격을 받았다. 당시 접촉한 박사와 대학교수들은 모두 명문대 출신이고, 미국 명문대에서 박사학위까지 받은 엘리트도 수두룩했다. 그런데 놀랍게도 그들 중 상당수가 연구능력은 말할 것도 없고 의미 있는 소통을 할 만한 능력이 부족했다. 사실 학계뿐만 아니라 정계와 재계를 비롯해 사회 각 분야에서 활동하는 이름만 대면 누구라도 알 만한 고위층인사, 유명인사 중에도 명문대 출신의 '얼간이 바보'가 꽤 있다. 이것은 결코 필자 혼자만의 자의적 관찰 결과가 아니다.

이러한 현상을 인지하고 걱정하는 사람이 꽤 많다. '도대체 이런 얼간이 바보들이 무슨 재주로 명문대에 입학했고 미국의 명문대에서 박사학위를 받았을까?' 이것은 1993년 이후 계속해서 필자를 지배한 화두였다.

물론 명문대 출신의 훌륭하고 존경받을 만한 인사들도 많지만, 그렇지 않은 인사들 역시 많다. 영락없는 얼간이 바보인 그들이 정치·경제·사회 등 전반에 걸쳐 지도층과 기득권층을 형성하여 심각하고 만성적인 문제를 양산하고 있다.

그런데 2002년 우연히 《도쿄대생은 바보가 되었는가》라는 책을 접했다. 일본 최고의 명문 도쿄대학교에도 실제로 얼간이 바보가 수두룩하다는 것이다. 도쿄대학교에서 오랫동안 강의를 한 이 책의 저자 다치바나 다카시는 일본의 암기위주 교육과 암기위주 대학입시에서 그 원인을 찾았다. 그런데 우리나라의 교육과 대학입시도 암기위주인 것은 마찬가지이다. 이런 '얼간이 바보'들이 나라를 불문하고 존재한다는 사실도 알게 되었다.

마침내 2010년 필자가 류상준이라는 필명으로 낸 저서 《IQ 71-93도 명문대 간다》에서 얼간이 바보가 명문대에 입학하고, 미국의 명문대에서 박사학위를 받는 비결을 밝혔다. 얼간이 바보는 정상인보다 단순반복 작업에 훨씬 더 잘 적응한다.

수능시험은 매년 똑같은 유형의 비슷한 문제를 반복해서 출제한다. 똑같은 유형의 문제는 똑같은 풀이방식을 갖는다. 외국어영역과 수리영역과 과학탐구영역을 비롯한 모든 수능영역이 다 이렇다. 그래서 강남의 유명학원들이 단기간에 수능 1등급을 받아내는 비결을 찾아내고 쉽게 암기할 수 있게 만들어 떼돈을 번다. 수능시험 이전의 학력고사와 예비고사는 아예 똑같은 문제를 내서 문제집을 암기하면 얼마든지 명문대에 갈 수 있었다. 암기는 '단순반복 작업'이고 따라서 암기위주 교육과 암기위주 대학입시도 단순반복 작업이기 때문이다. 이런 작업은 지능이 낮은 사람이 적응을 잘한다.

'그렇다면, 얼간이 바보가 미국의 명문대에서 박사학위를 받은 것은 도대체 어떻게 설명할 수 있을까?'

그들은 모두 학사학위 전공과 석사학위 전공과 박사학위 전공이 똑같다. 결국, 박사학위를 받는 것도 얼간이 바보가 잘하는 단순반복 작업이다.

그런데 여기서 필자가 강조하고자 하는 것은, 이런 실력 없는 명문대 출신 얼간이 바보가 출세하면 생존을 위해서 얼간이 악당이 될 수밖에 없다는 사실이다. 그들에게는 열 가지 현저한 특성이 있다.[42] ① 무조건 반칙을 저지르고, ② 영재 또는 권위자의 흉내를 내고, ③ 그들만의 배타적 네트워크를 만들고, ④ 겸손은 없고, ⑤ 똑똑한 사람의 출세를 필사적으로 막고, ⑥ 권력을 추구하고, ⑦ 항상 미소를 머금지만, 자신의 행동이 가져올 파장을 예측하지 못하고, ⑧ 책임질 일을 저지르면 타인에게 전가하거나 덮어버리고, ⑨ 비굴한 행동으로 1인자의 신임을 얻고, 그리고 ⑩ 배신의 최적 타이밍을 찾는다.

우리나라에는 얼간이 악당의 전통이 면면히 흐른다. 필자가《IQ 71-93도 명문대 간다》에서 1623년 인조반정仁祖反正을 일으킨 서인西人과 노론老論의 행태에서 얼간이 악당의 10가지 현저한 특성을 모두 다 찾아냈다. 임진왜란을 예측했고, 이 전쟁을 승리로 이끌었을 뿐만 아니라, 신속하게 전후복구에 성공한 광해군과 북인北人을 몰아내고 몰살한 서인과 노론은 온갖 부정행위로 과거제도를 망쳐버리고 관료체계를 독점하고 조선의 패망을 초래한 장본인이기도 하다.

42 "류상준, 『IQ 71-93도 명문대 간다: 창의력과 통합적 사고력과 과학적 사고력의 핵심 포인트』 (서울: 좋은땅, 2010) 54-64.

필자는 김영삼 전 대통령이 대통령이 되기 전부터 자꾸 '대도무문大道無門'이라는 휘호를 쓰는 것을 보고 그가 단순반복 작업에 굉장히 뛰어난 사람임을 단번에 알아봤다. 대통령이 되고 나서는 청와대에 대도무문을 써서 걸어 놨다. 최근에는 '무신불립無信不立'이라는 아무 뜻이 없는 말을 만들어 자꾸 쓰고 있다고 한다.

그런데 알고 보니까 대도무문이라는 말은 송나라 선승 혜개 스님이 사용한 화두를 모은 책무문관에서 비롯된 것이다.[43] 대도무문은 다음의 문장 속에서만 의미가 있다.

> **대도무문 천차유로** 大道無門 千差有路
>
> 대도에는 문이 없으나 갈래 길이 천이로다
>
> **투득차관 건곤독보** 透得此關 乾坤獨步
>
> 이 빗장을 뚫고 나가면 하늘과 땅에 홀로 걸으리.

그러니까 대도무문만 따로 떼어 반복적으로 써야 할 이유가 전혀 없다. 따로 떼어낸 대도무문은 당연한 말Truism이다. 사람 다니라고 큰길을 만들어놓고 거기에다가 문을 걸어서 사람 다니지 못하도록 막을 이유가 없다. 따로 떼어낸 대도무문에 무슨 특별한 뜻이 있을 리 만무하고 이것을 반복적으로 써야 할 이유가 없다.

지능이 높고 창의력과 통합적 사고력과 과학적 사고력을 가진 사람은 도무지 지겨워서 단순반복 작업을 오랫동안 꾸준히 하지 못한다.[44]

---

43 [나의 삶 나의 길 / 송월주 회고록] ⑨ 김영삼 前 대통령 - 대도무문(大道無門), *dongA.com* (2011년 11월 14일)

44 류상준, 앞의 글, 26-7

이런 사람이 단순반복 작업을 하면 오히려 집중력과 효율이 떨어진다. 단순반복 작업은 지능이 낮고 창의력과 통합적 사고력과 과학적 사고력이 부족할수록 더 잘한다.[45] 이들은 단순반복 작업을 하면 할수록 집중력과 효율이 향상한다. 그래서 명문대에 얼간이 바보가 수두룩하다.

재미난 것은, 문민정부의 수많은 명문대 출신 인사들의 행태에서 '얼간이 악당의 현저한 특성'을 찾을 수 있다는 점이다. 그들은 무조건 반칙을 저질렀고, 영재 또는 권위자의 흉내를 냈고, 그들만의 배타적 네트워크를 만들었고, 겸손은 아예 없었고, 똑똑한 사람의 출세를 필사적으로 막았고, 권력을 추구했고, 항상 미소를 머금었지만, 자신의 행동이 가져올 파장을 예측하지 못했고, 책임질 일을 저지르면 타인에게 전가하거나 덮어버렸고, 비굴한 행동으로 1인자의 신임을 얻었고, 그리고 배신의 최적 타이밍을 찾았다.

1997년 11월에 발생한 금융위기는 이런 '얼간이 악당'들의 작품이다. 김영삼이 대통령이 되기 전에 '머리는 빌릴 수 있지만, 건강은 빌릴 수 없다.'라는 말을 했다. 그런데 얼간이 악당의 머리를 빌리고 만 것이다. 그런데 지금 이 순간에도 또 다른 얼간이 악당들이 열심히 새로운 금융위기를 만들고 있다. 물론 정치인 다수가 금융위기, 경제위기라는 상황을 고의로 연출하거나 계획하는 등 원래부터 악의적인 목적으로 발생시키지는 않겠지만, 시대적 상황과 정치적 상황 및 논리는 그들에게 얼마든지 경제적 위기를 양산하게 할 여지를 만들고도 남는다.

45 류상준, 앞의 글, 28-31

그들의 현저한 특성

김영삼 대통령은 이미 대통령 선거 과정과 직후에 얼간이 악당의 아홉 번째와 열 번째 현저한 특성을 드러낸 바 있다. 3당합당이라는 비굴한 행동으로 1인자 노태우 대통령의 신임을 얻어 대통령 후보가 되었고, 당선되자마자 노태우 대통령의 비자금을 폭로하여 배신의 최적 타이밍을 찾았다.

그리고 그들은 집권하자마자 무턱대고 경제개발 5개년계획을 폐지해서 무조건 반칙을 저지르는 얼간이 악당의 첫 번째 현저한 특성을 드러냈다. 그들은 경제개발 5개년계획의 폐지가 계획경제에서 벗어나 자유경제로 가기 위한 불가피한 조치라고 주장하면서 제법 경제 권위자의 흉내를 내는 얼간이 악당의 두 번째 현저한 특성을 드러냈다. 정실자본주의는 그들만의 배타적인 네트워크였는데 이것은 얼간이 악당의 세 번째 현저한 특성이다.

그들에게 겸손이란 아예 없었고 그들보다 똑똑한 사람의 출세를 수단과 방법을 가리지 않고 필사적으로 막았다. 이것은 각각 얼간이 악당의 네 번째와 다섯 번째 현저한 특성이다. 정실자본주의의 궁극적 목적은 물어볼 것도 없이 '권력추구'였다. 이것은 얼간이 악당의 여섯 번째 현저한 특성이다.

그런데 정실자본주의가 과잉중복투자를 일으켜 대기업 부도사태를 초래했고 결국 이것이 금융위기로 이어지고 말았다. 1997년 1월부터 대기업이 연달아 부도를 내는 사태가 터지는 바람에 그해 상반기에 이미 금융위기가 시작되었다. 그때 민간은행들은 말할 것도 없고 심지어 국책 산업은행도 국외에서 돈을 전혀 빌릴 수 없었다. 김영삼 대통령과 문민정부가 경제개발 5개년계획의 폐지가 몰고 올 파장을 전혀 예측하지 못한 것이다. 이것은 항상 미소를 머금지만, 자신의 행동이 가져올 파장을 예측하지 못하는 얼간이 악당의 일곱 번째 현저한 특성이다.

그리고 금융위기가 발생하자 어처구니없게도 금융위기를 막으려고 온갖 노력을 다한 강경식 경제부총리에게 금융위기의 책임이 떠넘겨졌다. 그가 김대중 정부 시절 금융위기의 주범으로 몰려 수년 동안 재판을 받았으나 다행히 무죄판결을 받았다. 민주화세력이 책임질 일을 저지르면 타인에게 전가하거나 덮어버리는 얼간이 악당의 여덟 번째 현저한 특성을 드러낸 것이다.

정부가 양산하는 혼란의 실체들

이명박 정부의 행태를 보자니 그저 마음이 답답하기만 하다. 유권자 다수가 BBK 사건에도 불구하고 이명박 후보에게 압도적 지지를 보낸 것은 그가 다른 것은 몰라도 경제만큼은 똑바로 세울 것이라는 기대감 때문이었다. 그런데 뚜껑을 열어보니 그렇지 않았다. 지금까지 뭐 하나 제대로 이뤄놓은 것이 없다. 그들은 일자리 창출과 물가안정과 같은 핵심적인 경제문제를 다룰 만한 능력이 아예 없다. 그런데 지금 그것이 문제가 아니다. 이명박 정부가 금융시장에 대한 정치적 지급보증의 거부로 비추어질 수 있는 혼란을 양산하고 있다.

4대강사업은 이명박 정부가 사활을 걸고 시행한 국가사업이다. 그런데 4대강사업 낙동강 18공구 창녕 함안보 하류에 강바닥이 파이는 세굴洗掘현상이 발생해 거대한 협곡이 생겼고, 이러한 현상이 모든 4대강 사업 구간에서 발생한 것으로 보인다.[46] 설계기준에 따라 강바닥 보호

46 "4대강 함안보 하류 파여 … 깊이 26거대협곡 발생" 「경향신문」 2012년 2월 12일

공을 설치하지 않아 이런 현상이 발생했다고 한다. 조사를 한 대학교수들이 세굴현상이 강 상류의 보 쪽으로 진행되면 보가 무너질 수 있다고 경고했다. 그러나 국토해양부는 보가 암반에 기초를 두고 있어 안전성에는 문제가 없다고 반박하고 있다. 그런데 얼마 전 정체를 알 수 없는 예인선이 나타나 보를 조사하는 사람들을 태운 보트를 받아버렸다는 보도가 있었다.

아무튼, 4대강사업이 아무리 부실해도 그것이 이명박 정부가 양산하고자 하는 혼란의 실체는 아니다. 4대강에 설치된 보가 모조리 다 무너져버리면 큰 재앙이 닥치겠지만 나라가 망하지는 않는다.

한편, 2011년 말에 불거진 내곡동 대통령 사저 부지매입을 둘러싼 의혹이 이명박 대통령의 심각한 도덕 불감증과 인격파산을 의심케 했다. 통합진보당이 이명박 대통령을 형사고발 하는 사태가 벌어진 것이다. 이 사건을 둘러싼 의혹의 핵심은 청와대가 사들인 사저 부지의 규모가 사상 최대라는 것에 있지 않다. 사저 부지를 매입하는 과정에서 대통령의 아들이 국가 예산을 편취했다는 것이 의혹의 핵심이다.

'뭐, 이런 게 있나. 감이 안 되는 사람을 뽑았구나!'

얼마든지 이런 생각을 할 수 있다. 인터넷에는 이러한 의혹을 빨리 철저하게 조사하라는 요구와 함께 만일 이러한 의혹이 사실로 드러나면 이명박 대통령을 탄핵해야 한다는 주장도 떠돌아다닌다.

그런데 만일 이명박 대통령이 탄핵을 받아 쫓겨나고 형무소에 들어가도 그것이 이명박 정부가 양산하고자 하는 혼란의 실체는 아니다. 이명박 대통령이 그런 꼴을 당하게 되면, 우리나라가 대외적으로 망신살

뻔칠 것이다. 그러나 그렇다고 해서 나라가 망해버리지는 않는다.

정치인의 사적인 이해

지금까지 이명박 정부의 행태 몇 가지를 이야기했지만, 이것이 필자가 건드리려는 혼란의 실체는 아니다. 우리가 정치인의 행태 이면에 숨겨진 혼란의 실체를 파악하고, 그것의 반복을 막을 수 없다면, 그들은 계속 모습만 바꿔 또 다른 비슷한 모양을 한 정치적 사건과 이슈들을 만들어낼 것이다. 그것을 통해 또 자신들의 사적인 이해를 추구하려고 할 것이다. 모양만 바뀔 뿐이다.

혼란의 실체를 들여다보는 방법은 정치인의 행태가 금융시장에 대한 정치적 지급보증의 거부를 의미하는지 면밀하게 음미해보는 것이다.

이명박 정부가 만들려는 혼란의 실체는 앞서 이 장의 서두에서 언급했듯 인천국제공항 민영화 시도에서 찾아볼 수 있다. 2011년 이명박 정부가 인천국제공항의 지분 일부를 정권 실세의 아들이 지사장으로 있었던 모 외국계 증권사에 넘기려다 실패했다.

이 외국계 증권사는 고약하게도 세계 각국의 기반시설Infrastructure의 지분을 일부 사들여서 경영권을 확보하고 매각해서 수익을 내는 행위를 전문으로 한다. 이런 증권사가 경영을 제대로 할 리 만무하고 따라서 인천국제공항이 이 증권사에 넘어갔더라면 부도를 냈을지도 모른다. 그것은 얼마든지 금융시장에 대한 정치적인 지급보증의 실패로 비추어질 수 있다. 바로 이것이 이명박 정부가 만들 수 있는 혼란의 실체다.

이명박 정부가 만들려는 혼란의 실체는 또 있다. 현재 추진되고 있는 KTX 민영화가 바로 그것이다. 국민의 세금으로 건설하고 운영해온 KTX를 정권 실세와 정실관계를 맺은 복수의 민간기업과 외국자본에 매각해서 수익을 챙기겠다는 것이다. 이것은 완전 도둑놈 심보다.

전문가들이 철도산업의 특성 때문에 복수의 운영자가 동일한 선로를 이용하면 명령체계에 혼란이 발생해서 대형 참사를 불러올 수 있다고 경고했다. 그뿐만 아니라 집권세력과 정실관계를 맺은 민간기업과 외국자본에 넘어간 KTX가 부도를 내면 금융시장에 대한 정치적 지급보증의 실패로 비추어질 것이다. 바로 이것이 KTX 민영화로 이명박 정부가 만들어낼 수 있는 혼란의 실체이다.

이렇게 정치인은 호시탐탐 나라를 말아먹으려고 혈안이 되어 있다. 우리를 위협하는 주변국보다 더 무서운 것이 우리나라의 정치인일 수도 있다. 그들의 꼼수에 당하지 않으려면 정신을 바짝 차려야 한다.

금융위기를 초래한 **정치세력을 지지하다**

그들은 왜 신자유주의 정부를 지지했을까

그들은 어떻게 사회적 희생을 강요했나

'보이는 손'과 보상가설의 한계

사회적인 희망과 구제가설

새로운 금융위기의 씨앗

이제 김대중 대통령과 신자유주의 국민의 정부에 대한 국민적인 지지를 설명하려고 한다. 국민의 정부가 집권 초기에 국민적인 지지를 받았다는 사실을 알게 되면, 그들이 금융감독원을 설립한 진정한 이유를 이해할 수 있다. 그런 금융감독원이 지금 새로운 금융위기를 만들고 있다.

국민의 정부가 국제통화기금의 요구에 따라 어마어마한 사회적 피해를 동반하는 '신자유주의 정책개혁'을 단행했다. 그런데 개혁을 단행한 국민의 정부에 대해 국민적인 지지가 발생했다.

지금도 대중은 1998년 상반기에 국민적인 지지가 발생해서 정부가 큰 곤경에 빠진 사실을 모르고 있다. 1997년 11월 김대중을 지지하는 정치세력이 국회에서 '신자유주의 금융개혁법안'을 거부해서 금융위기가 터졌는데 이듬해 김대중 정부가 국제통화기금의 요구에 따라, 그것과 거의 똑같은 어마어마한 사회적 피해를 동반하는 '신자유주의 정책개혁'을 단행하여 금융위기가 신속하게 해소되었고, 그래서 국민적인 지지가 나타났다.

그래서 만일 그들이 '신자유주의 금융개혁법안'을 거부하지 않았다면, 금융위기가 발생하지 않았으리라는 상상이 얼마든지 가능하다. 이런 사실이 국민의 정부에게는 심각한 정치적 위협이 아닐 수 없었다. 큰일이 난 것이다. 어떻게든 수단과 방법을 가리지 않고 금융위기의 정치적인 원인을 숨겨야 했다. 그 어떠한 비용을 들여서라도 한국사회가 이러한 상상을 하는 것을 원천적으로 차단할 필요가 있었다. 금융감독원의 설립 배경을 바로 여기서 찾을 수 있다.

그런데 '신자유주의 정책개혁'에 대한 국민적인 지지는 그때 한국에서만 발생한 특수한 현상이 아니었다.

20세기 말부터 21세기 초까지 일부 중남미제국에서 엄청난 사회적 피해를 감수하면서 긴축과 경쟁을 도입하는 신자유주의 개혁에 대한 국민적인 지지가 발생하여 정치경제학의 새로운 연구과제로 등장했고 이를 설명하는 '구제가설Rescue Hypothesis'이 만들어졌다.

신자유주의 정책을 시행하기 전에 초超인플레이션Hyper-inflation[1]으로 막대한 손실을 본 국가에서는 가혹한 사회적 피해를 동반하는 신자유주의가 국민적인 지지를 받을 수 있다는 설명이 바로 구제가설이다. 신자유주의가 초인플레이션을 신속하게 해결함으로써 더 이상의 손실을 막고 과거의 손실을 만회할 수 있다는 '사회적인 희망'을 만들기 때문에 국민적인 지지를 받았다는 것이다. 한국에서 신자유주의 개혁에 대한 국민적인 지지를 가져온 조건은 초인플레이션의 기능적 동질성Functional Equivalence, 즉 '금융위기'였다.

신자유주의를 시행하기 전에 발생한 금융위기는 한국사회에 막대한 손실을 입혔다는 점에서 초인플레이션과 기능적으로 동일하다. 한국에서도 '신자유주의 정책개혁'이 더 이상의 손실을 막고 과거의 손실을 만회할 수 있다는 '사회적인 희망'을 만들어 국민적인 지지를 창출한 것이다.

'정실자본주의'를 일으킨 김영삼은 말할 것도 없고, 김대중도 1997년 11월 금융위기를 초래한 국회의 '신자유주의 금융개혁법안' 거부에 대한 정치적인 책임에서 절대 벗어날 수 없다. 특히 김대중

1 초인플레이션(Hyper-inflation)이란 월평균 50% 이상의 인플레이션이 1년 이상 지속하는 현상을 말한다.

을 대선후보로 옹립한 야권이 '신자유주의 금융개혁법안'을 극렬하게 반대했기 때문이다.

대통령 선거가 임박했는데 엄청난 사회적 비용을 동반하는 '신자유주의 금융개혁법안'에 찬성해서 표를 잃을 이유가 없었던 것이다. 정치권에서 1997년 10월에 'DJ 비자금 공방'이 발생하자 잠잠하던 금융시장이 크게 동요한 것은, '신자유주의 금융개혁법안'의 무산과 금융시장의 파국을 예측했기 때문이고, 11월 그 예측이 현실로 나타나 '금융위기'가 발생했다.

그런데 곤란하게도 1998년 상반기에 국제통화기금의 요구에 따라 '신자유주의 정책개혁'을 단행한 김대중 정부에 대한 국민적인 지지가 발생했다. 이것이 김대중 대통령으로 하여금 '금융감독원 설립'이라는 새로운 금융위기의 씨앗을 뿌리게 하였다. 구제가설을 통해 신자유주의에 대한 국민적인 지지를 이해하기에 앞서 실제로 이러한 현상이 존재했는지 확인할 필요가 있다.

그들은 왜 신자유주의 정부를 지지했을까

정부를 지지하다

원래 '신자유주의Neoliberalism'라는 것은 1970년대에 오일쇼크Oil Shock[2]로 인한 스태그플레이션Stagflation[3]을 극복하려고 서구의 산업 민주주의Industrial Democracy 국가들이 만든 정책믹스Policy Mix다. 구체적으로 통화의 대대적인 평가절하, 급격한 재정긴축과 세율인상, 이자율 폭등, 공공요금 폭등, 보조금 삭감, 복지축소, 그리고 공무원의 대량해직 등으로 구성된 신자유주의 정책믹스는 엄청난 사회적 비용을 수반하기 때문에 국민적인 지지를 얻을 수 없다.

2 오일쇼크란 원유가격이 급등하여 세계 각국에 경제적 타격을 준 석유파동이다. 지금까지 가장 큰 영향을 끼친 2차례의 석유파동은 1973과 1979년에 발생했다.

3 스태그플레이션은 경기침체를 뜻하는 스태그네이션(Stagnation: 경기침체)과 인플레이션(Inflation)을 합성한 신조어다. 제2차 세계대전 이전에는 불황기에 물가가 하락하고 호황기에 물가가 상승하는 것이 보통이었는데 오일쇼크 이후 호황기에는 말할 것도 없고 불황기에도 물가가 계속 상승했다. 불황과 인플레이션이 공존하는 현상, 즉 스태그플레이션이 나타난 것이다.

그런데 1998년 초 국제통화기금이 요구한 '신자유주의 정책개혁'을 단행한 김대중 대통령과 국민의 정부에 대한 국민적인 지지가 발생했다. '신자유주의 정책개혁'이 추진한 재정긴축과 이자율의 급격한 증가 그리고 금융 및 기업의 구조조정 때문에 실업률이 급증하는 사태가 발생했다. 이렇게 엄청난 사회적인 피해에도 불구하고 한국사회가 '신자유주의 정책개혁'을 주도한 국민의 정부에게 상당히 높은 지지를 보냈다.

'신자유주의 정책개혁'을 시행하기 전 김대중 정부를 구성한 국민회의와 자민련에 대한 국민적인 지지는 대선 때 지지율41%대보다 낮았다. 그런데 정부가 '신자유주의 정책개혁'을 시작하면서 국민적인 지지가 증가했다. 국민회의와 자민련에 대한 국민적인 지지가 지속적으로 상승해서 1998년 6~7월 50%에 육박했다.

김대중 대통령에 대한 국민적인 지지는 국민회의와 자민련에 대한 국민적인 지지보다 훨씬 더 높았다. 1999년 2월에 시행한 조사에서 김대중 개인에 대한 긍정적인 평가는 57.7%였다.[4] 그런데 김대중 대통령에 대한 국민적인 지지가 1998년 4월 최고치인 70.7%에 달했고, 6~7월에는 62.2%, 7~8월까지 56.6%를 유지했다. 1998년 4월 영남지역에서도 김대중 대통령에 대한 지지도가 대선 때 지지율보다 높았다.[5]

4 조사기관: 한국갤럽 / 조사지역: 전국 / 조사대상: 만 20세 이상 남녀 / 표본크기: 1,017 / 표본추출방법: 무작위 추출 / 조사방법: 전화조사 / 표본오차: +-3.1 (95% 신뢰수준)

5 조사기관: 한국갤럽 / 조사지역: 영·호남지역 / 조사대상: 만 20세 이상 남녀 / 표본크기: 534 / 표본추출방법: 다단계 무작위 / 조사방법: 전화조사 / 표본오차: +-6.2 (95% 수준)

표1 • 정당지지도(1997년 9월 27일) 6 (%)

국민회의	27.6	자민련	5.8	기타	1.9
신한국당	20.6	민주당	5.1	없다/모름/무응답	39.1

표2 • 정당지지도(1997년 12월 18일) 7 (%)

국민회의	30.4	자민련	1.8	없다/비슷하다	23.5
한나라당	26.1	국민신당	13.3	모름/무응답	4.7

표3 • 정당지지도(1998년 4월 16일~1998년 4월 30일) 8 (%)

국민회의	41.2	자민련	5.3	기타	0.5
한나라당	17.8	국민신당	6.0	없다/모름/무응답	29.2

표4 • 정당지지도(1998년 6월 23일~1998년 7월 7일) 9 (%)

국민회의	42.8	자민련	6.5	기타	1.1
한나라당	17.9	국민신당	4.9	없다/모름/무응답	26.8

6 조사기관: 한국갤럽 / 조사지역: 전국 / 조사대상: 전국 만 20세 이상 유권자 / 표본크기: 1,555 / 표본추출방법: 다단계 무작위 / 조사방법: 전화조사 / 표본오차: +-2.5% (95% 신뢰수준)

7 조사기관: 한국갤럽 / 조사지역: 전국 / 조사대상: 만 20세 이상 유권자 / 표본크기: 1,524 / 표본추출방법: 다단계 무작위 / 조사방법: 전화조사 / 표본오차: +-2.5% (95% 신뢰수준)

8 조사기관: 한국갤럽 / 조사지역: 전국(제주도 제외) / 조사대상: 만 20세 이상 남녀 / 표본크기: 1,500 / 표본추출방법: 무작위 추출 / 조사방법: 가구방문 개별면접

9 조사기관: 한국갤럽 / 조사지역: 전국(제주도 제외) / 조사대상: 만 20세 이상 남녀 / 표본크기: 1,500 / 표본추출방법: 무작위 추출 / 조사방법: 가구방문 개별면접

표5 • 정당지지도(1998년 7월 21일~1998년 8월 4일) 10 (%)

국민회의	37.4	자민련	6.4	기타	1.7
한나라당	16.4	국민신당	3.7	없다/모름/무응답	34.4

표6 • 정당지지도(1998년 12월 29일~1998년 12월 30일) 11 (%)

국민회의	39.9	자민련	8.7	없다/비슷하다	33.0
한나라당	18.0	기타	0.4		

표7 • 정당지지도의 변화(1999년 2월~1999년 8월) 12 (%)

	국민회의	한나라당	자민련	지지 없음
1999년 2월 9일	40.0	10.0	4.2	45.8
1999년 2월 24일	33.5	10.1	3.8	52.6
1999년 5월 9일	28.2	9.9	5.0	56.9
1999년 8월 22일	21.4	10.3	1.8	66.4

정부를 지지하지 않다

1998년 6월 국민의 정부가 국제통화기금과 합의하여 '신자유주의 정책개혁'을 중단하고 통화량을 늘리고, 이자율을 낮춰 경기부양을 하는 쪽으로 정책방향을 바꾸었다. 이미 5월에 정부가 금리를 낮추는

10 조사기관: 한국갤럽 / 조사지역: 전국(제주도 제외) / 조사대상: 만 20세 이상 남녀 / 표본크기: 1,500 / 표본추출방법: 무작위 추출 / 조사방법: 가구방문 개별면접

11 조사기관: 한국갤럽 / 조사지역: 전국 / 조사대상: 만 20세 이상 남녀 / 표본크기: 1,039 / 표본추출방법: 다단계 무작위 / 조사방법: 전화조사 / 표본오차: +-3.0% (95% 신뢰수준)

12 「조선일보」 1999년 8월 30일

대신 재벌의 부채명세를 9월까지 공개하기로 합의하고, 5월 중으로 33억 달러를 추가로 지원받는데 국제통화기금과 합의했다.

그러자 한동안 환율이 들먹거렸고 타이거 펀드 등 외국자금이 빠져나가 주가가 내려가고 금융시장이 불안해졌다. 그런데 6월 국제통화기금이 금리인하에 공식적으로 합의했다. 7월에 정부가 통화량을 늘려 금리를 더 내리기로 했고, 7월 말 환율이 1,234원으로 떨어져 1997년 12월 5일 이후 최저 수준에 달했다.

이렇게 금융여건이 호전되자 정부가 금리를 계속 낮추었다. 7월 말 경제협력개발기구OECD와 국제통화기금이 한국에 구조개혁을 권고한 것은 적절했지만, 고금리와 통화 긴축을 강요한 것은 잘못이라고 비판하고 금리를 낮추려는 정부를 지지했다.

금리를 계속 낮추려고 한국은행이 지준제도를 폐지했다. 이로써 통화를 200조 원 이상 확대하는 효과를 낳을 것으로 기대되었다. 대출한도도 늘렸다. 한국은행이 이번 조치로 통화량이 늘어도 다시 흡수할 의사가 없다고 공식 발표했다. 이는 긴축정책의 포기를 의미하는 것이다.

8월 말 정부가 경기부양과 시설투자를 위해 다각적인 경기대책을 확정하겠다고 발표했다. 9월에는 세금을 줄여서라도 내수시장을 회복시키겠다고 발표했다. 9월 말 1999년 예산을 편성하면서 정부가 국채를 발행해서라도 실물경제를 되살리겠다는 의지를 표명했다. 제2의 외환위기는 없고 따라서 금리인하와 재정지출을 통한 통화확대로 경기부양책을 지속적으로 추진하겠다는 것이 정부의 확고한 의지였다.

국제통화기금도 경기부양책에 대한 김대중 정부를 전폭적으로 지지했다.[13] 1998년 10월 말 한국에 대한 정책개입을 완화했고, 구제금융 48억 달러의 상환시기 결정을 한국정부에 일임했다. 대한민국이 11개월 만에 경제정책의 주도권을 회복한 것이다.

국제통화기금이 이듬해의 경제성장률을 플러스로 잡고 통화공급 한도를 폐지하겠다는 정부의 입장을 지지하고 나섰다. 1999년에 예금금리를 최근 2년 4개월 만에 가장 낮은 8.94%로 낮추겠다는 정부의 계획을 승인했다. 정부의 경기부양책이 1998년 하반기 미국의 신용평가기관들이 한국의 신용등급을 상향조정하면서 성공을 거두었다.

정부의 경기부양책으로 증권시장에 '금융장세'가 발생했다. 금융장세란 아직 실물경기는 불황인데 정부가 통화량을 늘리고, 이자율을 내려 풍부해진 유동성이 주가를 끌어올리는 상황을 말한다. 주가가 1998년 9월 23일 291.93포인트에서 지속적으로 오르기 시작했다. 1998년 10월부터 주식시장에 외국인 자금이 지속적으로 유입되었다. 외국인이 11월 들어 사흘 동안 1,983억 원의 순매수를 기록했다.

국제통화기금이 한국을 비롯한 아시아경제가 바닥을 벗어나 회복세에 접어들었다고 발표했다. 국제통화기금과 미국 재무부가 한국의 금리와 통화가 안정을 되찾았다는 보고서를 냈다. 실물경제에서

13 금융위기에 처한 국가에서 신자유주의 경제안정화 프로그램을 추구해 온 IMF가 유독 우리나라에서만 경기부양책에 동의한 것은 이례적이다. IMF의 동의는 한국의 금융위기가 공공부문의 적자가 아니라 민간부문의 적자에 기인한 것이라는 분석에 대한 동의라고 볼 수 있다.

도 신용경색이 풀리기 시작했다. 1998년 10월 어음부도율과 부도업체의 수가 2년 만에 최저에 달했다. 중소기업에 대한 대출도 증가세를 보였다.

때마침 미국 연방준비제도이사회가 세 차례에 걸쳐 금리를 0.25%p씩 인하해 뉴욕증시와 동조화현상을 보이는 우리나라의 증권시장에 강력한 금융장세가 발생했고, 경기부양책이 성공을 거두었다. 경제협력개발기구가 한국이 1999년에는 마이너스 성장에서 벗어나 0.5%의 성장을 이룰 것으로 예측했다.

국내에서도 1999년 경제에 대한 희망적 전망이 나왔다. 1999년 2~3분기부터는 경기가 본격적으로 회복세를 보일 것이라는 예측이 대세를 이루었다. 일부에서는 1999년에 2%대의 성장도 가능하다는 예측이 나왔다. 1998년 11월 정부가 1999년 상반기에 재정의 70%를 풀어 경기부양에 임하고, 4월부터 외환시장의 안정을 위해 새로운 외환거래법을 시행하겠다고 발표했다.

그런데 정부가 '신자유주의 정책개혁'을 중단하고 경기부양에 나선 1998년 9~10월에 국민적인 지지가 47.8%로 대폭 감소했다.[14] 김대중 정부가 '신자유주의 정책개혁'을 단행한 1998년 상반기에는 국민적인 지지가 상승했는데 경기부양 쪽으로 정책방향을 바꾼 1998년 하반기에는 국민적인 지지가 감소한 것이다. 따라서 1998년 상반기에 발생한 국민적인 지지는 1998년 상반기에 단행한 '신자유

14 조사기관: 한국갤럽 / 조사지역: 전국 / 조사대상: 만 20세 이상 남녀 / 표본크기: 1,500 그리고 1,039 / 표본추출방법: 무작위 추출 / 조사방법: 가구방문 개별면접 / 표본오차: +-3.0 (95% 신뢰수준)

주의 정책개혁'에 대한 국민적인 지지라고 봐야 할 것이다.

그렇다면, 도대체 1998년 상반기에 한국사회가 엄청난 사회적 피해를 초래한 '신자유주의 정책개혁'을 단행한 국민의 정부를 지지한 이유는 무엇일까?

사실 '신자유주의 정책개혁'에 대한 국민적인 지지가 우리나라에서만 발생한 것은 아니다. 다른 나라에서도 '신자유주의 정책개혁'에 대한 사회적 합의가 발생한 경우가 많다. 그들 중 일부는 우리나라에서 발생한 '신자유주의 정책개혁'에 대한 국민적인 지지를 설명하는데 도움을 준다. 먼저 그것부터 검토하는 것이 순서일 것이다.

그들은 어떻게 사회적 희생을 강요했나

서유럽과 신자유주의

사실, 1970~1980년대에 서구의 산업민주주의 국가들이 직면한 도전은 그야말로 엄청난 것이었다. 1970년대에 발생한 스태그플레이션을 극복하려고 엄청난 사회적 피해를 동반하는 '신자유주의 정책개혁'을 단행하면서 이에 대한 국민적인 지지를 얻어야 하는 모순된 상황에 부닥친 것이다. 처음에는 서구의 산업민주주의 국가들이 사회적인 희생을 요구하는 '신자유주의 정책개혁'을 시행하면서 사회적인 합의를 만들지 못했다.[15]

1970년대 영국과 미국에서는 '신자유주의 정책개혁'이 사회적인 합의를 만들지 못하고, 극심한 사회 양극화를 초래했다. 사회의 양

15 Charles Blake, "Social Pacts and Inflation Control in New Democracies" *Comparative Political Studies* Vol.27 (1994) 381-401

극화는 인플레이션과 실업률 간의 반비례현상, 즉 '필립스곡선Phillips Curve'을 통해 설명할 수 있다. 노동자를 대변하는 좌파는 실업자를 위한 보조금을 더 많이 확보하려고 노력했고, 우파는 인플레이션 억제를 위해 실업자를 위한 보조금을 줄이는 것이 오히려 실업자의 실질구매력을 높이는 바람직한 정책이라고 주장했다. 좌·우파의 입장은 양립할 수 없었고 그들의 갈등이 양극화를 초래했다.

영국에서는 1975년 집권 노동당이 인플레이션과 재정적자의 악화를 내버려둘 수 없어서 노조의 반대와 높은 실업률에도 불구하고 실업 보조금을 대폭 삭감했고 그 바람에 1979년 실각하고 말았다. 미국에서도 '신자유주의 정책개혁'이 노사갈등과 정당의 양극화를 조장했다. 노조는 경쟁적으로 임금인상을 시도했고 기업은 노동자를 마구 해고했다. 좌파는 완전고용을 요구했고 우파는 통화량을 줄이고 이자율을 올려 인플레이션을 억제하라고 요구했다. 레이건 행정부의 '신자유주의 정책개혁'도 정치적 양극화를 심화시킨 것은 마찬가지였다.

그런데 1980년대에 와서 마침내 서유럽 국가들이 '신조합주의Neo-corporatism'라는 체제를 만들어 '신자유주의 정책개혁'에 대한 광범위한 사회적 합의를 창출해냈다. '신조합주의'는 정부가 독점적 협상권을 가진 기업과 노조의 정점조직Peak Organization과 함께 임금수준을 포함한 거시경제지표를 설정하는 체제다. 독점적 협상권을 확보한 노조의 정점조직이 정부에게 임금동결에 대한 노동자의 합의를 동원해주는 대가로 정부가 노동자에게 상당한 수준의 보조금을 지급했다.

그런데 서유럽에서 신자유주의에 대한 사회적 합의를 도출한 신조합주의는 김대중 대통령과 국민의 정부에 대한 국민적인 지지를 설명하지 못한다. 1998년 1월 국민의 정부가 신조합주의를 도입하려고 노사정위원회를 만들었지만, 여기에 독점적 협상권을 가진 노조와 기업의 정점조직을 참여시키는 데 실패했다.

한국에서는 노조가 하나의 정점조직을 만들지 못했고, 한국노총과 민주노총으로 분열되었다. 그들이 노조원의 지지를 얻으려고 경쟁적으로 정리해고와 근로자파견법에 반대했고 노사정위원회 참여를 전면 거부해버렸다. 한편, 사용자 단체의 정점조직 경총도 1998년 1월 실업보험을 더 부담하겠다고 나섰으나 노사정위원회 참여는 거부했다. 우여곡절 끝에 출범한 노사정위원회가 결국 좌초하고 말았다. 한국에서는 '신조합주의'라는 체제가 작동하지 않았다.

일본의 노조 없는 조합주의

1970년대 일본은 국가의 관료집단이 산업-중심적 구조조정을 통해 '신자유주의 정책개혁'을 도입했고 사회적 합의를 끌어냈다. 그런데 이것이 집권 자민당의 권력 장악력을 떨어뜨렸고 정당구조를 재구성하는 결과를 초래했다. 그래서 자민당이 1983년과 1990년 총선에서 실패했다.

1974년 일본은 국가가 영국과 미국처럼 단지 실업보험을 제공하는데 그치지 않고 고용을 유지하면서 중복된 고용을 재편하는 기업을 보조해주는 법률을 마련했다. 이 법률에 근거해서 국가의 적극적인 개입이 가능했고 침체한 산업부문과 소기업부문에서 임금동결과 고용보장을 맞바꿀 수 있었다. 노조가 국가에 적극적으로 도움을 청했고 협조했다.

1976년에는 이 법률을 강화해서 고용정책을 산업정책과 연계했고 경기가 침체한 산업부문과 지역을 집중적으로 지원했다. 침체한 산업부문의 기업이 정부의 보조금을 받았고, 카르텔을 결성해서 생산을 줄이거나 중복으로 투자된 설비를 폐기했다. 폐기된 설비는 해당 산업부문과 정부가 출연한 공적자금으로 보상을 받았다. 침체한 지역의 소기업과 대기업의 하도급기업들이 업종을 변경하는 과정에서 정부의 도움을 받았다.

일본은 '노조 없는 조합주의Corporatism Without Labor'로 유명하다. 독점 산업부문에서는 정부가 아닌 기업이 노동자에게 직접 임금동결에 대한 보상을 제공했다. 일본은 유럽과 달리 노조 또는 노조의 지지를 확보한 정당이 아니라 정부가 노동자 간 그리고 임금노동자와 다른 계층 간의 단결을 유지하기 위해 고용정책, 사회보장정책, 그리고 세금문제에 대해 독자적으로 의사결정을 내렸다.

정부의 이러한 조치가 노동운동에 중대한 변화를 초래했다. 제2차 세계대전 종전 이후부터 1975년까지 노동자의 끊임없는 임금상승 요구가 높은 경제성장과 맞물리는 '좌파 케인스적 종합Left Keynesian Synthesis'[16] 속에서 임금상승을 주도했던 강성노조Sohyo가

16 '좌파 케인스적 종합'이라는 개념은 필자의 선생님이며 미국 조지아대학교의 정치학 교수 앨런이 만든 개념이다: Christopher S. Allen, "Trade Union, Worker Participation, and Flexibility: Linking the Micro to the Macro" *Comparative Politics* Vol.22 No.3 (1990)

더 이상 생산성 상승률을 웃도는 임금상승률을 만들지 못하고 사라졌다. 침체한 산업부문과 수출산업부문의 노조가 정부와 연계된 온건한 전국노조Rengo를 만들었다.

이러한 노조의 변화가 야당구조의 변화를 수반했는데 이것이 '신자유주의 정책개혁'에 대한 사회적 합의를 도출했다. 1976년 총선에서 야당들이 대대적으로 변신해서 집권세력과 균형을 이루었다. 그런데 세 개의 온건한 야당들이 사회당과 결별했고, 정부와 협조하는 바람에 1976년까지 지속하였던 야당의 단결이 와해하였다.

그 후 야당들이 단결을 회복하는 조건으로 사회당에 마르크스 이데올로기를 포기하고 공산주의자들과의 관계를 단절하라고 요구했다. 1976년 고립무원에 처한 사회당이 이 요구를 수용할 수밖에 없었다. 그 후 온건한 야당들의 수렴과 새로운 야당과 정부의 협조체제가 '신자유주의 정책개혁'에 대한 사회적 동의를 창출했다.

요약하건대 일본에서는 국가의 관료집단이 '신자유주의 정책개혁'의 청사진을 만들었고 기업과 온건한 노조의 협조로 '신자유주의 정책개혁'에 대한 사회적 합의를 끌어낸 것이다. 만일 정부가 이 모든 '신자유주의 정책개혁'을 혼자 독자적으로 추진했더라면 일본의 정당도 영국과 미국에서 나타난 것과 유사한 정치적 분열을 겪었을 것이다. 정부는 어렵게 만들어낸 사회적 합의를 유지하려고 '신자유주의 정책개혁'에 따르는 비용을 각종 사회보장계획으로 분산했고 여러 가지 세금도 완화하는 조처를 했다.

지금까지 살펴본 일본의 사례는 신자유주의 김대중 정부에 대한 국민적인 지지를 설명하는 데 전혀 도움이 되지 않는다. 김대중 정부는 일본정부처럼 노조 없는 조합주의를 만들지 않았고, 개혁비용의 사회적 분산을 시도하지 않았고, 정당구조도 바꾸지 못했다. 한국에서는 정부가 단기적으로 '신자유주의 정책개혁'을 일방적으로 주도했다.

아르헨티나와 신자유주의

아르헨티나에서도 '신자유주의 정책개혁'에 대한 사회적 합의가 있었지만, 신자유주의 김대중 정부에 대한 국민적인 지지를 설명하는 데에는 도움이 되지 않는다.[17] 초기에는 노조의 지지로 집권에 성공한 아르헨티나와 폴란드 정부가 '신자유주의 정책개혁'을 단행했고, 노조의 지지를 얻는 데 성공했다. 그런데 얼마 가지 못해서 폴란드 노조가 정부에 대한 지지를 철회했다.

그러나 아르헨티나의 노조는 정부에 대한 지지를 계속 유지했다. '신자유주의 정책개혁'이 진행되면서 폴란드와 아르헨티나의 노조가 모두 다 심각한 피해를 보았다. 그런데 오로지 폴란드 노조만 정부에 대한 지지를 철회했고 아르헨티나 노조는 정부에 대한 지지를 철회하지 않았다.

폴란드와 아르헨티나 노조의 차별성은 집권당의 강력함과 정치적

17 Steven Levitsky and Lucan A. Way, "Between a Shock and a Hard Place: The Dynamics of Labor-Backed Adjustment in Poland and Argentina" *Comparative Politics* Vol.30 No.2 (1998) 171-91

대안의 존재 여부, 노조 간 경쟁, 조직과 리더십의 중첩, 그리고 노조 리더십의 자율성에 있다. 아르헨티나 노조가 신자유주의 정부에 대한 지지를 철회하지 않은 것은 정부의 노조 장악력이 높았고, 노조가 정부에 대한 지지를 철회하면 택할 수 있는 정치적 대안이 없었기 때문이다.

반면에 복수노조체제를 가진 폴란드에서는 노조들이 치열한 경쟁에 노출되었다. 노조원의 지지를 얻으려고 폴란드 노조들은 노조원에게 피해를 주는 '신자유주의 정책개혁'을 추진하는 정부에 경쟁적으로 반발했다.

한편, 아르헨티나에서는 노조 조직이 집권당의 조직과 중첩돼 있어 노조의 배신이 쉽지 않았고 폴란드에서는 이러한 구조가 없었다. 폴란드 노조는 생존을 위해 노조원의 지지에 크게 의존했지만, 아르헨티나 노조는 정당과 국가의 지원이 없으면 생존할 수 없었다. 이러한 조건의 차이 때문에 아르헨티나보다 폴란드의 노조가 정부를 배신할 가능성이 컸다.

그런데 아르헨티나 사례는 신자유주의 김대중 정부에 대한 국민적인 지지를 설명하는데 도움을 주지 못한다. 한국의 노조-정부 관계는 아르헨티나보다는 폴란드의 그것과 매우 흡사하기 때문이다. 노사정위원회의 파행이 정부의 노조장악력이 전혀 유효하지 않았음을 바로 보여주었다. 폴란드처럼 한국의 노조도 두 개로 분열되어 있다.

한국노총과 민주노총은 노조원의 지지를 얻으려고 경쟁적으로 노조원의 편을 들어 '신자유주의 정책개혁'에 반대했다. 한국의 노조는 아르헨티나 노조처럼 조직이 집권세력과 중첩되지 않았다. 그때나 지금이나 한국의 노조지도자는 폴란드 노조들처럼 노조원의 지지에 생존기반을 두고 있다.

중남미제국과 초인플레이션[18]

1980년대 후반 아르헨티나, 볼리비아, 브라질, 그리고 페루에서 포퓰리스트들Populists이 정권교체에 성공했다. 포퓰리즘Populism은 '불명확하게 정의된 국민을 대신해서 엘리트집단에 도전하는 개인화된 지도자에 의한 유권자의 하향식Top-down 정치동원'[19]이다.

1980년대 초에 민주화가 진행된 이후 위의 중남미제국에서 정부가 빈곤과 경기후퇴, 경제적 불평등, 부채위기, 인플레이션, 증가하는 마약밀매, 폭력, 그리고 재정적 압박이라는 사회경제적 문제를 전혀 해결하지 못했다. 그래서 부패하고 무능한 제도권 정당에 대한 대중의 신뢰Public Trust가 완전히 무너졌다.

그러자 포퓰리스트 후보들이 십자군 전쟁을 치르는 정치적인 외부인Political Outsiders으로 자처하고 정치와 직접적 관련이 없는 사람들로 선거조직을 만들어 상향식Bottom-up이 아닌 하향식으로 유권자

18 Bruce M. Wilson, "Leftist Parties, Neoliberal Policies, and Reelection Strategies: The Case of the PLN in Costa Rica" *Comparative Political Studies* Vol.32 no.6 (1999) 752-79; Kurt Weyland, "Swallowing the Bitter Pill: Sources of Popular Support for Neoliberal Reform in Latin Ameirca" *Comparative Political Studies* Vol.31 no.5 (1998) 539-68

19 K. M. Roberts, "Latin America's Populist Revivial" *SAIS Review* Vol.27 No.1 (2007) 5

를 동원하여 정권교체에 성공하는 사태가 발생했다.[20]

이러한 포퓰리즘 이론의 예측력은 강력하다. 우리나라에서도 집권 한나라당이 대중의 신뢰를 완전히 잃어버렸다. 이명박 정부의 연이은 실정에다가 한나라당이 헌법기관 선거관리위원회 홈페이지를 디도스 공격하고 당대표 선거에서 돈 봉투를 살포하는 사태가 발생하여 대중의 신뢰가 붕괴했다. 이 와중에 강력한 포퓰리즘이 발생했다. 전국을 누비면서 청춘콘서트를 운영했고 예능프로그램 '무릎팍도사'에 출연했고 안철수연구소의 주식으로 기부재단을 만들어 꾸준히 유권자를 하향식으로 동원한 정치적 외부인 안철수 서울대 융합과학기술대학원 원장에 대한 국민적인 지지가 오랫동안 압도적인 지지율 1위를 지켜온 박근혜 새누리당 비상대책위원장을 한때나마 앞질러버렸다. 그런데 안철수가 우리나라 최초의 포퓰리스트 대통령이 되려면 넘어야 할 산이 많다.[21]

아무튼, 1980년대 후반 중남미제국에서 집권한 포퓰리스트 대통령들이 '신자유주의 정책개혁'을 단행해서 대대적인 국민적인 지지를 받았다. 이들이 국민적인 지지를 받은 것은 그들의 '신자유주의 정책개혁'이 단기에 초인플레이션을 해소했기 때문이다. 포퓰리스트들이 '신자유주의 정책개혁'을 단행한 것은 이것이 그들이 축출한 과거 집권세력의 정치기반을 와해시킬 수 있었기 때문이다.

20 David Doyle, "The Legitimacy of Political Institutions: Explaining Contemporary Populism in Latin America" *Comparative Political Studies* Vol.44 No.11 (November 2011)

'신자유주의 정책개혁'이 초인플레이션을 단기간에 해소해서 국민적인 지지를 받은 일부 중남미제국의 사례에서 도출된 '구제가설'이 신자유주의 김대중 정부에 대한 국민적인 지지를 설명할 수 있다. 우리나라에서는 김대중 정부가 '신자유주의 정책개혁'을 단행하기 전에 초인플레이션은 없었으나 이것의 기능적 동질성, 즉 '금융위기'를 겪었다. '구제가설'을 제대로 이해하고 올바르게 사용하려면 경쟁관계에 있는 '보상가설'의 한계를 분명하게 알아야 한다.

21 안철수도 대중의 신뢰를 잃을 수 있다. 군사전문가이며 수학박사 지만원이 홈페이지(systemclub.co.kr)에서 안철수가 백신프로그램 개발자가 아니라 단지 백신 사업자일 뿐이고 그가 '무릎팍 도사'에 출연해서 한 말이 다 거짓말이라고 주장했다. 또한, 지만원 박사는 안철수의 멘토 법륜스님의 친형이 반국가단체 남민전에 가담하여 1심에서 사형 2심에서 무기징역을 선고받았다고 주장했다. 그리고 그는 안철수가 강의를 제대로 하지 못하고 그와 함께 서울대 교수로 임용된 그의 부인도 그렇다면서 그들의 서울대 교수 임용에 의혹을 제기했다. 최근에 그의 MBA 학위가 정규대학원에서 받은 것이 아니라는 의혹이 제기되었다. 그리고 안철수가 기부재단에 출연한 안철수연구소 주식의 가격도 다른 대선관련 테마주와 마찬가지로 조작되었다는 설이 있어서 금융감독원이 조사했다. 안철수연구소의 적정주가(EPS의 10배)는 1만 원을 넘지 않는데 한때 16만 7,000원을 넘었고 지금도 10만 원 이상에 머물러 있다. 그가 이미 2002년에 강용석 의원에 의해 고발된 횡령·배임사건 때문에 검찰조사를 받았고 그때 많은 벤처기업인이 처벌받았으나 그만 빠져나갔다는 신문기사가 있다. 이 기사는 그때 처벌받은 고위 공직자의 주식계좌에서 안철수연구소 주식 13만 3,000주가 발견되었다고 한다. 인터넷상에 안철수연구소가 김대중 대통령 시절에 V3 백신프로그램의 소스(설계도면)를 북한에 넘겼다는 의혹이 떠돌아 다닌다. 시간이 흐르면서 안철수에 관한 의혹이 계속 증가하고 있다. 그러나 이런 의혹이 모두 사실이 아닌 것으로 드러나고 제도권 정당들이 신속하게 대중의 신뢰를 회복하지 못하면 안철수가 대한민국 최초의 포퓰리스트 대통령이 될지도 모른다.

'보이는 손'과 보상가설의 한계

보상가설

보상가설Compensation Hypothesis[22]은 '목표시혜Targeted Benefits'라는 개념으로 '신자유주의 정책개혁'에 대한 국민적인 지지를 설명한다. 국민적인 지지는 '신자유주의 정책개혁' 초기에 발생하는 피해자에게 정부가 선택적으로 제공한 목표시혜의 결과라는 것이다. 실제로 중남미의 몇몇 정부들은 '신자유주의 정책개혁'의 피해를 보상하려고 극빈자에게 목표시혜를 제공하는 보상프로그램을 시행했다.

이는 '신자유주의 정책개혁' 초기에 시장의 '보이지 않은 손'이 국민에게 끼친 피해를 정부의 '보이는 손'이 보상해줌으로써 '신자유주의 정책개혁'에 대한 지지를 끌어내려는 시도였다. 보상가설에 따르면 빈곤을 완화하는 목표시혜가 '신자유주의 정책개혁'의 정치적

22 Kathleen Bruhn, "Social Spending and Political Support" *Comparative Politics* Vol.28 (1996) 151-77; Kurt Weyland, "Neoliberal Populism in Latin America and Eastern Europe" *Comparative Politics* Vol.31 no.4 (July 1999) 379-401

존립가능성을 결정하는 가장 중요한 조건이다. 보상가설은 목표시혜 프로그램에 투입하는 자원이 증가할수록 '신자유주의 정책개혁'에 대한 국민적인 지지가 증가한다고 예측한다.

목표시혜를 통한 보상이 '신자유주의 정책개혁'에 대한 국민적인 지지를 끌어낸다는 보상가설의 이론적 배경은 합리적 선택이론 Rational Choice Theory이다. 사회적 보상프로그램을 통한 목표시혜는 선택적일 수밖에 없고 그것의 혜택을 입는 사람은 그것을 제공하는 정치세력을 지지하는 '선택적 유인Selective Incentive'을 갖게 된다. 선택적 유인을 유발하는 목표시혜가 정부와 '신자유주의 정책개혁'의 피해자 간에 새로운 후견-고객Patron-client 관계를 설정해서 국민적인 지지를 이끌어낸다는 것이다.

중남미 사례와 보상가설

1980년대 초까지만 해도 오로지 국민의 고통을 외면하는 권위주의 정부만이 국민의 반발을 누르고 고통스러운 '신자유주의 정책개혁'을 단행할 수 있다는 예측이 지배적이었다.[23] 통화의 대대적 평가절하, 통화긴축, 이자율 폭등, 공공요금 폭등, 보조금 삭감, 복지축소, 그리고 공무원의 해직 등 엄청난 사회적 피해를 강요하는 '신자유주의 정책개혁'이 대중의 엄청난 반발에 직면하리라는 것이 일반적 관

23 John Walton and Charles Ragin, "Global and National Sources of Political Protest" *American Sociological Review* Vol.55 (1990) 876-90

측이었다. 그래서 1980년대 초 중남미제국이 처음 '신자유주의 정책개혁'을 시작했을 때에는 그것이 민주주의와는 절대로 양립할 수 없을 것이라고 믿었다.

그런데 뜻밖에도 중남미제국에서 '신자유주의 정책개혁'이 국민적인 지지를 받았다. 아르헨티나의 카를로스 메넴1989~1998년, 볼리비아의 빅토르 파스 에스텐소로1985~1989년, 페루의 알베르토 후지모리1990~1998년, 그리고 브라질의 페르난도 콜로르 데 멜로1990~1992년가 '신자유주의 정책개혁'을 단행하면서 국민적인 지지를 끌어냈다. 55~80%에 이르는 국민이 '신자유주의 정책개혁'을 지지했다.

아르헨티나, 볼리비아, 페루, 그리고 브라질의 지도자들은 국민적인 지지를 업고 기득권세력의 극렬한 반발을 제압했고 신자유주의를 계속 추진할 수 있었다. 아르헨티나의 메넴과 페루의 후지모리는 1995년에 재선에 성공했다.

그런데 '보상가설'의 예측과 달리 아르헨티나의 메넴, 페루의 후지모리, 브라질의 멜로, 볼리비아의 에스텐소로는 '신자유주의 정책개혁'을 단행하면서 피해자들에게 목표시혜를 제공하는 보상프로그램을 올바르게 시행하지 않았다. 아르헨티나의 메넴은 1989년에 1억 5,000만 달러, 1990년에 7,500만 달러의 양곡권Food Stamp을 극빈자에게 제공했다.

그러나 양곡권의 분배과정이 비효율과 엄청난 부정으로 얼룩져 극빈자의 생계를 돕지 못했다. 그나마 양곡권 배급은 곧 중단되었다. 페루의 후지모리도 '신자유주의 정책개혁'을 시행하면서 보상프로그램을 제대로 시행하지 않았다. 그래서 국제사회가 분배과정의 투명성을 감시하는 조건으로 보상프로그램의 재원을 장기 저리로 제공하려고 했다.

그러나 그것은 가난구제를 정치적 후견관계를 유지하는 수단으로 사용해온 후지모리에게 결코 달가운 것이 아니었다. 그는 '신자유주의 정책개혁'을 시행한 지 16개월이 지나고 선거가 임박한 시점에 와서 잠깐 보상프로그램을 시행했을 뿐이다. 브라질의 멜로 그리고 볼리비아의 에스텐소로 대통령은 이 정도의 보상프로그램도 만들지 못했다.

한편, '신자유주의 정책개혁'에 대한 국민적인 지지가 발생하지 않은 베네수엘라와 멕시코에서는 막대한 자금을 들여서 보상프로그램을 시행했다. 베네수엘라와 멕시코는 거시적 조작으로 인플레이션을 막았다. 특히 베네수엘라는 1980년대부터 저성장과 빈곤층의 증가를 겪었지만, 구조조정을 미루고 인위적 가격통제로 인플레이션을 막았다. 1987년과 1988년 베네수엘라는 인플레이션이 각각 28.1%와 29.5%에 불과했고 그래서 1989년 2월에 위기가 표면화될 때까지 실질소득의 급격한 감소를 경험하지 않았다.

멕시코의 집권세력도 1994년 대통령 선거를 위해 임박한 금융위기를 감추었다. 그들은 통화의 과대평가를 방치했고 국외에서 엄청난 규모의 단기자금을 빌려와 부족한 유동성을 메웠다. 세디요가 집권하기 전까지 멕시코는 초인플레이션을 겪지 않았다.

국민의 정부와 보상가설

김대중 정부가 '신자유주의 정책개혁'을 단행해서 금융위기를 진정시키는 과정에서 발생한 사회적 비용은 그야말로 엄청난 것이었다. 1998년 4월에 정리해고가 본격적으로 진행되면서 최대 200만 명의 실직사태가 우려되었다. 실제로 실업률이 3월 6.5%를 기록해서 12년 만에 최악의 상태였다. 3월 한 달 동안 14만 명의 새로운 실직자가 발생해서 총 실업자가 138만 명에 달했다. 5월 말 체납된 임금액이 6,235억으로 근대화를 시작한 이래 사상 최고를 기록했다.

1998년 상반기 근대화를 시작한 이래 도시근로자의 명목소득이 처음으로 감소했고 8가구당 1가구의 가장이 직장을 잃었다. 4월 실업률이 6.7%에 달했고 실업자가 143만 명에 달해 12년 만에 최악의 실업사태가 발생했다. 전체 실직자 가운데 92.5%가 '금융위기' 때문에 직장을 잃었다.

김대중 정부는 '신자유주의 정책개혁'에 따른 정리해고의 피해를 보상하기 위해 '목표시혜'를 시행했다. 김대중 대통령 당선인이 1998년 1월 실업급여를 최소 60일 최장 180일간 지급하고 2월부터 장기 실업자에게 생계비를 지원하고 세금을 감면하도록 했다. 4조 5,000억 원의 재원으로 '실업종합대책'을 마련했고, 1999년부터 완전고용보험을 실시하겠다고 발표했다.

그런데 정부의 실업급여와 고용보험을 확대하고 일자리를 창출한다는 계획은 재원확충도 문제였지만 실업자 수를 85만 명으로 축소해 잡은 것은 지나치게 낙관적이었다. 비공식적으로는 정부도 실업자 수가 100만 명을 넘었고 정리해고가 시작되면 150만 명을 넘을 것으로 예상했다. 외국기관에서는 실업자가 200만 명을 넘으리라고 예측했고 정치권에서는 여야 모두 실업예산을 증액하라고 주장했다.

노동부가 공공사업에 13만 명을 고용하고 실업급여기간을 9개월까지 연장하고 7조 9,000억 원의 기금을 마련해서 창업을 지원하는 실업대책을 내놓았다. 저소득 실직자에게 총 2,000억 원을 지원하고 7,000여 명의 실직노숙자에게 무료로 숙식을 제공했다. 8월에는 실업예산을 33% 증액해서 총 8조 700억 원의 기금을 마련했고 생활보장 대상자 수를 75만 명이나 늘렸다. 9월에는 농가부채 11조 원의 상환을 2년간 유예했다.

그런데 이러한 목표시혜가 '신자유주의 정책개혁'으로 인해 발생한 사회적 손실을 충분히 보전했기 때문에 신자유주의 김대중 정부에 대한 국민적인 지지가 발생했다는 설명은 경험적인 근거가 매우 미약하다. 김대중 정부에 대한 국민적인 지지가 40%대였고 김대중 대통령 개인에 대한 대중적 지지가 70.7%에 달했던 1998년 4월에 시행한 여론조사에서 정부의 정책이 자신이 속한 계급에 유리하다고 응답한 사람의 비율이 26.1%에 불과했다.[24] 분명히 '목표시혜'는 있었지만, 그것이 정리해고로 인한 사회적 손실을 충분히 보전하지는 못한 것이다.

---

24 조사기관: 한국갤럽 / 조사지역: 전국 / 조사대상: 만 20세 이상 남녀 / 표본크기: 1,500 / 표본추출방법: 다단계 무작위 / 조사방법: 가구방문 개별면접

사회적인 희망과 구제가설

구제가설

구제가설은 '신자유주의 정책개혁'이 실질소득의 급격한 감소를 초래한 초인플레이션을 단기에 해소해서 과거의 손실을 만회하고 미래의 손실을 피할 수 있다는 '사회적인 희망'을 제공하기 때문에 '신자유주의 정책개혁'을 단행한 정부가 국민적인 지지를 얻는다고 설명한다. 실제로 1980년대 '신자유주의 정책개혁'이 중남미제국에서 초인플레이션을 해결하는 데 탁월한 성과를 거두었다.[25] 그래서 1980년대 후반 오로지 초인플레이션이 발생한 중남미제국에서만 이것을 해소한 신자유주의 정부가 국민적인 지지를 받았다.

구제가설의 이론적 배경은 '인지심리학Cognitive Psychology'이다. 인

25 Joan M. Nelson, *Economic Crisis and Policy Choice: The Politics of Adjustment in the Third World* (Princeton: Princeton University, 1990)

지심리학자들이 반복적인 실험을 통해서 인간이 객관적으로 동일한 질량의 이득과 손실을 보아도 주관적으로는 이득보다 손실을 훨씬 더 크게 인지한다는 사실을 확인했다.[26]

그래서 인간은 무조건적인 '손실회피Loss Aversion' 경향을 보이는데 확정된 작은 손실을 피하려고 위험한 대안을 무모하게 선택하는 '위험감수Risk Acceptance' 성향도 갖는다. 작지만 확정된 손실을 본 사람은 그것을 피하려고 운이 매우 좋으면 손실을 완전하게 피할 수 있지만 실제로는 더 큰 손실을 주는 불확실한 약속을 받아들이는 도박에 빠지는 경향이 있다.

인간은 어떠한 손실도 피하려고 하는 '절망적 희망'을 버리지 못하기 때문에 훨씬 더 큰 손해를 입을지도 모르는 비합리적 선택을 하게 된다. 위기의 상황에서 발현하는 이러한 '손실회피' 성향 때문에 개인의 의사결정이 합리적인 기대효용 계산에서 벗어난다.

이러한 '인지심리학' 실험에서 다음과 같은 심리적 의사결정이론을 도출할 수 있다. 인간은 결코 이득과 손실을 동일한 비중으로 받아들이지 않는다. 손실에 적응하는 속도가 이득에 적응하는 속도보다 훨씬 더 느리다. 손실보다 이득에 더 신속하게 적응한다.

이득을 얻으면 신속하게 조회점을 올려서 이득을 당연하게 여기고 더 많은 이득을 추구하고 손실을 보면 절대로 조회점을 내리지 않고 손실을 과장한다. 인간은 이미 발생한 손실을 인정하지 않고

26 실험심리학자 칸만(Daniel Kahnman)은 이 이론으로 2002년 노벨경제학상을 받았다: Daniel Kahnman and Amos Tversky. eds. *Choices, Values, and Frames* (Cambridge: Cambridge University Press, 2000)

반드시 발생한 손실보다 더 큰 만회를 하려고 끊임없이 시도한다.

인간의 이득과 손실에 대한 이렇게 비대칭적 반응이 '보상가설'을 부인한다. 인간은 이득보다 손실을 훨씬 더 크게 인지하기 때문에 오로지 '목표시혜'를 제공하는 것만으로 '신자유주의 정책개혁'의 초기비용을 완전하게 보상할 수 있다는 '보상가설'은 성립하지 않는다.

손실을 본 인간은 절대로 조회점을 낮추지 않고 손실을 과대하게 포장하기 때문에 손실과 동일한 비중의 '목표시혜'를 제공하더라도 그것을 제공한 정부가 국민적인 지지를 얻기 어렵다.

요약하건대, '구제가설'은 인간의 이득과 손실에 대한 비대칭적 반응에 기초를 둔다. '신자유주의 정책개혁'이 엄청난 손실을 초래한 초인플레이션을 단기간에 해소하여 과거의 손실을 만회하고 미래의 손실을 피할 수 있다는 '사회적인 희망'을 제공하기 때문에 국민적인 지지를 얻게 된다는 것이다.

중남미 사례와 구제가설

초인플레이션에 시달린 아르헨티나에서는 '신자유주의 정책개혁'이 미처 구체적인 성과를 내기도 전에 국민적인 지지를 얻기 시작했다. 수도에서는 개혁을 시작한 지 단 몇 주 만에 시민의 72~77%가 개혁에 찬성했다. 무려 85~89%의 시민이 대통령의 업적을 긍정적으로 평가했다. 이렇게 광범위한 국민적인 지지를 바탕으로 메넴 대

통령이 야당의 반발을 누르고 개혁을 지속할 수 있었다.[27]

'신자유주의 정책개혁'으로 1991년 중반부터 초인플레이션이 크게 완화되었고 경제 회복의 기미를 보였다. '신자유주의 정책개혁'이 매우 신속하게 초인플레이션으로 국민이 입은 막대한 손실을 회복하고 더 이상의 손실을 막아준 것이다. '신자유주의 정책개혁'으로 초인플레이션을 통제한 메넴 정부는 1991년, 1993년 그리고 1995년의 선거에서 승리할 수 있었다.

초인플레이션을 겪은 페루에서도 '신자유주의 정책개혁'을 단행한 정부가 단 몇 주 만에 무려 50~60%의 국민적인 지지를 얻었다. 반대는 25~30%에 불과했다. 페루에서도 '신자유주의 정책개혁'이 초인플레이션을 억제하는 데 성공했고 그로써 발생한 대규모의 손실을 보전하고 더 이상의 손실을 막음으로써 국민적인 지지를 얻었다.

브라질에서도 '신자유주의 정책개혁'이 막대한 사회적 피해를 초래했으나 초인플레이션을 신속하게 진정시켰기 때문에 국민적인 지지를 얻을 수 있었다. 개혁을 시작한 지 몇 주 만에 국민적인 지지가 58%에서 71~81%로 크게 뛰어올랐다. 그런데 브라질의 국민적인 지지는 이내 줄어들었다. 브라질은 초인플레이션의 피해가 아르헨티나와 페루에 비해 크게 않았고 따라서 초인플레이션의 피해에 대한 두려움도 적었다.

27 Weyland(1998), 앞의 글, 550-1

이처럼 '신자유주의 정책개혁'을 시행하기 전에 초인플레이션을 경험한 국가에서만 신자유주의 정부에 대한 국민적인 지지가 발생했다. '신자유주의 정책개혁'이 초인플레이션을 진정시킴으로써 과거의 손실을 만회하고 미래의 손실을 피할 수 있다는 '희망'을 제공해서 국민적인 지지를 끌어낸 것이다.

초인플레이션으로 손실을 본 사람들이 손실을 만회하고 미래의 손실을 막아 줄 '신자유주의 정책개혁'이 초래하는 당장 위험을 감수한 것이다. 반면에 초인플레이션이 발생하지 않은 베네수엘라와 멕시코에서는 막대한 규모의 목표시혜에도 불구하고 '신자유주의 정책개혁'에 대한 국민적인 지지가 없었다.

초인플레이션과 금융위기

한국은 '신자유주의 정책개혁'을 시행하기 전에 초인플레이션의 기능적 동질성을 경험했다. 그것은 다름 아닌 '금융위기'였다. 금융위기는 초인플레이션과 그 모습이 다르지만, 한국사회에 막대한 손실을 입혔고 미래에도 심각한 손실을 입힐 수 있었다는 점에서 초인플레이션과 기능적으로 동일하다.

금융위기 직후 1998년의 1인당 국민소득이 1996년의 61.1%로 줄었다. 금융위기가 1인당 국민소득을 무려 4,000달러 감소시킨 것이다. 1997년 내내 김영삼 정부는 금융위기를 감추려고 무너지는 주식시장에 정부가 운영하는 각종 연기금을 불법적으로 투자함으로써

연기금 가입자에게 수천억 원의 투자손실을 입혔다.[28]

국외 언론들은 한국이 살인적 실업과 마이너스 성장을 겪을 것이고 금융위기에서 완전히 벗어나려면 5년 이상 걸릴 것으로 예측했다. 1998년 2월 조선일보와 갤럽이 실시한 '김대중 당선자가 해결해야 할 당면과제'를 묻는 여론조사에서 80.5%에 이르는 절대다수가 경제위기 극복을 최우선 과제로 꼽았다. 이 조사에서 나타난 당면과제의 우선순위는 물가안정 33.8%, 외환위기대처 21.6%, 실업문제해결 19.6%, 재벌개혁 7.9%, 금리안정 7.1%, 중소기업지원 6.5%, 빈부격차해소 3.0%의 순이었다.[29]

금융위기가 엄청난 물가상승을 초래했고 한국사회에 심각한 위기의식을 주었다. 1998년 1월 초 언론사들은 물가가 두 자릿수의 상승률을 보일 것으로 전망했고 정부와 국제통화기금도 9%의 물가상승률을 수정 제시했다. 실제로 1998년 초 6.7%의 물가상승률을 보였다.

불과 3개월 만에 물가가 7% 가까이 급등한 것은 1980년 2차 석유파동 이후 18년 만의 일이었다. 3월에는 재경부와 통계청이 원달러 환율 급등의 영향으로 2월 중 공산품 가격이 지속적인 오름세를 보였다고 발표했다. 1998년 상반기에 소비자들이 경험한 실질 물가상승률은 두 자릿수에 달했다.

28 Chae Hee-Mook, Inter-Korean Income Gap Narrows in 1998 「The Korea Times」 (November 8, 1999)

29 조사기관: 한국갤럽 조사지역: 전국 / 조사대상: 만 20세 이상 남녀 / 표본크기: 1,037 / 표본추출방법: 다단계 무작위 / 조사방법: 전화조사 / 표본오차: +-3.0 (95% 신뢰수준) 지지율 합계가 100%를 넘는 것은 응답자가 복수로 응답했기 때문이다.

금융위기는 기업의 생산과 가계의 소비에도 막대한 타격을 입혔다. 1997년 12월 서울의 어음부도율이 사상 최고치 2.87%로 증가했다. 1998년 2월까지 회사채 수익률이 20%를 넘나들었다. 4월 설비투자가 25년 만에 최저로 떨어졌고 전년보다 30.6% 감소할 것으로 예상되었다. 공장가동률도 1985년 이후 최저65.2%로 떨어졌다. 3월 설비투자가 무려 36.7% 줄었고 경기선행지수도 5개월째 떨어져 장기불황 조짐이 나타났다.

내수시장이 5개월째 침체하였다. 4월까지 가전제품의 매출이 35~40% 줄어들었고, 자동차 3사의 평균 가동률이 40%로 떨어졌다. 건설업 수주액이 전년의 25% 수준이었고 의류업계는 5년 치의 재고가 쌓였다. 소비가 1970년 이후 최저 수준이었다. 1998년 상반기까지 소비위축이 투자부진과 생산 감소로 이어지고 이것이 소득감소와 소비위축을 초래하는 악순환이 진행되었다. 금융위기가 근대화를 시작한 이래 처음으로 도시근로자 명목소득의 감소를 초래했다.

국민의 정부와 구제가설

1998년 상반기에 국민의 정부가 국제통화기금과 합의한 경제안정화 프로그램, 즉 '신자유주의 정책개혁'을 단행했다. 1월에 세계은행의 스티글리츠 부총재가 과도한 통화긴축과 지나치게 높은 이자율이 연쇄부도를 초래할 것이라고 우려했다. 실제로 '신자유주의 정책개혁'은 가혹했다. 그래서 국내외에 '신자유주의 정책개혁'에 대한 정부의 의지를 의심하는 언론이 많았다. 그러나 정부는 '신자유주의 정책개혁'을 지속했고 단기간에 사실상의 실업자가 2백만 명에 육박하는 사상 초유의 사태가 발생했다.

그럼에도 불구하고 정부는 '신자유주의 정책개혁'에 관해 국제통화기금과 합의한 내용을 충실하게 수행했고 1998년 3월부터 금융위기가 진정되기 시작했다. 2,000원에 이른 공식 환율암달러 환율 1만 원이 떨어지기 시작했다. 3월 중순 공식 환율이 1,400원대에 진입했다. 정부가 국제통화기금과 금리인하를 위한 협상에 돌입했다. 종합토지세를 올리고 취득세를 낮추려고 정부 부처들이 협력했다.

이는 다음 달까지 160억 달러의 외화를 도입하기 위한 준비였다. 정부가 외채협상에 성공했고 기업과 금융권의 단기 외화사정이 호전되었다. 3월 중순이 되면서 원달러 환율의 하향안정세가 완전히 추세를 잡았다는 전문가의 의견이 나왔다. 3월 중순에 환율이 1,400원대에서 안정되면서 콜금리가 20% 초반까지 내려갈 수 있다는 희망이 나돌았다.

3월 말에 원달러 환율이 계속 떨어져 1,300원대에 진입했고 실물경제에 숨통이 트이기 시작했고 금리인하에 대한 기대심리가 생겼다. 외환시장에서는 외화예금이 늘어나고 수출대금이 유입되면서 달러공급이 원활해졌다. 높은 금리가 외국인의 환투기용 달러자금을 외환시장에 불러들여 원달러 환율을 예상보다 빠른 속도로 떨어뜨렸다. 3월 말에 정부가 금리인하를 유도하려고 자금시장에 개입한다는 소문이 퍼졌다.

3월 23일 다즈워드 국제통화기금의 서울사무소장이 외환시장이 점차 안정되고 있고 금리도 떨어지는 추세에 있다며 '신자유주의 정책개혁'의 구체적 성과를 인정했다. 3월 말에 한국은행 총재가 금리를 내리겠다고 공식 선언했다. 환율이 안정되었기 때문에 높은 금리를 유지할 필요가 없다는 것이다. 적정한 환율수준에 대해서는 아직 국제통화기금과 합의를 보지 못하고 있었으나 정부가 통화안정채권 금리를 계속 인하했다. 콜금리와 회사채 금리도 안정세를 유지하게 되었다.

3월 말 정부가 새로운 외환거래 관련 법률을 제정하고 4월에 뉴욕 금융시장에서 외평채 발행에 성공하여 외환유입을 촉진했다. 정부가 외환관리법을 38년 만에 폐지했다. 새로운 외환거래 관련 법률은 내국인의 국외송금을 제한하고 외국인의 투자절차를 대폭 간소화하고 인수합병M&A 등 투자 장애를 모두 없애는 것이었다.

외평채의 발행은 국제금융시장으로의 복귀를 의미했다. 40억 달러의 외평채를 국외시장에 내놓았는데 무려 120억 달러의 매수 주문이 들어왔다. 아직 불안요인은 많이 남아 있었으나 외평채를 성공적으로 발행함으로써 외환위기의 큰 고비를 넘긴 것이다.

보상가설보다는 구제가설이 1998년 상반기에 '신자유주의 정책개혁'을 단행한 국민의 정부에 대한 국민적인 지지를 더 적절하게 설명한다. 1998년 상반기에 정부가 '신자유주의 정책개혁'으로 금융위기를 신속하게 진정시켜 금융위기로 인한 손실을 피할 수 있고 과

거의 손실을 만회할 수 있다는 '사회적인 희망'을 만들었기 때문에 국민적인 지지를 얻은 것이다.

국민적인 지지는 독이 든 사과

요약하건대 김대중이 1997년 11월에는 대통령이 되려고 '신자유주의 금융개혁법안'을 거부했고 대통령이 되고 나서는 1998년 상반기에 그것과 거의 똑같은 '신자유주의 정책개혁'을 단행하여 국민적인 지지를 받은 것이다. 병도 주고 약도 준 셈이다.

아무튼 1998년 상반기에 정부가 몇 개월간의 '신자유주의 정책개혁'으로 금융위기를 해소한 사실이 만일 1997년 11월에 김대중 대통령 후보를 비롯한 정치권이 '신자유주의 금융개혁법안'을 통과시켰더라면 금융위기를 피할 수 있었다는 상상을 얼마든지 가능케 했다.

그런데 이러한 상상은 김대중 대통령에게 치명적인 것이었다. 만일 '신자유주의 정책개혁'으로 국민적인 지지를 받은 1998년 상반기에 금융위기에 대한 그의 책임이 드러났더라면 국민적인 지지의 소멸이 문제가 아니라 탄핵으로 이어질 수도 있었다. 그래서 1999년 1월 금융감독원을 설립하여 '전염이론'을 기정사실화하여 금융위기에 대한 책임을 숨겼다.

그래서 지금도 대부분 사람이 동남아의 금융위기가 우리나라에 전염되었다고 믿는다. 그런데 지금 금융감독원이 새로운 금융위기의 씨앗을 뿌리고 있다. 금융감독원이 특히 상호저축은행을 비롯한 금융기관의 부정부패를 제대로 감독하지 못하고 있다. 금융시장에 도덕적 해이를 조장하는 금융감독원의 부조리한 수수료제도 때문이다. 피감기관으로부터 제공받는 감독수수료가 금융감독원 수입의 70% 안팎을 차지한다. 이런 금융감독원이 제대로 된 감독을 할 리 만무하다. 다음 3장에서 이 문제를 집중적으로 다룬다.

■ 이 장은 필자가 2000년 6월에 한국연구재단 등재학술지에 출판한 논문을 쉽게 읽을 수 있도록 풀어내고 새로운 내용을 더한 것이다. "신자유주의 정부에 대한 국민적인 지지: 금융위기, 신자유주의, 그리고 국민적인 지지" 『대한정치학회보』 제8집 1호 (2000년 6월)

새로운 금융위기의 씨앗

1999년 1월 김대중 대통령과 국민의 정부가 금융감독원을 만들면서 천연덕스럽게 거짓말을 했다. 1997년 11월에 발생한 금융위기는 그해 봄 동남아에서 발생한 금융위기가 전염된 것이고 감독기능이 은행감독원과 증권감독원 그리고 보험감독원으로 분산되어 있어서 동남아 금융위기의 전염을 막을 수 없었다는 것이다. 그리고 전염을 예방한다면서 이들과 신용보증기금을 합쳐 금융감독원을 만들었다. 그런데 이미 앞에서 언급했듯이 전염은 아예 없었다. 그들이 주장하는 '전염이론'은 그야말로 새빨간 거짓말이다. 김대중 전 대통령을 존경하고 그를 큰 사람이라고 많은 사람이 믿지만 여기서 필자가 밝히고자 하는 이야기는 그를 좋아하거나 싫어하는 그런 감정적 차원이 아니다. 이것은 역사적 사실史實 그 자체다.

필자는 금융감독원 설립이 김대중 대통령의 가장 치명적인 정책실패라고 해도 지나친 말이 아니라고 생각한다. 2006년 케임브리지대학교 출판부에서 금융감독원과 같은 공적 감독기관이 오히려 금융기관의 부실을 초래한다는 '회귀분석Regression Analyses연구'를 내놓았다. 우리나라처럼 권력의 견제와 민주주의가 불완전한 지역에서는 강력한 공적 감독기관이 오히려 금융기관의 부실을 만들어낸다는 것이다.

필자를 더 놀라고 좌절케 한 것은 금융감독원의 수수료제도다. 어처구니없게도 금융감독원이 피감기관으로부터 엄청나게 많은 감독수수료를 받고 있다. 금융감독원의 주 수입원이 바로 감독수수료다. 필자는 이것이 이미 금융시장에 돌이킬 수 없을 정도로 심각한 수준의 도덕적 해이를 조장했으리라고 믿는다.

'아니, 피감기관으로부터 돈을 받는 금융감독원이 도대체 무슨 감독을 한다는 건가?'

그것은 너무나 당연한 질문이다. 금융감독원의 수수료제도를 뜯어고치지 않으면 저축은행의 부실경영과 부도사태를 막아낼 방법이 없다.

필자는 금융감독원의 부조리하고 불합리한 수수료제도가 새로운 금융위기의 씨앗임을 강력하게 경고하는 바다. 무디스와 스탠다드앤푸어스를 비롯한 미국의 신용평가사들도 금융감독원처럼 피감기관으로부터 막대한 평가수수료를 받는데 바로 그들이 2007~2008년 글로벌증시 대폭락과 경제위기를 초래한 1등 공신이다. 그런데도 불구하고 이런 신용평가사들이 다른 나라의 국가신용등급을 올리고 내리는 꼴이 너무나 뻔뻔하고 국민과 심지어 전문가도 그들이 움직이는 국가신용등급에 시선을 집중하고 일희일비하는 모습이 기가 막힐 뿐이다. 이런 사실이 우리의 장래를 암담하게 한다.

각설하고, 물론 김대중 대통령과 국민의 정부는 얼마든지 반박할 수 있다. 국민의 정부는 공동정부였고 자민련이 경제정책을 도맡아서 만들고 시행한 것이 사실이다. 따라서 금융감독원의 설립도 김대중 대통령이 아니라, 자민련 출신 경제장관들의 작품이라고 말할 수 있다.

그렇다고 해서 김대중 대통령이 금융감독원을 만든 정치적인 책임까지 면탈할 수 있을지는 의문이다. 판단은 책을 읽는 독자 여러분의 몫이다.

벌거벗은 금융감독원의 위험한 진실

누가 부정부패를 만들고 있는가

금융마피아는 사라지지 않는다

변화는 권력의 의지에 의해 발생한다

이상한 관계

국민의 정부가 만든 금융감독원의 정치적인 기원을 찾았다. 전염이론으로 1997년 11월에 발생한 금융위기를 설명하던 정부가 금융감독기능이 은행감독원, 증권감독원, 그리고 보험감독원으로 분산되어 체계적 감독을 할 수 없었고, 그래서 동남아 금융위기의 전염을 막지 못했다며 1999년 1월 이 세 개의 감독기관과 신용보증기금을 통합하여 금융감독원을 만들었다.

그런데 앞에서 언급했듯이 '전염이론'은 거짓이고, 따라서 체계적 감독은 금융감독원 설립의 합리적 목적이 될 수 없다. 그뿐만 아니라 금융감독원은 도덕적 해이를 조장하는 불합리한 제도 때문에 사실상 감독을 할 수 없다. 금융감독원의 수입에서 피감기관으로부터 받는 감독수수료의 비중이 무려 70% 안팎이고 심지어 80%에 육박한 해도 있다.

더욱더 큰 문제는 금융감독원의 전직관료들이 관련 법률을 아예 무시하고 계속 피감기관의 간부로 취임하는 데 있다. 그래서 지금도 저축은행의 부실경영과 부도사태, 개인과 가계의 과도한 부채, 사채업자의 전횡, 그리고 신용카드사의 카드남발이 끊이지 않는다.

도대체 왜 정부는 금융감독원을 만들었을까?

금융감독원은 금융위기에 대한 정치적인 책임을 감추려고 만들어졌다. '역사적 제도주의'는 '결정적 전환기Critical Juncture'에 비합리적 목적을 가진 시장제도가 발생할 수 있다고 진술한다. 결정적 전환기는 정치행위자를 구속하는 사회구조의 영향력이 느슨해지는 비교적 짧은 기간인데 이때 정치행위자에게 주어지는 정책대안이 다양해지고 그의 의사결정이 중요해지지만 고조된 '우발성'이 정치행위자를 위협한다. 결정적 전환기에 정치행위자가 형성한 의사결정의 숨겨진 진정한 이유는 그가 내린 의사결정의 '반대사실 분석Counterfactual Analysis'을 통해 이해할 수 있다.

만일 금융위기 때문에 발생한 결정적 전환기에 금융감독원을 설립해서 '전염이론'을 기정사실화하지 않았더라면, 금융위기의 정치적인 원인에 대해 논쟁이 발생해서 정치적인 책임이 공론화되고 '신자유주의 정책개혁'으로 금융위기를 해결한 국민의 정부에 대한 국민적인 지지가 사라지는데 그치지 않고 대통령의 탄핵으로 이어질 수도 있었다.

그래서 금융감독원을 설립하여 '전염이론'을 기정사실화함으로써 금융위기의 정치적인 책임이 자신에게 돌아올 '우발성'을 없애버린 것이다. 그래서 금융위기가 발생한 지 15년이 지난 지금도 우리는 전염이론이 금융위기를 완벽하게 설명한다고 믿고 있다.

그런데 금융경제학자들이 '회귀분석연구'를 통해 공적 감독기관이 '사적인 이해'를 추구하여 은행발전을 막고 위기를 조장하는 사실을 확인했다.[1] 감독기관이 피감기관으로부터 감독수수료를 받고 퇴직한 직원이 피감기관의 간부로 가는 것은 '사적인 이해'를 추구하는 행위다. 끊이지 않는 저축은행의 부실운영과 부도사태의 원인

1 이 책의 저자들은 공적 감독기관은 물론 심지어 예금보험제도까지 폐지하고 기업과 은행의 경영실적을 정기적으로 정직하게 공개해서 일반인이 자율적으로 은행을 선택하게 하는 것이 가장 바람직한 대안이라고 주장한다: James R. Barth and Gerard Caprio, Jr. and Ross Levine, *Rethinking Bank Regulation: Till Angels Govern* (Cambridge: Cambridge University Press, 2006)

을 저축은행 CEO의 부실경영에서 찾는 것은 동어반복이다.

저축은행의 부도사태와 부실운영의 원인은 금융감독원의 부실한 감독에 있고, 이것은 불합리한 수수료제도를 매개로 하는 금융감독원과 피감기관들의 유착관계 때문이다. 주류경제학 또는 '합리적 제도주의Rational Institutionalism'는 불합리한 시장제도의 자동적 소멸을 예측하지만, 금융감독원이 소멸할 가능성은 전혀 보이지 않는다.

금융감독원은 불합리한 수수료제도를 가졌지만 사라지지 않을 것이다. '역사적 제도주의'는 이러한 현상을 '경로의존Path Dependence'이라고 한다. 금융감독원은 기득권세력의 이해를 도모하고 그들의 이해에 균형을 제공하여 그들의 비호를 받아 생존하고 있다. 불합리한 수수료제도가 오히려 금융감독원의 생존을 보장해주는 원천이라고 볼 수 있다. 금융감독원은 불합리한 수수료제도라는 약점 때문에 생존을 위해 수단과 방법을 가리지 않고 기득권세력과 유착관계를 만든다.

'금융감독원의 경로의존'은 신용경색을 가져올 수밖에 없고, 이것이 오랫동안 지속하면 금융위기를 불러오게 될 것이다. 금융감독원의 부실한 감독이 2017년에 다가올 것으로 예측되는 글로벌 경제위기와 주가대폭락과 절묘하게 맞물릴 가능성을 배제할 수 없다.

누가 부정부패를 만들고 있는가

부패에 노출된 감독기관

사실, 공적 감독기관은 피감기관으로부터 감독수수료를 받지 않아도 부정부패를 초래할 수밖에 없다.[2] 앞에서 이미 지적하였듯이 금융경제학자 바스James R. Bath 등이 150여 개의 선진국과 개발도상국에서 수집한 방대한 데이터베이스를 사용하여 실시한 '회귀분석연구'에서 공적 감독기관의 존재가 오히려 은행발전을 저해하는 것으로 나타났다. 은행의 지급준비율을 강화하고 공적 감독기관을 설립하는 것이 오히려 은행의 효율을 떨어뜨리고 대출부패를 증가시켜 은행의 안정성을 저해한다는 것이다.

그것은 '대리인 문제Agent Problem'와 '정보의 비대칭성Information Asymmetry' 때문이다. 대리인 문제란 의뢰인을 대신하는 대리인이 의

2 Barth, Caprio, and Levine, 앞의 글

뢰인의 이익을 추구하지 않고 자기 자신의 '사적인 이해'를 추구하는 것을 말한다. 정보의 비대칭성이란 돈을 빌려주는 주체가 돈을 빌려가는 대출자에 관해 대출자보다 더 많은 정보를 갖지 못하는 상태를 말한다. 공적 감독기관이 은행에 관해 은행 자신보다 더 많은 정보를 갖지 못하는 것 또한 정보의 비대칭성이다. 공적 감독기관도 대리인이기 때문에 대리인의 문제가 있고 피감기관에 관한 정보가 피감기관보다 모자라는 정보의 비대칭성 문제에서 벗어날 수 없다.

은행은 대출자를 감독하고 은행을 감독하는 공적 감독기관은 정치인의 감독을 받고 정치인은 유권자의 감독을 받는데 이렇게 중층적인 제도적 환경의 모든 수준에서 대리인 문제와 정보의 비대칭성이 나타난다.[3] 감독기관은 '사적인 이해'를 추구하는 대리인 문제를 안고 있고 감독기관이 갖는 피감기관에 관한 정보는 불완전할 수밖에 없다. 대리인 문제와 정보의 비대칭성을 근본적으로 해결하는 방법은 없다. 감독기관이 '사적인 이해'를 포기하고 '공적인 이해'를 추구하게 할 방법이 없다.

그뿐만 아니라 공적 감독기관은 강력한 부패에 노출되어 있다.[4] 은행가들은 일자리 또는 금전적인 대가를 이용해서 규제기관과 감독기관 그리고 정치인들에게 영향력을 행사한다. 이것을 '타산적 부패 Venal Corruption'라고 한다. 가장 사악한 종류의 부패는 정치인이 은행가와 결탁하여 집권당을 지지하는 사람들에게만 대출하여 정치적

3 Bath, Caprio, and Levine, 앞의 글, 7

4 Bath, Caprio, and Levine, 앞의 글, 8

지위를 유지확대하고 그들과 결탁하지 않는 은행의 진입을 막는 '체계적 부패 Systematic Corruption'다.

심지어 대출자가 정치인에게 로비해서 그에게 유리한 규제 및 감독환경을 조성하는 경우도 얼마든지 있다. 공적 감독기관의 직원이 피감기관에 유리한 규제환경을 제공하고 일자리나 금전적인 대가를 받을 수도 있다.

민주정치제도와 권력을 견제하는 법률이 미약한 개발도상국에서는 공적 감독기관의 강화가 부정적 결과로 이어질 수밖에 없다. 정부에 대한 견제와 균형을 이루는 제도가 없거나 미약한 개발도상국에서 공적 감독기관의 설립은 대출부패와 정치적 정실주의를 악화시킨다. 개발도상국이 선진국의 공적 감독기관을 맹목적으로 도입하면 바람직하지 못한 결과를 초래할 수 있다.

그러나 국가가 고도로 개방되어 있고 충분히 경쟁적이고 민주주의 정치제도가 완비된 경우에는 공적 감독기관의 부정적 영향이 사라지는 경우가 있다. 강력하고 충분한 견제와 균형 때문에 정치인과 공적 감독기관이 '사적인 이해'를 추구하지 못하게 되는 것이다.

바스 등이 공적 감독기관의 문제를 해결할 수 있는 대안을 제시했다.[5] 민주정치제도와 권력을 견제하는 법률이 완전하지 못한 개발도상국에서는 공적 감독기관이 아니라 민간영역의 고객이 직접 은행을 감시하게 하여야 은행의 업무를 향상시킬 수 있다. 민간이 직

5 Bath, Caprio, and Levine, 앞의 글, 13

접 은행을 감시하는 나라의 은행이 훨씬 더 효율적이고 이런 나라에서 대출부패가 줄었다. 바스 등은 민간 투자자들이 은행을 효과적으로 지배하도록 정부가 유인Incentive과 수단을 제공해야 한다고 촉구한다.

그런데 이것은 방대하고 체계적인 정치, 법률, 규제시스템의 개혁을 전제로 하는 것이다. 그리고 바스 등은 예금보험Deposit Insurance이 은행에 대한 민간의 모니터링을 약화시켜 은행시스템에 부정적 결과를 초래한다고 주장한다.[6] 관대한 예금보험이 오히려 은행시스템의 불안정을 초래한다는 것이다.

금융감독원은 없다

강력한 부패에 노출된 공적 감독기관이 피감기관으로부터 거액의 감독수수료까지 받는다면 도덕적 해이는 명약관화明若觀火, 즉 불을 보듯 명백한 것이다. 역대 금융감독원 원장들이 거의 모두 상호저축은행 등과의 부적절한 관계와 부실한 감독 때문에 검찰수사를 받았고 그들 중에는 기소된 사람들도 있었다.

금융감독원의 전·현직 직원들이 관련 법률을 무시하고 대거 상호저축은행의 간부로 취임해버린 사실이 보도되어 계속 사회적 반향을 일으키고 있다. 최근에도 검찰이 상호저축은행들의 비리를 눈감아준 금융감독원의 전·현직 직원들을 수사했고 체포된 사람도 많다. 금융감독원이 금융시장에 초래한 도덕적 해이가 이미 일정한 수

6 Bath, Caprio, and Levine, 앞의 글, 12

준을 넘은 것으로 보인다. 지금도 그렇지만, 앞으로도 저축은행의 부실과 퇴출사태는 끊이지 않을 것이고 이 와중에 힘없는 서민들만 고통을 당할 것이다.

금융감독원은 국내의 유일한 공적 감독기관이다. 금융감독원은 1997년 12월 31일에 제정된 '금융감독기구의 설치 등에 관한 법률'에 의해 은행감독원, 증권감독원, 보험감독원 그리고 신용관리기금을 통합하여 1999년 1월 2일 설립되었다. 위 법률의 제38조는 모든 종류의 금융기관이 금융감독원의 검사를 받도록 명시한다.

그런데 금융감독원은 상호저축은행을 포함한 피감기관으로부터 막대한 감독수수료를 받는다. '금융감독기구의 설치 등에 관한 법률' 제47조 제1항은 '금융감독원의 검사를 받는 제38조 각호의 기관은 분담금을 금융감독원에 납부하여야 한다.'라고 명시한다. 금융감독원 홈페이지에 있는 결산분석 요약수지계산서에 따르면 금융감독원의 총수입에서 감독수수료 비율이 2003년부터 2007년까지 평균 70.8%였고 80%에 육박한 해도 있었다. 구체적으로 이 비율이 2003년 58.9%, 2004년 70.1%, 2005년 69.4%, 2006년 79.3% 그리고 2007년에는 76.3%였다.

이러한 수수료제도는 노골적으로 '사적인 이해'를 추구하는 것이고 금융감독원과 피감기관 모두의 도덕적 해이를 조장할 수밖에 없다. 금융기관의 직원이 금융감독원을 두려워하지 않는다. 심지어 자기가 금융감독원을 먹여 살린다고 주장하는 보험영업사원을 만난 적도 있다.

이미 도덕적 해이가 금융감독원과 금융기관에 만연된 것으로 보인다. 금융시장에 도덕적 해이가 발생하고 확산하면 도덕질서와 신뢰가 무너져서 신용경색이 발생할 수 있다. 만일 중앙은행이 적절한 시점에 적절한 통화정책을 사용하지 않으면 신용경색이 금융위기로 확산할 수 있다.

저축은행의 불편한 진실

피감기관으로부터 막대한 수수료를 받는 금융감독원의 도덕적 해이가 특히 상호저축은행의 부정부패를 조장했다. 2008년 3월 현대경제연구원에서 한국이 미국에서 발생한 '서브프라임사태'와 이로 인한 신용경색의 징후가 있다는 지적이 나왔다.[7] 2001년 이후 특히 상호저축은행의 주택담보대출과 부동산 및 건설 관련 중소기업 대출이 많이 증가해서 은행 총 대출에서 부동산 대출의 비율이 47%에 이르렀다.

이는 1990년대 일본에서 부동산 버블이 붕괴하기 직전 비율 23~26%의 2배에 달한다. 만일 부동산 시장이 경착륙하면 연체율이 증가하고 담보가치가 하락하여 금융기관의 부실화와 신용경색이 발생한다는 것이다.

상호저축은행은 김대중 정부와 노무현 정부 시절 불법 및 부실대출의 대명사였고 부정부패의 진원지였는데 이러한 사정은 이명박 정부 시절에도 전혀 변하지 않았다. 2001년 말 김대중 정부가 상호

7 "한국판 서브프라임사태 징후 보여"「조선일보」2008년 3월 30일

신용금고법을 상호저축은행법으로 개정하여 전국의 상호신용금고들이 상호저축은행으로 변신했다.

서민금융의 활성화를 위한다는 명분으로 저축은행의 예금보호 한도를 1인당 2,000만 원에서 5,000만 원으로 올렸고 부동산개발 프로젝트대출Project Financing을 허용했다. 이 때문에 상호저축은행들의 불법과 탈법을 일삼는 대출이 시작되었다. 2006년 10월에 노무현 정부가 국외 부동산개발 프로젝트대출PF 대출을 허용해서 불법과 탈법 대출이 동남아로 확산하였다.

지금도 상호저축은행들이 잇달아 영업정지 명령을 받는 사태가 발생하고 있다. 2007년에 금융감독원이 대은상호저축은행, 홍익상호저축은행, 경북상호저축은행 그리고 좋은상호저축은행에 영업정지 명령을 내렸다. 2008년 2월 말 분당상호저축은행이 6개월 영업정지명령을 받았다.[8] 3월 24일에는 전북의 현대상호저축은행이 영업정지 명령을 받았다. 대은과 홍익 그리고 경북상호저축은행은 결국 문을 닫고 말았다. 분당상호저축은행은 두 달 내에 유상증자 등을 통해 경영정상화에 성공해야 영업을 재개할 수 있다. 이에 실패하면 계약이전 등을 통해 정상화가 추진된다고 한다. 2011년에 20개에 가까운 상호저축은행들이 영업정지 명령을 받았다. 최근 솔로몬상호저축은행을 비롯한 4개의 저축은행이 또다시 퇴출당했다.

8 「매일경제신문」 2008년 2월 21일

금융감독원 설립 이면에 숨어버린 비밀

그렇다면, 도대체 국민의 정부는 왜 이렇게 되지도 않은 금융감독원을 만들었을까? 정말 금융감독원이 감독을 제대로 할 것이라고 믿었나? 공적 감독기관이 금융시장에 부정부패를 초래한다는 사실을 정말 몰랐을까? 금융감독원의 설립에 무슨 꼼수가 숨겨져 있는 것이 틀림없다. 이제 금융감독원의 기원을 찾아 밝혀보자.

이미 앞에서 1999년 1월에 김대중 정부가 '전염이론'을 배경으로 금융감독원을 설립한 사실을 확인했다. 정부는 1997년 11월에 금융위기가 발생한 것이 감독기능이 여러 기관으로 분산되어 있어 체계적인 감독을 하지 못해 동남아 금융위기의 전염을 막지 못했기 때문이라고 주장했다. 그래서 체계적으로 감독하기 위해 은행감독원, 증권감독원, 보험감독원 그리고 신용보증기금을 통합해 지금의 금융감독원을 만들었다. 그러니까 '전염이론'이 금융감독원 설립의 공식적인 배경인 셈이다.

매우 긴박한 위기상황에서는 믿을 만하고 시행할 수 있는 새로운 토착 제도를 만드는 것이 사실상 불가능하기 때문에 외국의 모델을 수입하는 경향이 있다.[9] 실제로 이러한 사례는 아주 많다.[10] 유럽의

9 Kurt Weyland, "Toward a New Theory of Institutional Change" *World Politics* Vol. 60. No.2 (2008) 290

10 Dieter Dowi, Heinz-Gerhard Haupt, Dieter Langewiesche, and Jonathan Sperber, eds., *Europe in 1848* (New York: Berghahn, 2001); Hugh Heclo, *Modern Social Policies in Britain and Sweden* (New Haven: Yale University Press, 1974)

많은 군주가 루이 14세의 절대국가를 모방했고, 1848년 프랑스에서 발생한 2월 혁명이 중유럽과 동유럽에서 이와 유사한 과격한 정치적 변혁을 격발했다. 영국과 스웨덴이 국가공무원을 위한 비스마르크의 사회보장제도를 모방했다.

금융위기의 여파가 완전히 가시지 않은 1999년 1월에 만들어진 금융감독원도 외국모델을 모방해서 만든 것이다. 필자와 전화로 인터뷰한 금융감독원의 모 선임 조사역이 금융감독원을 설립할 때 사용한 것으로 보이는 미국과 영국을 비롯한 주요 국가들의 공적 감독기관의 조직과 제도를 연구한 내부 자료를 본 적이 있다고 말했다. 피감기관으로부터 감독수수료를 받는 제도도 외국모델을 모방한 것이다. 그는 미국과 영국을 비롯한 세계의 많은 공적 감독기관들도 피감기관으로부터 감독수수료를 받는다고 진술했다.

누구나 '위험회피' 성향은 있다

이미 앞에서 확인했듯이 '전염이론'은 명백한 허구다. '전염이론'은 허구이지만 이것을 근거로 만들어진 금융감독원은 허구가 아니며 우리나라를 또다시 금융위기로 몰아가는 분명한 현실이다. 도대체 김대중 대통령이 금융감독원을 설립한 진정한 이유는 무엇일까?

금융감독원을 설립한 진정한 이유를 찾으려면 김대중 대통령이 금융감독원을 설립하기 전에 가졌던 심리상태를 이해해야 한다. 우리가 2장에서 신자유주의 정부에 대한 국민적인 지지를 설명할 때 사용한 구제가설의 기초이론, 즉 '인지심리학' 이론을 통해 그때 김대중 대통령의 심리상태를 파악해볼 필요가 있다.

'인지심리학'이 반복된 실험으로 인간이 객관적으로 동일한 질량의 이득과 손실을 보았어도 주관적으로는 이득보다 손실을 훨씬 더 크게 느낀다는 사실을 앞서 확인했다. 이러한 성향 때문에 인간은 작은 손실을 피하려고 위험한 대안을 선택하는 '위험감수' 성향이 있다. 인간은 작지만 확정된 손실에 직면하면 그것마저 피하기 위해서 운이 매우 좋으면 손실을 피할 수 있지만, 재수가 없으면 더 큰 손실을 볼 수 있는 불확실한 약속을 받아들이는 도박과 같은 상황에 빠지는 경향이 있다.

손실을 본 인간은 어떠한 손실도 피하려는 '절망적 희망'을 버리지 못하고 훨씬 더 큰 손해를 입을지도 모르는 비합리적인 선택을 한다. 손실을 본 상황에서는 무조건적인 '위험감수' 성향으로 인해 개인의 선택이 일상적인 기대효용 계산에서 벗어난다.

그런데 반대로 이득을 본 상황에서는 '위험회피' 성향이 발현한다.[11] 확정된 이득을 본 상황에서는 운이 나쁘면 모든 것을 잃을 수 있는 위험한 선택지보다는 확정된 이득을 보장해주는 선택지를 선택하는 성향이 발현한다. 그래서 이득을 본 상황에서도 무조건적인 '위험회피' 성향으로 인해 개인의 선택이 일상적 기대효용 계산에서 벗어나는 것은 마찬가지다.

금융감독원 설립은 손실을 본 상황에서 발생한 '위험감수' 행위가 아니다. 금융감독원이 설립된 1999년 1월 이전에 김대중 대통령은 손실이 아니라 굉장한 이득을 보고 있었다. '신자유주의 정책개

11 Weyland(2008), 앞의 글, 287

혁'으로 물가와 환율이 안정을 찾았고 금융위기를 극복할 수 있다는 '사회적인 희망'을 창출하는 데 성공했다.

그래서 2장에서 보았듯이 1998년 상반기에 국민의 정부와 대통령은 상당히 높은 수준의 국민적인 지지를 즐기고 있었다. 그러니까 국민의 정부와 대통령은 금융위기의 긴박한 상황을 극복하고 높은 수준의 국민적인 지지를 받는 상황, 즉 이득을 본 상황에서 금융감독원을 설립한 것이다. 따라서 이것을 위기상황에서 시도한 '위험감수' 행위라고 볼 수는 없다.

금융감독원 설립은 이득을 본 상황에서 발현된 '위험회피' 성향의 결과라고 봐야 한다. 금융감독원 설립은 분배적 저항도 없이 순조로웠다. 제도의 변화는 이득의 분배에 변화를 초래하기 때문에 기득권 세력의 저항에 직면하게 마련이다.[12]

그런데 금융감독원의 설립에는 기득권세력의 분배적 저항이 없었다. 금융감독원은 은행감독원, 증권감독원, 보험감독원 그리고 신용보증기금을 그대로 유지한 채 통합한 것이기 때문에 금융감독원을 설립하는 과정에서 분배적 저항이 거의 없었다. 1997년 12월 대선에서 패배한 신한국당과 김영삼 대통령을 비롯한 정치권 전체도 김대중 대통령의 금융감독원 설립에 반대하지 않았다. 관련학계와 언론도 사정은 다르지 않았다.

그렇다면, 정부가 높은 수준의 국민적인 지지라는 이득을 보는 상황에서 도대체 어떠한 위험을 회피하려고 금융감독원을 설립했을

12 Weyland(2008), 앞의 글, 288

까? '합리적 제도주의'로는 불합리한 금융감독원의 기원을 찾을 방법이 없고 금융감독원이 사라지지 않고 계속 유지되는 현상도 설명할 수 없다. 금융감독원의 기원과 '경로의존'을 이해하려면 '역사적 제도주의'라는 관점을 사용해야 한다.

금융마피아는 사라지지 않는다

'합리적 제도주의'로는 설명할 수 없는 것

'합리적 제도주의'[13]는 시장제도가 거래비용 축소라는 합리적인 목적을 위해 존재하고 이러한 목적을 달성하지 못하는 시장제도는 자동으로 도태된다고 믿는다.[14] 그들에게 시장은 단지 '교환을 용이하게 만드는 사회제도'일 뿐이다. 이들은 시장의 제도와 규칙과 규제가 거래과정에서 발생하는 거래비용을 줄이려고 존재한다고 믿는다.

13 신제도주의는 관찰할 수 있는 집단이나 조직을 제도로 간주하는 구제도주의와 달리 눈에 보이지 않는 법률이나 규칙 심지어 관습과 관행까지 제도로 간주한다. 신제도주의에 관해서는 다음을 보라: J. G. March and J. P. Olsen, "The New Institutionalism: Organizational Factors in Political Life" *American Political Science Review* Vol.78 No.3 (1984)

14 '합리적 제도주의'는 신제도주의 경제학(New Institutional Economics)을 의미한다: Oliver Williams, *Markets and Hierarchies: Analysis and Antitrust Implications* (New York: Free Press, 1975); Ronald Coase, *The Firm, the Market and the Law* (Chicago: University of Chicago Press, 1988)

'거래비용Transaction Cost'은 '조사비용Search Cost', '강제비용Enforcement Cost', 그리고 '측정비용Measurement Cost'으로 구성된다. 시장제도가 이러한 거래비용을 줄여서 경제의 효율을 높인다는 것이다. '합리적 제도주의'는 만일 거래비용을 증가시키는 비합리적인 시장제도가 있다면 자동으로 도태된다고 주장한다.

그런데 '합리적 제도주의'의 예측과 달리 시장의 투명성과 안정을 해치는 시장제도가 소멸할 가능성은 없다. 4장에서 살펴보겠지만 2007~2008년 글로벌증시 대폭락과 경제위기가 발생하기 수년 전부터 신용평가사 무디스와 스탠다드앤푸어스가 부실한 신용등급을 제공하여 경제의 효율을 크게 떨어뜨렸다.[15]

그러나 이들의 소멸을 예측하거나 주장하는 사람은 없다. 금융감독원도 시장 투명성과 안정을 크게 해치고 있지만, 이것의 소멸을 주장하는 사람은 없다. 한나라당 소속 국회의원이 2008년 11월 '이번에 금융감독체계를 볼 때 위기관리 시스템이 안 돼 있는 것으로 증명됐기 때문에 그대로 갈 수 없다.'라면서 금융감독원의 종합적인 감독기능을 향상시키라고 요구했다.[16] 그러나 그도 금융감독원의 폐지를 주장하지는 않았다.

시장효율을 떨어뜨리는 시장제도가 유지되는 것은 보편적인 현상인데도 불구하고 '합리적 제도주의'는 이것을 단지 의미 없는 잡음

15 "Measuring the measures: Credit rating could do with more competition, and a bit more rigour" *Economist* (June 2nd 2007); "Buttonwood: Credit and blame" *Economist* (September 6th 2007)

16 "이한구 '위기치료제 남용가능성 크다': '금융감독체계 이대로 안 된다'" 「중앙일보」 2008년 11월 7일

으로 취급할 수밖에 없다. 뉴욕증시의 플로어에서 분주히 돌아다니는 중개자들은 시장효율을 향상시키지 않는다.

그런데도 그들은 IT 혁명시대에서 살아남았고 앞으로도 사라질 것 같지 않다. 금융감독원도 분명히 시장효율을 떨어뜨리고 있지만 10년 이상 유지되고 있고 앞으로도 사라질 것 같지 않다. '역사적 제도주의'로는 이러한 현상을 설명할 수 있다.

얽히고설킨 관계, '역사적 제도주의'로 풀다

비교정치학에서 널리 사용하는 '역사적 제도주의'는 시장제도가 반드시 합리적 존재이유를 갖는 것은 아니고 지배세력의 비합리적인 이해를 반영하며 그것을 도입한 주체가 '의도하지 않은 결과'를 초래할 수 있다고 주장한다.[17]

'역사적 제도주의'는 제도가 발생하는 구체적인 역사과정의 '시대성Temporality'과 '타이밍Timing' 그리고 '순서Sequence'를 분석한다. 제도의 의도하지 않은 결과가 사회적으로 바람직한 것일 수 있으나 반드시 그렇다는 보장은 없다.

역사적 제도주의자는 시장효율을 떨어뜨리는 제도가 유지되는 현상을 '경로의존' 모델을 통해 설명한다.[18] 이 모델은 '자기강화피드

17 Kathleen Theleen, "Historical Institutionalism in Comparative Politics" *Annual Review of Political Science* Vol.2 (1999) 381-4

18 Walter W. Powell, "Expanding the Scope of Institutional Analysis" in Walter W. Powell and Paul J. DiMaggio eds., *The New Institutionalism in Organizational Analysis* (Chicago: University of Chicago Press, 1991) 193

백Self-reinforcing Feedback'이라는 개념을 사용하는데 이것은 '조절효과Coordination Effect'와 '분배효과Distribution Effect'로 구성된다. 조절효과는 제도의 주체가 제도를 유지하게 하는 유인Incentive인데 의미 있는 수준의 금전적 보상을 의미한다.

시장효율을 떨어뜨리는 제도가 유지되는 것은 무엇보다도 그것을 유지하는 주체에게 의미 있는 금전적 보상이 제공되기 때문이다. 분배효과는 시장효율을 떨어뜨리는 제도의 객체, 즉 시장행위자가 그 제도를 인정하게 하는 효과다. 분배효과는 시장효율을 떨어뜨리는 제도에 적응하는 시장행위자에게 안전을 보장해준다.

금융감독원의 '경로의존'을 보장하는 자기강화피드백, 즉 조절효과와 분배효과는 명백한 것이다. 금융감독원의 어마어마한 감독수수료 수입이 금융감독원을 구성하는 주체에게 의미 있는 수준의 금전적 보상을 제공하는 강력한 조절효과다. 한편, 아무리 부실한 피감기관일지라도 감독수수료만 제대로 내면 어지간해서는 영업을 계속하고 살아남을 수 있다. 이것이 바로 금융감독원의 '경로의존'을 보장하는 분배효과다. 이러한 조절효과와 분배효과 때문에 금융감독원은 사라지지 않을 것이다.

즉, '경로의존'이라는 현상 때문에 금융감독원의 폐지는 불가능하다. 금융감독원을 폐지하려면 또다시 금융위기가 발생해서 금융감독원의 '경로의존'이 느슨해지는 결정적 전환기가 발생해야 가능하다. 그러나 금융감독원이 초래하는 도덕적 해이를 국가안보의 차원에서 다룬다면 금융감독원 폐지를 위한 사회적 동의를 구할 수 있을

지도 모르겠다. 앞서 살펴보았지만, 금융감독원은 마치 언제 터질지 모르는 핵폭탄과 다를 것이 없기 때문에 금융감독원의 폐지도 국가안보의 차원에서 다뤄야 한다. 금융감독원과 예금보험제도를 폐지하고 민간영역의 고객이 직접 은행을 감시하고 선택하게 하는 것이 금융시장의 건전성과 발전을 도모하는 길이다.

변화는 권력의 의지에 의해 발생한다

결정적 사건만이 바꿀 수 있다

제도에 변화가 발생하는 경우는 흔치 않다. 제도의 변화는 그것을 가능케 하는 특별한 상황에서만 가능하다. 일상적 상황에서는 제도의 '경로의존'이 강력하기 때문에 제도에 어떠한 변화도 발생하기 어렵다. 제도에 변화가 발생하려면 제도의 '경로의존'이 느슨해지고 자기강화피드백이 무너져야 한다. 그렇게 되어 제도에 변화가 발생할 수 있게 된 상황을 '역사적 제도주의'는 '결정적 전환기'라고 부른다.[19]

이 책에서는 결정적 전환기를 '행위자의 선택이 관련된 결과에 영향을 미칠 확률이 크게 고조된 비교적 짧은 기간'으로 정의한다.[20]

---

19 Giovanni Capoccia and R. Daniel Kelemen, "The Study of Critical Junctures: Theory, Narrative, and Counterfactuals in Historical Institutionalism" *World Politics* Vol.59 No.3 (2007) 343

20 Capoccia and Kelemen, 앞의 글, 348-51

'비교적 짧은 기간'이란 결정적 전환기의 기간이 행위자의 선택 이후에 발생한 '경로의존'의 기간보다 짧다는 뜻이다. 결정적 전환기가 길어지면 정치행위자의 의사결정이 새로 등장한 구조적 요인에 의해 제약을 받을 수 있고, 새로운 원인이 축적되어 새로운 '문턱Threshold'이나 급격한 변화로 넘어가는 새로운 '변곡점Tipping Point'이 발생할 수 있다. 새로운 문턱이나 변곡점이 발생하면 결정적 전환기가 끝난 것이다. 결정적 전환기는 짧게 잡아야 한다.

그리고 '크게 고조된 확률'은 결정적 전환기의 기간에 행위자가 선택한 선택지가 관련된 결과에 영향을 미칠 가능성이 결정적 전환기 이전과 이후에 그렇게 될 확률보다 훨씬 더 높다는 것을 의미한다.

결정적 전환기에서는 정치행위자에 대한 구조, 즉 경제, 문화, 이념, 그리고 조직의 영향력이 굉장히 느슨해져서 두 가지 중요한 결과를 낳는다.

첫째, 강력한 정치행위자에게 주어진 그럴 듯한 선택지의 폭이 크게 확대되고 그가 내리는 의사결정의 결과가 잠재적으로 훨씬 더 중요해진다.

둘째, 결정적 전환기에서는 '우발성'이 대대적으로 고조된다. 결정적 전환기에는 강력한 정치행위자가 내린 의사결정이 예기치 못한 대세나 추세를 만들 수 있을 뿐만 아니라 뜻하지 않은 사건이나 사고가 발생해서 강력한 정치행위자에게 위협을 가할 '우발성'도 상존한다.

결정적 전환기 연구에서 사용되는 분석단위Unit of Analysis는 '제도적 무대Institutional Setting'다.[21] 제도적 무대는 정당, 노조, 정부조직, 그리고 기업 같은 단일한 조직일 수 있고 정당체계, 행정부처 간의 구조화된 상호작용과 공공정책 또는 정치레짐Political Regime 전체일 수도 있다.

사건이나 일련의 사건은 결정적 전환기를 구성하는 분석단위가 아니다. 비교적 짧은 기간에 발생하는 모든 정치적, 사회적, 또는 경제적 동요가 결정적 전환기를 구성하는 것도 아니다. 정치체계 전체가 심각한 혼란에 빠져도 변화가 발생하지 않는 제도가 있을 수 있다. 전반적으로 안정적이지만 특정한 제도에서만 변화를 동반하는 결정적 전환기가 발생할 수 있다.

한 제도의 결정적 전환기를 구성하는 역사적 순간이 다른 제도에서는 결정적 전환기를 구성하지 않을 수도 있다. 다양한 제도들이 연계되어 있어도 한 제도에서 발생한 결정적 전환기가 다른 제도에서도 발생한다는 보장은 없다.

비교정치학에서 결정적 전환기에 관한 분석은 수많은 사소한 사건보다는 강력한 영향력을 가진 정치행위자의 의사결정에 초점을 맞추고 이것이 제도의 유동성이 크게 고조되었을 때 어떻게 새로운 균형으로 이어지는지를 조사한다.[22]

비교정치학에서는 결정적 전환기에 발생하는 크고 작은 사건이나 의사결정의 집합이 중대한 정치적 변화를 가져온다고 믿지 않는다. 중대한 정치적 변화는 그런 것보다는 '권력의 의지'에 의해서 발생하는 경우가 훨씬 더 많다.

21 Capoccia and Kelemen, 앞의 글, 389-40

22 Capoccia and Kelemen, 앞의 글, 353-4

국가부도사태 이후 금융감독원 설립까지…

금융위기가 발생한 1997년 11월부터 금융감독원이 설립된 1999년 1월까지 약 15개월의 기간은 앞에서 살펴본 결정적 전환기의 조건을 갖추고 있다. 무엇보다 위 15개월의 기간은 금융감독원의 설립 이후 현재까지 10여 년의 '경로의존' 기간보다 훨씬 더 짧다. 그뿐만 아니라 금융위기가 발생한 1997년 11월부터 금융감독원이 설립된 1999년 1월까지 중대한 사건이나 변화가 발생하지 않았다. 따라서 금융위기와 금융감독원 설립의 직접적인 인과관계를 부인할 만한 문턱이나 변곡점이 없었다.

위 15개월의 기간은 결정적 전환기의 또 다른 조건을 갖는다. 위 기간에 정치권력자의 선택이 관련된 결과에 영향을 미칠 가능성이 크게 고조되었다. 1997년 11월 한국은 금융위기라는 국가부도사태를 처음 겪었고 이 때문에 기존 제도의 존재 이유와 정당성이 완전히 훼손되었다. 국가의 경제, 문화, 이념, 그리고 조직의 영향력이 의미 있게 느슨해질 수밖에 없었던 것이다. 금융위기 이후 금융감독원의 설립까지 15개월은 기존 제도의 '경로의존'이 느슨해지고 자기강화피드백이 떨어져 제도의 변화가 가능해진 결정적 전환기였다.

결정적 전환기에 이루어진 권력자의 선택

결정적 전환기의 분석은 '우발성'의 분석이다.[23] 이것은 결정적 전

23 Capoccia and Kelemen, 앞의 글, 354-5

환기에 이뤄진 의사결정 과정의 각 단계를 체계적으로 면밀하게 재구성해서 어떤 의사결정이 영향력이 있었고, 의사결정자가 선택한 것 이외에 어떤 선택지가 의사결정자에게 주어졌고, 어떤 것이 생존 가능한 선택지였는지 확인하고 그들의 영향력과 다른 중요한 결정과의 관계를 명확하게 드러내는 것이다.

다시 말해서, 결정적 전환기의 분석은 선택하려고 고려는 했었지만 선택하지 않은 생존 가능한 선택지가 만일 선택되었더라면 발생했을 그럴 듯한 결과를 재구성하는 것이다. 이러한 반대사실의 분석 Counterfactual Analysis이 강력한 정치행위자에 대한 구조와 제도의 제약이 크게 느슨해지고 불확실성과 불예측성이 고조된 결정적 전환기에 이뤄진 의사결정의 의미를 극명하게 드러내 줄 것이다.

반대사실 분석이 제도의 변화에 대한 특정요인의 인과적 영향력을 평가하는 데 중요한 역할을 하려면 몇 가지 조건을 갖춰야 한다.[24] 무엇보다도 재구성된 반대사실이 결정적 전환기에 실제로 존재했어야 한다. 또한, 의사결정자가 고려했으나 간발의 차로 선택되지 않은 선택지를 연구할 때 그것이 시간상으로 너무 멀리 떨어져서

24 Capoccia and Kelemen, 앞의 글, 357; James D. Fearon, "Counterfactuals and Hypothesis Testing In Political Science" *World Politics* Vol.43 (January 1991); Richard Ned Lebow, "What's So Different about a Counterfactual?" *World Politics* Vol.52 (July 2000); Philip Tetlock and Aaron Belkin, "Counterfactual Thought Experiments in *World Politics*: Logical, Methodological, and Psychological Perspectives" in Philip Tetlock and Aaron Belkin eds., *Counterfactual Thought Experiments in World Politics* (Princeton: Princeton University Press, 1996)

그것과 실제로 선택된 결정 사이에 다른 조건이 개입했을 개연성이 있는 반대사실은 제외해야 한다.

반대사실 분석은 첫째, 선택을 위해서 고려되었으나 선택되지 않은 의사결정을 구체화하여 결정적 전환기를 진정 '결정적'으로 만드는 반대사실을 진술하고 둘째, 그 반대사실이 발생했을 때 초래되었을 만한 그럴 듯한 결과를 재구성해야 한다.

금융위기의 모든 논쟁을 잠재운 예방적 꼼수

앞에서 설정된 결정적 전환기의 반대사실은 국민의 정부가 금융감독원을 만들지 않고 기존의 분산된 감독기관들을 그대로 두기로 한 가상의 결정이다. 실제로 이러한 선택을 고려했는지 확인할 방법은 없다. 그러나 만일 이러한 반대사실이 발생했을 때 초래되었을 만한 심각한 정치적 결과를 그럴 듯하게 재구성할 수 있다.

1998년 상반기에 김대중 대통령과 국민의 정부가 국제통화기금이 요구한 '신자유주의 정책개혁'을 단행하여 금융위기를 신속하게 해결했고 그래서 상당히 높은 수준의 국민적인 지지를 받은 사실이 오히려 국민의 정부에게 심각한 정치적 부담으로 작용했다. '신자유주의 정책개혁'으로 금융위기가 신속하게 해소되면서 1997년 11월에 금융위기가 발생한 것이 경제 펀더멘털에 무슨 문제가 있어서가 아니라 국회가 '신자유주의 금융개혁법안'을 거부했기 때문이 아니냐는 사회적 의구심이 생겼다. 1장에서 검토한 금융연구원에서 나온 금융위기의 정치적인 요인에 관한 논문은 1999년 10월에 발표되었으나 이 책에서 설정한 결정적 전환기에 준비된 것이다. 이 논문이 발표되자마자 모 일간지가 상세하게 소개할 정도로 금융위기의 정치적인 원인에 관한 사회적 의구심이 있었다. 필자도 1998년 초부터 1장의 토대가 된 논문을 준비하고 있었다. 금융위기에 대한 정치적인 책임이 드러나면 '신자유주의 정책개혁'으로 금융위기를 해소한 김대중 대통령 또한 금융위기에 대한 정치적인 책임에서 절대 벗어날 수 없었다. 설상가상으로 1998년 하반기에 김대중 정부가 신자유주의에서 경기부양 쪽으로 정책선회를 단행하면서 국민적인 지지가 감소했다.

반복하는 이야기지만, 1998년 초에 집권한 국민의 정부는 소위 '전염이론'을 금융위기를 설명하는 공식 이론으로 지지했다. 이 이론은 한 지역에 금융위기가 발생하면 인근지역으로 전염된다는 주장이다. 실제로 1997년 7월 기아그룹 부도사태가 발생하자 '전염이론'에 근거하여 금융시장에 '9월 외환대란설'이 떠돌았다.

기아그룹 부도사태가 동남아에서 발생한 금융위기를 한국에 전염시킬 것이라는 추측이 금융시장에 난무했다. 외환대란과 금융시장의 파국에 관한 사회적 염려가 팽배했고 신용경색이 심각해졌고 신용평가사 무디스와 스탠다드앤푸어스가 한국에 대한 공격을 멈추지 않았다.

그런데 1997년 9월 '전염이론'을 전면적으로 부정하는 상황이 발생했다는 것은 이미 여러 차례 언급했다. 1997년 9월에 동남아시아에 투자되었던 일본계 은행의 막대한 자금이 그 지역의 금융위기를 피해 한국으로 대거 들어온 것이다.

10월 초에 일본계, 유럽계, 그리고 화교계 은행들이 한국 금융기관에 대한 대출한도를 대대적으로 확대한 사실도 언급한 바 있다. 9~10월에 유입된 막대한 외국계 자금이 '9월 외환대란설' 현실화를 막았는지는 확인할 수 없으나 적어도 '전염이론'을 부정하는 데에는 모자람이 없다.

그리고 1998년 10월 말 〈이코노미스트〉가 '전염이론'을 강력하게 비판하는 3대 경제사학자 메릴랜드대의 보르도Michael Bordo 교수의 주장을 상세하게 보도한 사실도 이미 언급했다.[25] 보르도는 2백 년 전부터 1997년 5월 동남아에서 발생한 금융위기까지 약 200여 개의 금융위기를 조사했으나 '전염이론'으로 설명할 수 있는 사례는 단 하나도 없었다고 강조했다. 금융위기가 발생한 국가 중에 전염 때문에 금융위기를 겪은 '죄 없는 구경꾼'은 하나도 없었다는 것이다. '전염이론'이 설 땅을 완전히 잃어버린 것이다.

이러한 '전염이론'의 붕괴는 얼마든지 금융위기의 정치적인 원인에 관한 논쟁의 시작을 의미할 수 있었고 금융위기에 대한 김대중 대통령의 정치적인 책임이 드러날 '우발성'을 크게 고조시켰다. 1장에서 보았듯이 1997년 11월에 발생한 금융위기는 금융시장에서 거래하는 추상적인 금융상품에 대한 정치적 지급보증이 실패해서 발생한 것이다. 1997년 11월 국회에서 '금융개혁법안'의 통과를 거부해버린

25 "Is contagion a myth?" *Economist* (October 31st 1998)

여야의 정치권은 결코 금융위기를 초래한 책임에서 벗어날 수 없다.

야권이 '금융개혁법안'을 거부한 것은 그들이 옹립한 김대중 대선 후보의 당선을 위한 책략이었다. 따라서 김대중 대통령도 '금융개혁법안'의 거부에 대한 정치적인 책임을 질 수밖에 없다.

만일 그때 금융위기에 대한 정치적인 책임이 사회적으로 드러났더라면 김대중 대통령이 가장 많은 것을 잃었을 것이다. 1998년 상반기에 김대중 대통령은 '신자유주의 정책개혁'으로 금융위기를 수습하는 데 성공하여 국민적인 지지라는 엄청난 이득을 보고 있었다.

만일 1999년 1월에 국민의 정부가 금융감독원을 설립하여 전염이론을 기정사실화하지 않았더라면 금융위기의 원인에 관한 논쟁이 일어나 금융위기에 대한 책임을 백일하에 드러내어 정부에 대한 국민적인 지지가 사라지고 최악에는 대통령에 대한 탄핵을 요구하는 사회적 분위기가 발생할 수도 있었다.

결국, 금융감독원 설립은 신자유주의 국민의 정부에 대한 국민적인 지지라는 엄청난 이득이 소멸하고 자신에 대한 탄핵이 발생할 우발성을 선제적으로 차단하려는 예방적 꼼수였다. 금융감독원 설립의 합리적 배경으로 제시한 '전염이론'은 엉터리지만 금융감독원의 설립 때문에 기정사실로 각인되고 말았다. 그래서 지금도 한국사회는 1997년 봄 동남아에서 발생한 금융위기가 그해 11월 우리나라에 전염되었다고 알고 있다.

다음 4장에서는 금융감독원이 금융시장에 초래한 도덕적 해이가 결국 금융위기를 초래할 수밖에 없다는 것을 확인한다. 금융감독원처럼 피감기관으로부터 막대한 평가수수료를 받는 미국의 신용평가사들이 2007~2008년 글로벌증시 대폭락과 경제위기를 불러온 사실을 하나하나 밝혀본다.

에셋플러스자산운용 강방천 회장의 예측대로 2017년쯤에 또다시 글로벌증시 대폭락과 경제위기가 발생한다면 그때쯤 우리나라에서도 금융감독원과 상호저축은행이 금융위기를 만들어낼 가능성을 배제할 수 없다.

■ 이 장의 '금융감독원의 제도적 오류'에 관련된 부분은 한국연구재단 등재학술지에 출판된 필자의 다음 논문의 앞부분을 풀어내고 정리한 것이다. "금융감독원의 제도적 오류: 신용경색에 연루될 수 있는 부조리한 수수료 제도" 『대한정치학회보』 제16집 1호 (2008년 6월)

이상한 관계

정치와 경제는 서로에게 영향을 주고받는 영원한 단짝이다. 20세기 초까지만 해도 정치와 경제의 상호작용을 연구하는 정치경제학Political Economy이라는 학문이 있었다. 지금은 정치학과 경제학이 분리되었지만, 여전히 현실에서는 정치와 경제가 서로 딱 붙어 있다. 그래서 경제적인 요인을 고려하지 않는 정치학의 분석과 정치적인 요인을 무시하는 경제학의 분석은 현실을 설명하고 예측하는 데 있어서 분명한 한계를 드러낸다. 정치인이 경제정책을 만들고, 그것의 경제적 결과가 정치로 돌아가서 영향을 미치는데 이것을 무시하니 그럴 수밖에 없다. 이것이 지금부터라도 정치경제학의 전통을 되살려야 하는 이유다.

그런데 정치와 경제의 관계는 정말 사악하고 저열하기 짝이 없다. 글로벌증시 대폭락과 경제위기가 발생하기 전에 정치인과 관료집단으로부터 정보를 빼내는 언론과 금융세력이 주가를 끌어올리고 서민 대중을 주식시장에 유인해서 그들의 피눈물 어린 재산을 빼앗아 폭리를 취한다. 바로 이것이 주식시장의 존재이유Reason of Being이며 정치경제의 엄연한 현실이기도 하다.

따라서 우리는 주기적으로 발생하는 글로벌증시 대폭락과 경제위기를 예측하고 이것을 세상에 알려서 서민 대중의 피해를 막아야 한다. 그런데 도대체 무슨 방법으로 그것을 세상에 알릴까? 평범한 우리의 말을 신문과 방송에서 다뤄주겠는가? 정부와 투자자들은 우리가 아무리 떠들어도 콧방귀조차 뀌지 않을 것이다. 그것을 세상에 알리지 못하면 막을 방법은 더더욱 없다.

그런데 만일 서민 대중이 굉장히 똑똑해서 주가를 조작하는 세력에게 속지 않을 뿐만 아니라, 주가대폭락 후에 저점에서 주식을 매수하고 고점에서 매도하여 수익을 낸다면 이 얼마나 통쾌한 일이겠는가? 이 책의 끝에 간략하게나마 주식투자에 입문하는 데 도움이 되는 요긴한 방법을 정리해두었다. 쉽지 않겠지만, 그것을 모두 다 이해하고 지키면 누구라도 성공적인 투자자가 될 수 있다. 필자는 14년 전에 주식시장에 입문해서 지금까지 살아남았고 지금은 주식투자를 본격적으로 다루는 교양과목을 개설해서 가르치고 있다.

이 책이 정치와 경제의 상호관계에 관한 이해를 증진시켜 조금이나마 서민과 대중에게 도움이 되고 국가경쟁력 향상에도 도움이 되기 바랄 뿐이다. 간절히 말이다.

많은 사람이 정치가 원래 폭력적이고 꼼수를 부리는 것이 정치인의 보편적 특성이라는 것을 알게 된다면, 정치와 정치인에 대한 사회적 견제가 훨씬 더 강력해지고 세상이 지금보다는 좋아질 것이라고 믿는다. 그리고 많은 사람이 글로벌증시 대폭락과 경제위기가 주기적으로 발생할 수밖에 없는 이유를 깨닫고 투자에 좀 더 적극적으로 임해서 수익을 창출할 수 있는 실력을 쌓는다면 더 바랄 것이 없겠다.

비리백화점 신용평가사들의 **뒤통수치는 정치**

막대한 감독 수수료로 먹고사는 신용평가사들

피감기관으로부터 막대한 감독수수료 수입을 챙기는 금융감독원이 이미 금융시장에 심각한 수준의 도덕적 해이를 초래했다. 그런데 통제되지 않은 도덕적 해이는 반드시 위기로 이어진다.

이 장에서는 피감기관으로부터 어마어마한 평가수수료를 받는 미국 신용평가사들의 도덕적 해이가 신용경색을 일으켜 2007~2008년 글로벌증시 대폭락과 경제위기를 초래한 과정을 추적해서 금융감독원의 부조리한 수수료제도가 새로운 위기를 초래할 수 있음을 확인한다.

이것을 확인하기 위해 피감기관으로부터 거액의 평가수수료를 받는 미국 신용평가사들의 도덕적 해이가 글로벌증시 대폭락과 경제위기의 발생에 기여한 과정을 소개한다. 2000년대 초중반 골드만삭스Goldman Sachs 등 투자은행이 우량Prime 모기지대출주택담보대출에 비우량Subprime 모기지대출을 붙여 파생상품Derivatives을 만들어 팔았는데 그것이 바로 담보부채증권Collateralised-Debt Obligations이다. 스탠다드앤푸어스와 무디스를 비롯한 신용평가사들이 거액의 평가수수료를 받고, 이 파생상품에 이것을 만든 피감기관들이 요구하는 신용등급을 제공했다. 도덕적 해이가 발생한 것이다.

경제사회학자 베버Max Weber와 짐멜George Simmel이 지적하듯이 시장에서는 교환뿐만 아니라 치열한 경쟁이 발생한다. 과장된 신용등급을 제공하는 도덕적 해이가 발생하자 이것을 공급하는 치열한 시장경쟁이 발생했고 급기야 채권보증사Bond Insurers로 전염되었다. 이들이 막대한 보증 수수료 수입을 얻으려고 시정부채권Municipal Bond 보증이라는 고유한 업무영역에서 벗어나 담보부채증권CDOs에 엉터리 지급보증을 마구 남발했다.

수년에 걸쳐 도덕적 해이가 확대 재생산되었고, 2007년 8월 대공황Great Depression 이후 80년 만에 최악의 신용경색이 발생했다.

그런데 미국은 아직도 신용평가사의 도덕적 해이를 효과적으로 통제하는 규제를 만들지 못하고 있다. 따라서 앞으로도 글로벌증시 대폭락과 경제위기가 주기적으로 반복될 수밖에 없다.

막대한 감독 수수료로 먹고사는 신용평가사들

수수료에 눈이 먼 스탠다드앤푸어스와 무디스

2007년 8월 글로벌증시 대폭락과 경제위기가 시작되자 영국의 시사주간지 〈이코노미스트〉가 미국의 양대 신용평가사 무디스와 스탠다드앤푸어스에게 맹렬한 비난을 퍼부었다. 골드만삭스를 비롯한 투자은행이 담보부채증권이라는 파생상품을 만들었는데 무디스와 스탠다드앤푸어스가 여기에다가 투자은행이 원하는 신용등급을 제공해버렸다.

투자은행이 무디스와 스탠다드앤푸어스를 찾아가서 담보부채증권을 구성하는 각 부분Tranche에 과장된 신용등급을 부여하는 방법을 의논하자 신용평가사들이 대외비로 취급하는 신용평가모델을 그들에게 공개해버렸고, 담보부채증권에 포함된 부실한 부분에 은행을 유혹할 수 있는 과장된 신용등급을 제공했다.

쉽게 말해서, 담보부채증권은 신용등급이 투자등급보다 낮은 비우량 모기지대출을 최고등급AAA과 유사한 초우량 투자등급을 가진 우량 모기지대출과 함께 패키지로 묶어놓은 것이다. 고수익을 보장하는 비우량 모기지대출에 대한 투자가 특히 유럽 저성장 국가의 은행에게는 굉장히 매력적으로 보였다. 그런데 비우량 모기지대출은 신용등급이 투자등급보다 낮아 투자를 할 수 없었다. 그래서 미국의 투자은행들이 1990년대 후반에 우량한 모기지대출에 비우량 모기지대출을 붙여서 담보부채증권이라는 파생상품을 만들어 팔았다.

담보부채증권은 첫 번째 손실이 발생하면 그 패키지 속에서 신용등급이 제일 낮지만, 수익률은 제일 높은 부분에 부과한다. 초우량 투자등급을 가진 부분은 수익률이 가장 낮지만, 손실은 가장 나중에 입도록 설계되었다. 주택거품이 터지기 전에는 비우량 모기지대출이 거의 부도를 내지 않았기 때문에 담보부채증권이 투자자에게 굉장히 매력적인 고수익을 제공했다.

〈이코노미스트〉를 비롯한 관련학계의 비난이 지속하자 무디스와 스탠다드앤푸어스가 담보부채증권에 포함된 부분에 과장된 신용등급을 제공했다고 인정했다.[1] 처음에는 그들의 신용평가가 시장변화가 아니라, 단지 채무불이행Default의 가능성에 기초한 것이라고 반박했으나 모기지 문제가 급증하고, 의회가 청문회를 열고 정치권이 개혁의 칼을 들이대자 재빨리 발을 잘못 들였음을 인정했다.

신용평가시장의 85%를 장악한 무디스와 스탠다드앤푸어스는 민간기관이지만 공적 감독기관의 법률적 지위를 누리고 피감기관으로

1 "Restructured products: A beleaguered industry looks to reform itself" *Economist* (February 7th 2008)

부터 막대한 평가수수료를 받는다.[2] 이들은 1970년대부터 연방기관인 증권거래위원회Securities and Exchange Committee의 위임을 받아 기업의 자본상태를 감시하는 사업에 뛰어들었다.

증권거래위원회는 규제의 효율을 위해서 이들에게 법률적 지위를 제공했다. 그들은 평가를 받는 금융기관이 제공하는 평가수수료를 받지만, 신용평가에 따른 법률적 책임은 지지 않는다.

부채담보증권이 문제가 되면서 유럽위원회European Commission가 신용평가사들이 신용등급을 제공하는 금융기관으로부터 평가수수료를 받는 것이 도덕적 해이를 초래했다고 지적했다.[3] 〈이코노미스트〉는 신용평가사들이 증권 구매자가 아닌 발행자로부터 수수료를 받기 때문에 고객유지를 위해 아예 처음부터 증권 발행자에게 아주 높은 신용등급을 제공하기로 타협했다고 지적했다.

신용평가사가 증권 발행자로부터 평가수수료를 받는 제도는 시스템의 건전성을 위한 유인Incentive이 아니라 증권 발행자가 원하는 신용등급을 제공하는 유인을 제공한다.[4] 신용평가사들은 신용등급을 발표하기 전에 그것을 고객에게 보여준다. 신용평가사들이 신용평가를 받는 피감자와 신용등급에 관해 의논하는 것이다.

2007년 상반기에 무디스와 스탠다드앤푸어스가 미국 전기회사들

2 "Buttonwood: Credit and blame" *Economist* (September 6th 2007)

3 "Economics focus: Chain of fools Hard evidence that securitisation encouraged lax mortgage lending in America" *Economist* (February 7th 2008)

4 "Measuring the measurers: Credit rating could do with more competition, and a bit more rigour" *Economist* (June 2nd 2007); *Economist* (September 6th 2007)

의 요구에 따라 그들의 신용등급을 하락시켰는지에 대한 조사가 시작되었다. 신용등급이 떨어지면 전기회사들이 전기가격을 올릴 수 있는 제도가 있다.

이것을 악용해서 전기회사들이 가격 인상을 정당화하기 위해 낮은 신용등급을 요구했다는 것이다. 증권규제자협회IOSCO의 최근 연구는 신용평가사들이 몇몇 대규모 투자은행들의 담보부채증권 발행에 너무 긴밀하게 협력하여 마치 그들이 투자은행이 만든 담보부채증권에다가 배서뒷보증하는 것처럼 보인다고 지적했다.

무디스와 스탠다드앤푸어스가 부실한 신용평가의 대가로 막대한 수입을 올렸다.[5] 무디스의 순수입이 2002년 2억 8,900만 달러에서 2006년 7억 5,400만 달러로 증가했다. 2006년 이윤이 54% 증가했고 수입은 연평균 20% 늘었다.

스탠다드앤푸어스도 모기업 주가를 30%나 끌어올렸다. 주택거품이 붕괴하기 전 무디스가 거둔 수익의 거의 절반이 담보부채증권을 포함한 위험회피금융Structured Finance에 제공한 신용등급에서 나왔다. 모기지대출의 60%가 담보부채증권에 묶여 팔려나간 2007년에도 무디스와 스탠다드앤푸어스가 엄청난 수익을 창출했을 것으로 추정된다.

도덕적 해이에 빠진 투자은행이 도덕적 해이에 젖은 신용평가사를 무력화시켜 그들이 발행하는 담보부채증권에 그들이 원하는 부

5 *Economist* (June 2nd 2007); *Economist* (September 6th 2007)

실한 신용등급을 제공하게 하였다. 2007년 투자은행이 발행한 담보부채증권을 포함한 위험회피금융이 2조 달러로 증가했고 복잡성도 계속 증가했다. 투자은행이 엄청난 연봉을 제시하여 신용평가사의 유능한 직원을 몽땅 데려가서 신용평가사가 그들이 발행하는 복잡한 위험회피금융의 위험을 제대로 평가할 능력을 갖추지 못하게 만들었다.

도덕적 해이는 금융위기를 키우는 비옥한 토양

시장의 건전성을 유지하는 것은 국가의 고유한 권한이다. 영국에서 처음 시장경제Market Economy[6]가 발생한 것은 국가가 시장규제를 의미 있게 제거했기 때문이다.[7] 그런데 언제 어디서든 시장에는 국가의 권위를 악용해서 경쟁을 피하려는 행위자들이 있게 마련이다.[8]

따라서 국가의 공적 기관들이 엄격한 규제를 적용해서 '도덕적 질서'와 '신뢰'를 유지하고 시장경제에 도덕적 해이가 발생하지 않도

6 시장경제(Market Economy)는 시장(Market Place)과 다르다. 시장경제는 가격수렴(Price Convergence)이 발생하는 경제단위를 말한다. 시장경제는 국가권력이 시장을 네트워크로 묶고 관세를 철폐하고 시장네트워크를 이용해서 상품을 이동시켜 가격수렴을 창출하는 상인집단이 있어야 발생한다: Winifred Barr Rothenberg, *From Market-Places to a Market Economy: The Transformation of Rural Massachusetts*, 1750-1850 (Chicago: University of Chicago Press, 1992)

7 Karl Polanyi, *The Great Transformation: The Political and Economic Origins of Our Time* (Boston: Beacon Press, 1957)

8 Amitai Etzioni, "Political Power and Inter-Market Relations" in Amitai Etzioni, *The Moral Dimension: Toward a New Economics* (New York: Free Press, 1988)

록 해야 한다.[9]

그런데 국가의 공적 감독기관금융감독원이 피감기관으로부터 감독 수수료를 받고, 국가의 위임을 받아 공적 평가기능을 수행하는 신용평가사무디스와 스탠다드앤푸어스가 평가대상으로부터 평가수수료를 받으면 도덕적 해이가 생길 수밖에 없다.

일단 공직사회와 금융시장에 도덕적 해이가 발생하면 무차별적으로 확산한다. 일단 도덕적 해이가 발생하면 건전한 상품과 서비스의 '교환'을 위한 '경쟁'이 도덕적 해이를 교환하는 경쟁으로 변질해 버리기 때문이다.

'주류경제학'의 시장개념은 단지 '교환'이라는 행위만 강조하고 '경쟁'은 중요하게 여기지 않기 때문에 도덕적 해이가 확산하는 과정을 이해할 수 없다.[10] 모든 학파의 경제학자들은 시장에서 발생하는 '경쟁'을 중요하게 다루지 않는다. 그들에게 시장은 단지 익명의 공급자와 소비자가 재화와 서비스의 '교환'을 통해서 가격을 결정하는 메커니즘일 뿐이다.

그런데 경제사회학자 베버가 시장에서는 단순한 교환이 아닌 경쟁과 결합한 '교환'이 발생한다면서 경쟁과 교환의 개념적 구별을

9 James R. Burk, *Values in the Marketplace: The American Stock Market under Federal Securities Law* (New York: Aldine de Gruyter, 1988); Susan Shapiro, "The Social Control of Impersonal Trust" *American Journal of Sociology* Vol.93 (1987)

10 Charles Swedberg, "Markets as Social Structure" in Neil J. Smelser and Richard Swedberg eds., *The Handbook of Economic Sociology* (Princeton: Princeton University Press, 1994) 257-64

시도했다.[11] 그는 시장에서 사회적 행동은 경쟁으로 시작해서 교환으로 끝난다고 설파했다. 경쟁은 자신의 행동이 '무한정한 실체 또는 보이지 않는 상상의 경쟁자 집단의 잠재적 행동에 의해 유도'되도록 하는 것이다. 경쟁은 다른 사람들이 원하는 기회와 이득을 통제하는 '평화로운 갈등'이다.

교환은 재화나 다른 이득이 상호보상으로 건네지는 두 사람 간의 이해타협이다. 교환은 '바로 앞에 있는 파트너와의 합의'의 결과다. 시장에서 발생하는 교환은 두 사람 간의 가장 계산적 형태의 사회적 행동인데, 여기에는 우정도 개입할 여지가 없다. 시장에서는 다른 어떠한 것도 교환이라는 상호작용에 부차적이다.

한편, 경제사회학자 짐멜은 시장에서 발생하는 경쟁이 사회에 막대한 혜택을 줄 수 있는 엄청난 에너지를 방출한다고 주장한다.[12] 시장에서의 경쟁은 경쟁상대방의 파괴가 아니라 극복을 시도한다. 시장경쟁에서 승자를 선택하는 주체는 경쟁상대방이 아니라 제삼자다.

그래서 시장경쟁은 '사랑'이 아니면 할 수 없는 일, 즉 제삼자가 진정으로 원하는 것을 신성하게 여기게 한다. 짐멜은 시장경쟁이 제삼자가 알아차리기도 전에, 그의 가슴 깊은 곳에 있는 것을 신성하게 여기게 한다고 덧붙인다. '경쟁은 객관적 사회적 가치를 생산하

11 Max Weber, *Economy and Society: An Outline of Interpretive Sociology* (Berkeley: University of Berkeley Press, 1978) 38, 72, 93, 108, 635, 646

12 George Simmel, *Conflict and the Web of Group-Affiliations* (New York: Free Press, 1955) 60-2

는 수단이고 주관적 동기를 부여한다.'

베버와 짐멜의 시장개념을 종합하면 도덕적 해이가 확산하고 신용경색으로 이어지는 것을 이해할 수 있다. 일단 금융시장에 도덕적 해이가 발생하면 도덕적 해이를 제공하기 위한 경쟁이 발생한다. 도덕적 해이가 시장경쟁에서 승자를 결정하는 제삼자가 진정으로 원하는 바가 되어버린다. 모든 시장행위자가 도덕적 해이를 신성하게 여기게 되는 것이다. 그러다가 갑자기 의심이 생기면 아무도 믿을 수 없게 되어 신용경색으로 이어진다.

실제로 베버와 짐멜이 예측한 현상이 미국에서 발생했다.[13] 신용평가사들의 도덕적 해이가 일파만파로 번져나갔고 급기야 채권보증사로 확산하였다. 시정부채권 보증이라는 고유한 업무영역에서 벗어나 채권보증사들이 신용평가사들로부터 과장된 신용등급을 받아낸 담보부채증권을 보증해서 어마어마한 보증수수료를 챙겼다.

도덕적 해이가 시장경쟁에서 승자를 결정하는 제삼자가 진정으로 원하는 대상이 된 것이다. 시장경쟁이 도덕적 해이를 마땅히 모든 것을 희생하고서라도 추구해야 할 신성한 것으로 만들어버린 것이다.

그런데 2007년 8월 미국 월가에서 갑자기 담보부채증권에 포함된 AAA 등급과 유사한 초우량 부분도 안전하지 않다는 의심이 일

13 "The fears over the municipal-bond market in America look overdone. For the moment, the government should resist the urge to intervene" *Economist* (February 23th 2008)

어나 신용경색이 발생했다. 신용평가사들이 사용하는 신용평가모델이 다른 대출기관과 지역에서 나온 모기지대출이 동시다발적으로 채무불이행을 범할 가능성을 과소평가했다는 지적이 쏟아져 나왔다.

담보부채증권을 구성하는 부분들 중 하나에 채무불이행이 발생하면 그것이 다른 부분들의 채무불이행으로 일파만파 확산할 수 있었다. 그런데 그것은 신용평가사의 관심사가 아니었다.

최악의 글로벌증시 대폭락과 경제위기[14]

담보부채증권의 전매는 언젠가는 터질 수밖에 없는 시한폭탄을 돌리는 것이었다. 주택거품이 깨지기 전에는 담보부채증권에 포함된 모기지대출이 동시에 부도를 낼 확률이 낮았기 때문에 특히 유럽의 저성장 국가들의 은행들이 이 파생상품에 적극적으로 투자했다.

우리나라의 은행들도 담보부채증권에 투자했다. 미국의 주택가격이 계속 상승하는 동안에는 문제가 발생하지 않았다.

그런데 마침내 2007년 초부터 미국과 나머지 세계의 주택가격이 급격하게 내려가기 시작했고[15] 비우량 모기지대출자들의 채무불이행이 이어져 담보부채증권의 연쇄부도가 시작되었다. 담보부채증권

14 *Economist* (August 18th 2007); "Capital punishment American banks need to do more than let a few heads roll" *Economist* (November 10th 2007); *Economist* (February 7th 2008)

15 글로벌 주택거품은 2006년에 꺼질 조짐이 보였으나 급격하게 꺼지기 시작한 것은 2008년 초였다.

의 투매가 발생하여 가격이 폭락했고 이것을 보유한 은행들의 불확실성이 증폭되었다. 콜금리가 올랐고 신용경색의 조짐이 발생해서 은행에 투자한 투자자의 주식투매를 유발했다.

자금압박을 느낀 시중은행과 투자은행들이 대출자에게 대출해준 자금에 대해 더 많은 담보를 요구하여 신용경색이 일파만파로 번져 나갔다. 담보부채증권에 관련된 손실이 2,000억 달러를 초과할 수 있다는 평가가 나왔다.

부실해진 담보부채증권을 보유한 은행과 이것의 보증을 선 채권보증사가 위험에 빠졌다. 채권보증사가 보증선 건전한 시정부채권과 신용-채무불이행 스왑Credit-Default Swap[16]마저 부실해져 신용경색이 악화하였다. 신용-채무불이행 스왑에 관련 은행손실이 1,580달러에서 320억 달러에 이르렀다.[17]

결국, 2007년 8월 대공황 이후 80년 만에 최악의 신용경색이 발생했다. 이날부터 시중은행들이 갑자기 상호의심이 폭발하여 서로에게 엄청나게 높은 이자율을 요구하기 시작했다. 이 때문에 며칠 동안 은행 간 1일 만기 콜 자금시장이 완전히 마비되었다. 연방준비제도이사회, 즉 미국의 중앙은행이 즉각 개입하여 콜 자금시장에 엄청

16 신용-채무불이행 스왑(CDS)은 투자은행이 기업이나 국가가 부도를 내면 대신 변제해주는 조건으로 매월 일정한 수수료를 받는 파생금융상품인데 부도가 나지 않으면 엄청나게 높은 수익을 얻게 된다. 투자은행 JP 모건체이스가 2006년 2월 산업은행과 100억 원의 신용-채무불이행 스왑 거래를 체결했다. 산업은행과 거래하는 (주)SK가 부도를 내면 JP 모건체이스가 산업은행에게 100억 원을 주는 조건으로 산업은행이 JP 모건체이스에게 연 0.3%의 수수료를 지급하기로 계약을 맺었다.

17 *Economist* (February 2nd 2008); "Stepping beyond subprime: Only Panglossians think that the sector is over the worst" *Economist* (January 12th 2008)

난 규모의 유동성을 주입했다. 그러나 한동안 자금시장이 공황에서 벗어나지 못했다.

2007년 8월 15일 미국의 최대 모기지대출회사 컨드리와이드금융사Countrywide Financial의 주가가 13% 폭락하고 S&P500지수가 1.4% 떨어졌다. 투자은행 메릴린치의 한 주식분석가가 컨드리와이드금융사의 자금부족을 경고하고 매도의견을 내자마자 하루 만에 이런 일이 발생한 것이다. 연준리가 즉각 유동성을 대대적으로 주입했으나 시장공황이 완전히 해소되지 않았고 다음 날 주가폭락이 아시아로 번졌다.

2008년 3월 16일 연준리가 신용경색이 금융위기로 확산되는 것을 막으려고 개입했는데 성공적이었다.[18] 연준리가 파산지경에 이른 투자은행업계 5위의 베어스턴스Bear Stearns에게 구제금융을 제공하고 단기 이자율을 2.25%로 크게 내려 30년 만에 가장 빠른 속도의 통화정책 완화를 기록했다.

게다가 연준리가 필요한 경우에 다른 투자은행에게도 즉각 구제금융을 제공하기로 약속하여 투자은행에게는 구제금융을 제공하지 않는다는 규정을 어겼다. 투자은행 JP 모건체이스JP Morgan Chase가 베어스턴스의 주식을 주당 2달러에 매입하고 며칠 후 이 투자은행의 주식을 개당 10달러에 또 매입하여 신용경색 진정에 기여했다.[19]

18 "Wall Street's crisis: What went wrong in the financial system - and the long, hard task of fixing it" *Economist* (March 22th 2008)

그런데 미국정부가 2008년 9월 14일 투자은행 리만 브러더스의 파산을 수수방관하여 신용경색이 글로벌증시 대폭락과 경제위기로 이어지고 말았다.[20] 다우지수가 2007년 10월 14,000포인트를 넘겼다가 2008년 8월에 11,400포인트 근처까지 떨어졌는데 리만 브러더스가 파산하는 바람에 더 하락했고 2009년 3월 6,500포인트 밑으로 떨어졌다. 미국정부가 베어스턴스와 AIG와 모기지 보증사Fannie Mae와 Fredie Mac는 살리고 리만 브러더스를 죽인 것에 관해 흉흉한 뒷이야기가 뉴욕 월가에 떠돌았다.

도덕적 해이를 차단할 수는 없지만, 이용할 수는 있다

공적 감독기관이 피감기관으로부터 감독수수료를 받고 신용평가사가 평가대상기관으로부터 평가수수료를 받는 제도는 금융시장에 도덕적 해이를 조장하는 부조리한 것이다. 미국에서 신용평가사들의 부조리한 수수료 제도가 도덕적 해이를 초래했고 이것이 채권보증사에게 확산하여 신용경색을 초래했고 결국 이것이 글로벌증시 대폭락과 경제위기를 불러들이고 말았다.

그런데 무디스와 스탠다드앤푸어스사가 반성은커녕 그들의 '경로의존'을 보호하려고 꼼수를 부렸다.[21] 2008년 2월 규제기관이 신용

---

19 "J.P. Morgan Rescues Bear Stearns: U.S. Pushed Deal To Avert Crisis"; "A Fire-Sale Price" *Wall Street Journal* (March 17, 2008); "Wall St. Cheers Bear Deal and Housing Data" *Wall Street Journal* (March 24, 2008)

20 "Worst Crisis Since '30s, With No End Yet in Sight" *Wall Street Journal* (September 18 2008); "Saving Wall Street: The last resort" *Economist* (September 18th 2008)

21 *Economist* (February 7th 2008)

평가사의 행동강령을 검토하자 무디스와 스탠다드앤푸어스가 자발적 개혁에 나섰다.

무디스는 2월 4일 신용평가서에 글자가 아닌 숫자를 사용하고 예상된 변동성 수준을 지적하는 등 위험회피금융의 평가를 위한 새로운 신용평가시스템을 만들었다. 스탠다드앤푸어스는 2월 7일 새 위원회가 지배와 모델링을 감독하게 하고 평가결과를 외부 회사가 주기적으로 검토하게 하고 유동성을 포함한 비-채무불이행 요인에 관한 정보를 신용평가서에 첨부할 것이라고 말했다.

스탠다드앤푸어스는 증권화된 상품을 위해 별도의 도표를 제시하고 예상치 못한 사건의 효과를 분석할 것이라고 말했다. 무디스와 스탠다드앤푸어스는 그들의 분석가와 영업사원 사이에 보다 강력한 벽을 세우기로 했다. 그리고 양사 모두 투자은행으로 이직한 직원이 제공한 신용평가를 전면 재검토하기로 했다. 그런데 이것은 정치권과 규제기관 그리고 시민사회의 관심이 그들의 부조리한 평가수수료제도에 초점을 맞추지 않게 하려고 부린 꼼수였다.

신용평가사의 부조리한 평가수수료제도의 '경로의존'은 너무나 강력해서 누구도 깨버릴 수 없다. 2008년 3월 미국의 폴슨Hank Paulson 재무장관이 신용경색의 재발방지를 위해 대대적인 금융규제 개혁안을 발표했으나 시장과 학계의 반응은 냉담했고 신용평가사의 부조리한 수수료 제도에 관한 언급은 아예 없었다.[22]

무디스와 스탠다드앤푸어스를 비롯한 미국의 신용평가기관에 대한 보다 유효하고 강력한 규제입법이 성사될 가능성은 없다.[23]

미국 신용평가사의 도덕적 해이는 사라지지 않을 것이다. 금융시장에 일단 도덕적 해이가 발생하면 끊임없이 확산될 수밖에 없다.

시장은 단지 재화와 서비스를 교환해서 가격을 형성하는 메커니즘이 아니다. 시장에서 교환이 발생하기 전에 치열한 경쟁이 먼저 일어난다. 일단 금융시장에 도덕적 해이가 발생하면 도덕적 해이를 제공하는 치열한 경쟁이 발생하는 것이다

결국, 도덕적 해이가 시장경쟁의 승자를 결정하는 제삼자가 진정으로 원하는 바가 되어 버리고 금융시장이 도덕적 해이를 신성하게 여기게 된다. 그러다가 의심이 발생하면 신용경색으로 이어지고 정부가 이것을 제대로 관리하지 못하면 글로벌증시 대폭락과 경제위기를 초래하는 것이다.

여기서 또다시 강조해야 할 것은 미국의 금융시장에 도덕적 해이가 사라지지 않은 한 글로벌증시 대폭락과 경제위기가 주기적으로 반복될 수밖에 없다는 것이다. 그런데 우리는 금융시장의 도덕적 해이를 차단할 능력이 없다.

우리가 할 수 있는 것은 주기적으로 발생할 수밖에 없는 글로벌증

---

22 "Paulson Plan Begins Battle Over How to Police Market Amid Crisis, a Bid To Shuffle Powers: Fast Fixes Unlikely" *Wall Street Journal* (March 31, 2008); "Will it fly?: Hank Paulson kicks off what promises to be a long and bruising debate about how best to police America's financial firms" *Economist* (April 5th 2008)

23 "Central banks: The monetary-policy-maze. The simple rules by which central banks lived have crumbled. A messier, more political future await" *Economist* (April 25th, 2009); "Market Watch: Legislators eyes expanded liabilities for credit rating agencies" *Wall Street Journal* (September 30, 2009)

시 대폭락과 경제위기를 이용해서 수익을 창출하는 것이다. 부조리한 평가수수료제도로 도덕적 해이를 조장하는 미국의 신용평가사 직원들이 그들 때문에 주기적으로 발생하는 글로벌증시 대폭락을 이용해서 엄청난 수익을 창출할 것이다. 아마 금융감독원 사정도 마찬가지일 것이다.

■ 이 장은 한국연구재단 등재학술지에 필자가 출간한 논문의 후반부를 읽기 쉽게 풀어내고 새로운 내용을 더한 것이다: 박훈탁, "금융감독원의 제도적 오류: 신용경색에 연루될 수 있는 부조리한 수수료 제도" 『대한정치학회보』 제16집 1호 (2008년 6월)

글로벌증시 대폭락과 **경제위기를 초래한 정치 꼼수**

누가 거품을 만들었나

문제는 미국의 통화정책이다

그린스펀의 거짓 변명

대통령의 하수인, 연방준비제도이사회

그들이 주고받은 음흉한 선물

정치인의 꼼수는 세계 공통

미국에서 주택거품을 초래한 정치적인 원인을 찾았다. 정치인이 사적인 동기를 공공의 목적에 덮어씌우는 것은 미국도 마찬가지다.

결코, 우리나라에서만 정치인이 '공공의 목적'에 자신의 '사적인 이해'를 덮어씌우는 것은 아니다. 자유민주주의와 인권의 국가라는 미국에서도 대통령이 그런 짓을 한다. 21세기 초 미국에서 주택거품이 발생해서 미증유의 글로벌 주택거품으로 번졌고, 2007~2008년 이것이 무너져 글로벌증시 대폭락과 경제위기를 초래했다. 〈이코노미스트〉가 그린스펀 연준리 의장의 느슨하고 비대칭적 통화정책을 글로벌 주택거품의 원인으로 지목했다. 미국은 3개월마다 0.25%p25 Basis Points씩 금리변경을 고려하거나 단행하는 것이 보통이다.

그런데 2000년 말 닷컴주식의 거품이 붕괴한 직후 2001년 1월부터 11월까지 그린스펀이 경기부양을 위해 거의 매월 연방기금 금리를 0.5%p씩 내렸고 3년 반에 걸쳐 마이너스 실질금리[1]를 유지했다. 이 때문에 미국에서 주택거품이 발생했고, 글로벌경제의 나머지 주요 국가들도 자국통화의 달러화 대비 평가절상가치의 인상을 막으려고 마이너스 실질금리를 유지했다.

글로벌 마이너스 실질금리 때문에 글로벌 유동성 과잉이 발생했고 이것이 글로벌 주택거품으로 이어졌다. 그런데 금리 인상의 속도는 매우 느렸다. 그린스펀이 2004년 6월부터 3개월 안팎의 시차를 두고 금리를 0.25%p씩 17차례에 걸쳐 인상했다. 이렇게 느린 금리 인상

1 실질금리(Real Interest Rate)는 은행이 제공하는 명목금리(Nominal Interest Rate)에서 인플레이션을 뺀 수치를 말한다.

속도 때문에 글로벌 주택거품이 계속 부풀었다. 도대체 왜 그랬을까?

그것은 그린스펀과 부시 대통령의 꼼수였다. 그린스펀의 느슨하고 비대칭적 통화정책에는 분명히 중국과 인도의 세계경제 편입으로 발생한 글로벌 디플레이션 압력의 해소라는 공공의 목적이 있었다. 그런데 여기에 다섯 번째 연방준비제도이사회연준리 의장직이라는 그린스펀의 사적 동기와 재선이라는 부시 대통령의 사적 동기가 덮어씌워 졌다.

미국의 연준리가 무려 3년 반 동안이나 마이너스 실질금리를 유지한 것은 2004년 11월에 있었던 대통령 선거에서 부시 대통령의 재선을 위해 연준리 의장 그린스펀이 부린 꼼수였다. 그가 이런 꼼수를 부린 것은 부시 대통령이 던져준 연임이라는 미끼를 물었기 때문이다.

미국의 중앙은행 연준리가 대통령의 정치적 영향력에 종속되어 있기 때문에 이런 일이 발생한 것이다. 글로벌 인플레이션이 발생한 1970년대부터 산업민주주의 국가들이 중앙은행에 정치적 독립을 제공하는 추세를 만들어 왔고 한국도 예외가 아니다. 그런데 놀랍게도 초강대국 미국의 연준리는 여전히 대통령의 정치적 영향력에 종속되어 있다.

미국의 느슨한 통화정책이 글로벌 주택거품을 초래한 과정 그리고 여기에 슬며시 개입된 부시 대통령과 그린스펀 의장의 꼼수를 이해하려면 먼저 글로벌 주택거품의 실체를 확인하고, 소위 브레튼우즈2 가설이 왜 틀렸는지 그 이유를 알아야 한다. 브레튼우즈2 가설은 중국이 글로벌 주택거품을 초래했다고 주장하는데 그야말로 엉터리다.

누가 거품을 만들었나

부풀어 오른 글로벌 주택거품

2001년부터 미국을 비롯한 거의 모든 경제협력개발기구 국가에서 주택가격이 폭등하기 시작했다. 주택가격 상승률이 소비자가격 인플레이션보다 몇 배 높았다. 이렇게 글로벌 주택거품이 발생한 것은 이번이 처음이다.[2] 미국에서 2005년 4월에 주택 매매건수가 연평균 4.5% 증가했고 2005년 4월까지 단독주택은 평균 15% 콘도미니엄은 평균 18% 올랐다. 특히 캘리포니아, 플로리다, 그리고 동북부의 일부 지역의 주택거품이 심각했다. 동시다발적 주택가격 폭등이

2 "Shaky foundations: The higher house prices climb, the more they are likely to fall" *Economist* (November 29th, 2003); "Frenzied froth: More evidence that the housing market has lost touch with reality" *Economist* (May 28th, 2005); "A home-grown problem: America's housing boom is causing an enormous mis-allocation of resources." *Economist* (September 10th, 2005); "Hear that hissing sound?: Our latest update of the Economist's Global house-price indicators." *Economist* (December 19th, 2005)

발생한 것이다.

20세기 마지막 20년 동안에는 미국의 많은 지역에서 주택가격이 내려갔다. 내셔널 시티National City 은행이 미국의 299개 대도시지역에서 20세기 마지막 20년 동안 발생한 주택가격의 변화를 조사했다. 63개 지역에서 주택가격이 10% 감소했다. 조사기간의 마지막 2년에는 이들 지역보다 더 많은 지역에서 주택가격이 내려갔고 평균 하락률은 17%였다.

그런데 투자은행 골드만삭스가 21세기에 들어와 미국의 주택건설 속도가 인구증가 속도를 크게 앞질렀고 거주지에 대한 투자는 GDP의 5~7.5%로 지난 40년 이래 최고였다고 지적했다. 별장건설도 폭증했으나 전체 주택의 5%에 불과한 별장가격이 주택거품을 설명하지는 못한다. 사상 최저로 감소한 주택 재고량이 주택시장에서 발생한 투기적 광란의 증거였다.

2005년 미국에서 주택에 대한 투자가 GDP의 6%에 달해 최고 기록에 근접했고 주택가격이 급등하기 시작한 2001년 이후 민간부문 직업의 절반가량이 주택관련 산업에서 나왔다. 메릴린치Merrill Lynch의 경제학자 로젠버그David Rosenberg는 상승한 집값이 창출해낸 부의 효과Wealth Effect와 모기지-자산 인출Mortgage-equity Withdrawal로 인한 지출 증대 그리고 주택에 관련된 사업이 2005년 상반기 GDP 성장의 50%를 차지했다고 말했다. 은행수익도 지나치게 모기지대출에 의존했다. 캐나다의 한 은행신용분석에 따르면 미국의 부동산 대출이 전체 은행대출의 53%였는데 이것은 20년 전의 30%보다 높은 수치다.

주택에 대한 미국경제의 지나친 의존은 장기적으로 비용을 증가시킨다. 1990년대 말 IT 기술 버블은 비록 깨졌지만, 생산성 향상이라는 근대적 자본을 남겼다. 그러나 주택가격 버블은 장기적인 생산성 향상에 전혀 도움이 되지 않는다. 그것은 자원을 생산적 부문에서 빼내어 소비자 지출에 낭비할 뿐이다.

그런데 주택거품은 글로벌 현상이었다. 2006년 12월 〈이코노미스트〉가 2005년 3분기 현재 11개 경제협력개발기구 국가의 주택가격이 과대평가되었다고 지적했다. 오스트레일리아와 영국의 주택가격 과대 평가율이 각각 49%와 37%였다. 스페인, 덴마크, 네덜란드, 아일랜드, 프랑스, 뉴질랜드의 주택가격 과대 평가율도 20%를 넘었다. 미국의 주택가격 과대 평가율도 거의 20%였고 스웨덴과 캐나다의 주택가격 과대 평가율은 18%였다. 한국금융연구원 자료를 보면 2006년 서울 강남 주택가격의 30~85%가 거품이었다.

2006년 초에 월가의 분석기관이 글로벌 주택거품의 붕괴를 예측했다.[3] 2006년 봄 〈월스트리트저널〉의 조사를 따르면 미국인의 71%가 1년 안에 주택거품이 꺼진다고 예측했다. 2006년 봄부터 특히 캘리포니아 지역에서 주택 경매물건이 급증했다. 이것은 금리 인상의 결과였다. 연방준비제도이사회가 2004년 6월 1%였던 연방기준금리단기금리를 3개월 안팎의 시차를 두고 0.25%p씩 천천히 올리기 시

3 이미 2006년 3월부터 ResMAE를 비롯한 비우량(Subprime) 대출자에게 높은 이자를 받고 모기지를 판매한 금융기관들이 잇달아 파산을 맞았다: "Bleak houses: America's riskiest mortgages set to pop" *Economist* (February 17th 2007)

작했다. 금리는 2006년 하반기 이후 지금까지 5.25%였고 모기지율이 연동한 10년 만기 미 재무성채권 수익률Yield은 2005년 3.9%에서 5%로 인상되었다. 〈월스트리트저널〉과 〈이코노미스트〉는 금리를 더 신속하게 올리라고 요구했다.

결국, 2007년 봄 미국에서 주택거품의 붕괴가 본격적으로 시작되어 2007~2008년 글로벌증시 대폭락과 경제위기를 초래하고 말았다. 글로벌 주택거품이 동시다발적으로 붕괴하여 글로벌경제가 심각한 소비부족에 시달릴 것이라는 예측이 현실이 되어버린 것이다. 설상가상으로 중국경제가 엄청난 부실채권을 해소하지 못한 채 과열로 치달았다.[4] 만일 중국경제가 연착륙하지 못하면 대공황이 발생할 가능성도 여전히 남아 있었다.[5]

중국의 잘못은 없었다

브레튼우즈2 가설은 중국이 글로벌 주택거품을 초래한 것이 원인이라고 주장하고 있다.[6] 이것은 중국이 수출주도Export-driven 성장을 위해서 달러화 대비 위안화의 가치를 낮춰야 했고, 이를 위해 미국의 10년 만기 재무성채권을 대대적으로 매입했다고 주장한다.

---

4 "Central Banking(1): Bernanke ponders his course" *Economist* (March 25th, 2006)

5 "China vulnerable to liquidity shock despite war on bad debt" *Financial Times* (May 4th, 2006); "China: Struggling to keep the lid on" *Economist* (April 29th, 2006)

6 Michael Dooley, David Folkerts-Landau, and Peter Garber, "An Essay on the Revived Bretton Woods System" *NBER Working Paper* (2004)

그래서 미국의 10년 만기 재무성채권 수익률장기 실세금리이 사상 최저치3.9%로 떨어졌고, 여기에 연동한 모기지율도 사상 최저로 감소했다. 브레튼우즈2 가설은 사상 최저로 떨어진 모기지율이 미국에서 주택거품을 초래했고, 소비자 지출을 많이 증가시켰다고 설명한다.

중국이 무역흑자 대부분을 미국 재무성채권을 구매하는 데 사용한 것은 분명한 사실이고, 한때 미국의 10년 만기 재무성채권 수익률이 역사상 최저치3.9%로 떨어진 것도 엄연한 사실이다. 실제로 중국은 2002년 6월까지 무역흑자 대부분인 600억 달러를 미 재무성채권을 매입하는데 사용했다.[7] 2005년 6월 말에 중국인민은행과 홍콩통화당국의 외화보유액이 8,330억 달러에 달해서 일본의 외화보유액을 앞질렀는데 이것의 상당수가 미 재무성채권이었다.[8]

그리고 얼마 후 중국의 외화보유액이 1조 달러를 넘었는데 이것의 상당한 비율이 미 재무성채권이었다.

그럼에도 불구하고 브레튼우즈2 가설은 전혀 설득력이 없다.[9] 중국의 GDP 성장을 견인하는 가장 강력한 동력은 수출이 아니라 국

---

7 *Economist* (september, 2002)

8 "Economic Focus: The enormous build-up of foreign-exchange reserves in Asia is less sinister than it looks." *Economist* (September 17th, 2005)

9 "A topsy-turvy world: How long will emerging economies continue to finance America's spend thrift habits?" *Economist* (September 16th 2006); "Can pigs fly? Chinese households are not as tight-fisted as you think" *Economist* (February 24th 2007)

내수요다. 게다가 중국의 총 수출에서 대미수출의 비중은 1/5에 불과하다. 따라서 달러화 대비 위안화의 가치가 떨어져도 중국의 수출에는 별 도움이 되지 않는다.

그뿐만 아니라 중국은 2005년 7월 통화바스켓을 도입하여 관리변동제를 채택했다. 그래서 브레튼우즈2 가설의 주장과 정반대로 완만하게나마 달러화 대비 위안화 가치가 꾸준하게 절상되고 있었다.

중국, 달러화 안정에 크게 기여하고 있다

1966년 국제정치경제학자 킨들버거Charles P. Kindleberger가 미국이 글로벌 금융 중개자Global Financial Intermediary의 구실을 하고 있기 때문에 경상수지 적자를 피할 수 없다고 주장했다.[10] 미국의 경상수지 적자가 곧 외국의 정부와 기업에 필수적인 유동성을 공급하는 원천이라는 것이다. 미국의 경상수지 적자는 미국이 달러화를 발행해서 세계경제에 유동성을 공급하고 있기 때문에 필연적으로 발생할 수밖에 없다는 것이다. 다시 말해서 미국의 경상수지 적자는 '바로잡아야 할 부채'가 아니라는 것이다.

테네시대학교의 데이빗슨Paul Davidson 교수가 킨들버거의 주장을

10 Charles P. Kindleberger, Emile Despres, and Walber S. Salant, "The Dollar and World Liquidity: A Minority View" in Charles P. Kindleberger, *Comparative Political Economy: A Retrospective* (Cambridge: MIT Press, 2000)

지지했다.[11] 원칙적으로 세계의 통화 가치는 서로에 대해 자유롭게 변동해야 하지만 현실은 그렇지 않다. 세계 각국의 통화당국은 자국 통화 가치가 달러화보다 너무 올라 자국경제가 국제경쟁력을 잃지 않도록 개입하고, 또 달러화보다 너무 많이 떨어져서 인플레이션이 발생하지 않도록 끊임없이 개입한다.

이처럼 달러화는 글로벌경제의 모든 국가의 통화와 국내물가를 안정적으로 유지해주는 닻Anchor이다. 미국 달러화가 세계경제의 기축통화와 예비통화의 역할을 한다는 것이다. 따라서 달러화의 원천인 미국의 경상수지 적자는 '의미 없는 개념'도 '바로잡아야 할 부채'도 아니라는 것이다.

한편, 미국이 국외에 막대한 자산을 보유하고 있기 때문에 미국의 막대한 경상수지 적자도 별문제가 아니라는 주장이 있다.[12] 2004년 미국의 경상수지 적자가 6,680억 달러였는데 2005년 7월 초에 연방정부 경제분석국Bureau of Economic Analysis에서 발표한 자료를 보면 2004년 미국의 순 대외채무액은 1,700억 달러에 불과하다. 그만큼 미국이 국외에 보유한 자산의 가치가 많이 증가했다는 것이다.

그런데 톰슨 데이터스트림Thomson Datastream에 따르면 1999년부

---

11 Paul Davidson, Financial Markets, *Money and the Real World* (New York: Edward Elgar, 2003)

12 "America's foreign debt. Show me the money: Mysterious happening in America's international financial accounts" *Economist* (July 9th, 2005); "America's dark materials: The United State's current account deficit is a figment of bad accounting. If only" *Economist* (January 21st, 2006)

터 미국의 경상수지 적자가 엄청난 규모로 증가했다.[13] 2002년 말 미국의 경상수지 적자가 5,000억 달러였는데 매일 20억 달러를 국외에서 빌린 셈이다. 2004년 말에는 경상수지 적자가 GDP의 6%를 넘었다. 2005년에도 경상수지 적자가 8,000억 달러를 넘었고, GDP의 6%에 달했다. 순 대외채무액이 GDP의 22%로 늘었다.

그래서 달러화 가치가 대대적으로 하락했다.[14] 1970년대 이후 달러화 평가절하가 네 차례 있었다. 가장 최근2002년의 평가절하에서 유로화 대비 무려 28% 떨어졌고, 다른 통화바스켓 대비 14% 떨어졌다. 국제통화기금 자료에 의하면, 2005년 9월 말 현재 글로벌경제의 공식 외환의 66%가 달러화, 25%는 유로화, 4%는 엔화, 그리고 3%는 파운드화로 표시되어 있다.

킨들버거와 데이빗슨의 주장과 정반대로 미국의 급증하는 경상수지 적자가 기축통화로서 달러화의 지위를 위협하고 있는 것이다.

따라서 달러본위제Dollar Standard가 유지되려면, 외국인이 미국 재

---

13 "The Dollar and the deficit: Why the dollar still rules the world - and why the world should be grateful." *Economist* (September 14th, 2002); "America's current-account deficit: Wide gap, wide yawn America's central bankers are too complacent about the current account" *Economist* (March 19th, 2005); "Wise men at ease: America's central bankers are relaxed about the current-account deficit. Does that mean it is time to panic" *Economist* (April, 30th, 2005)

14 "The not-so-mighty dollar: The dollar's slide has further to go, but if handled carefully it could help not harm the world economy." *Economist* (December 6th, 2003); "Let the dollar drop: Some think the dollar has fallen too far. On the contrary, it has not fallen by enough." *Economist* (February 7th, 2004)

무성채권을 계속 사주어야 한다. 그런데 유럽의 미국 재무성채권 보유액이 2003년 1,750억 달러, 2004년에는 2,950억 달러까지 늘었으나, 2005년 1~7월에는 20억 달러 증가하는데 그쳤다.[15] 만일 중국과 동아시아국가 그리고 석유수출국이 미국 재무성채권을 사지 않는다면 달러화 가치의 1/4이 사라질 것이라는 주장도 있다.

미국은 중국을 비롯한 동아시아국가와 석유수출국의 미 재무성채권 매입을 비난할 처지가 아니다. 이렇게 긴박한 상황에서 중국과 동아시아 국가 그리고 석유수출국이 미 재무성채권을 대대적으로 사들여서 달러본위제의 안정에 이바지하는 것이다.[16] 이들이 미국 재무성채권을 사들여 미국의 모기지율이 떨어진 것은 사실이지만, 그것이 미국과 글로벌경제의 주택거품을 초래한 원인은 아니다.[17]

그리고 미 재무성채권의 최대 구매자는 중국이 아니라 석유수출

15 "American bond markets: A sated appetite. For the third time in five weeks, bond markets have weakened in the face of bad, but not terrible, news. They are cooling down, not melting down." *Economist* (March 26th, 2005)

16 그런데 최근 중국정부가 외화보유액 대부분을 미국 재무성채권의 형태로 보유하는 정책을 수정하기 위해 새로운 투자기관을 설립하겠다고 발표했다. 중국이 보유하는 미 재무성채권을 매각할 가능성이 생긴 것이다: "Global imbalances: Sustaining the unsustainable" *Economist* (March 17th 2007)

17 문제는 이것이 글로벌경제의 가격신호를 왜곡하는 데 있다. 미 재무성채권의 수익률은 글로벌경제의 장기금리이며 글로벌경제의 신호등이다. 미국의 경상수지 적자가 증가하면 미국에 투자하는 세력은 달러화의 평가절하에 따르는 손해를 보상받으려고 높은 채권 수익률을 요구하게 마련이다. 1980년대 전반 미국의 경상수지 적자가 폭발적으로 증가했을 때 어김없이 이러한 현상이 발생했다. 그래서 미국 재무성채권 수익률이 크게 증가하여 국내 수요를 가라앉혔고 떨어진 달러화 가치가 무역적자와 경상수지 적자를 줄였다. 그런데 지금은 이러한 글로벌경제의 신호등이 깨졌다. 경제협력개발기구(OECD) 자료에 의하면, 1995년까지 10년 이상 대규모 경상수지 적자를 시현한 국가들이 모두 높은 채권 수익률(장기 이자율)이라는 대가를 지급했다. 그런데 2005년에는 경상수지 적자와 채권 수익률 사이에 상관관계가 사라졌다.

국이다.[18] 2005년 석유수출국들이 7,000억 달러를 벌었다. 이것은 인플레이션을 고려한 실질 가격으로 1974년 1차 오일쇼크와 1980년 2차 오일쇼크 때 발생한 흑자의 거의 두 배에 달하는 것이다. 이렇게 막대한 석유 달러의 2/3가량이 미 재무성채권을 사들이는 데 사용되었다. 2006년 중국과 일본 그리고 아시아 국가의 경상수지 흑자 총액은 1,880억 달러에 불과했고 이들의 미 재무성채권 매입은 석유수출국에 크게 못 미쳤다.

....

미국에서는 엄청난 규모의 경상수지 적자에도 불구하고 2005년까지 수년 동안 미 재무성채권(TreasurBond) 가격이 오히려 올랐고 수익률이 떨어졌다. 아시아의 중앙은행들 때문에 미 재무성채권 수익률이 0.5~1% 떨어졌다는 평가가 있다. 미국의 비교적 높은 경제성장률에도 불구하고 미국의 실질 채권 수익률은 미국보다도 경제성장률이 낮은 일본의 채권 수익률보다 낮았다. 다음 기사를 참조하라: "Traffic Lights on the Blink?: Capital markets are hindering, not helping, global economic adjustment." *Economist* (August 20th 2005)

18 "Recycling the petro-dollars: Exporters of oil are saving more of their recent windfall than in previous price booms. It's hard to spot where the money is going." *Economist* (November 12th, 2005)

문제는 미국의 통화정책이다

지나치게 느슨한 통화정책

〈이코노미스트〉는 미국의 느슨하고 비대칭적인 통화정책[19]이 글로벌 주택거품의 원인이라고 지적한다. 중국이 글로벌 주택거품을 초래했다는 미국의 정치인과 일부 경제학자들의 주장은 완전히 틀린 것이다. 연준리 그린스펀 의장의 지나치게 느슨하고 비대칭적인 통화정책이 글로벌 주택거품을 초래한 것은 누구도 부인할 수 없는 분명한 사실이다.[20]

그린스펀이 초래한 지나치게 느슨한 통화정책이 과잉유동성을 초

19 "Still gushing forth: The global economy is awash with liquidity, pumped by America" *Economist* (February 5th, 2005)

20 그린스펀은 1990년대 이후 미국경제를 크게 성장시킨 훌륭한 중앙은행가로 알려져 있다: 밥 우드워드, 한국경제신문 국제부 역, 『마에스트로 그린스펀』(서울: 한국경제신문사, 2005). 그런데 최근 그린스펀 경제에 관한 체계적 비판이 나왔고 국내에도 소개되었다: 래비 바트라, 황해선 역. 『그린스펀 경제학의 위험한 유산』(서울: 돈키호테, 2005)

래하여 글로벌 주택거품을 만들었다. 연준리가 2001년 하반기부터 무려 3년 반 동안이나 마이너스 실질금리를 유지하여 글로벌경제에 유동성 홍수를 일으켰고 이것이 글로벌 주택거품으로 이어진 것이다. 좀 자세히 들여다보자.

2000년 말 미국에서 닷컴 주식이 폭락하자 모기지율이 연동된 10년 만기 미 재무성채권 수익률이 2005년 말까지 네 번씩이나 사상 최저치3.9%로 떨어졌는데도 불구하고 그린스펀 의장이 2001년 하반기에 단기 실질금리를 마이너스로 만들어버렸다.[21] 미국에서는 금리변경을 3개월마다 0.25%p씩 하는 것이 관례다.

그런데 6.5%였던 연방기금 금리를 2001년 1월부터 거의 매월 0.5%p씩 떨어뜨려 2001년 11월에 40년 만에 최저치2%로 떨어뜨렸다. 금리를 11개월 만에 4.5%p 떨어뜨린 것이다. 당시 미국의 인플레이션은 3% 안팎이었다. 2001년 하반기에 마이너스 실질금리[22]가 발생한 것이다. 그런데도 그는 2002년 또다시 금리를 인하했다. 2003년 3월에는 연방기금 금리가 1.25%였다.

그 후 그는 금리를 또 인하했고, 2004년 6월까지 전례 없이 낮은 금리1%를 유지했다. 이것은 1961년 이후 동일한 경제회복 단계의 금리수준보다 무려 3% 낮은 수치였다. 그린스펀이 2004년 6월부터 금리를 올리기 시작했으나 2005년 2월에도 명목금리는 2.5%였다. 따라서 2005년 상반기까지 실질금리가 마이너스였다.

21 *Economist* (March 25th, 2006)

22 실질금리는 은행에서 제공하는 명목금리에서 인플레이션을 빼고 남은 수치를 말한다.

미국의 마이너스 실질금리 때문에 달러화 가치가 곤두박질 쳤고 이것이 유럽과 글로벌경제의 나머지 국가에 느슨한 통화정책을 강요했다. 자국의 수출경쟁력 유지를 위해 글로벌경제의 나머지 국가들도 일제히 자국통화의 달러화 대비 상대적 가치를 낮추려고 금리를 내렸다.

유럽중앙은행European Central Bank도 유로화의 평가절상을 막으려고 유로지역의 실질 이자율을 마이너스로 유지했다. 유로화 지역의 모기지대출이 연평균 10%씩 증가했고 유럽의 거의 모든 지역에서 주택거품이 발생했다.

설상가상으로 중국과 동아시아 국가들의 중앙은행이 미국 재무성 채권을 사려고 자국 화폐Local Money를 마구 찍어내는 바람에 유동성이 더욱더 팽창했고 이것이 주택거품을 계속 부풀렸다. 2004년 달러화의 글로벌 공급미국에서 통용되는 달러화와 각국이 보유한 달러화 외화보유액의 총합이 무려 25% 증가했다. 〈이코노미스트〉가 인플레이션을 감안하더라도 이것은 지난 30년 이래 가장 빠른 증가속도라고 평가했다.

〈이코노미스트〉는 '비대칭성Asymmetry'이라는 그린스펀 의장의 또 다른 통화정책 오류를 지적했다. 그가 금리를 올린 속도가 금리를 내린 속도보다 느렸다. 그린스펀은 2001년 1월부터 11월까지 거의 매월 금리를 한꺼번에 0.5%p씩 떨어뜨렸다.

그런데 2004년 6월 시작된 그의 금리인상의 속도는 이것의 절반에도 못 미쳤다. 글로벌 주택거품에 대한 〈이코노미스트〉를 비롯한 언론의 빗발치는 비난에도 불구하고 그린스펀은 연방기금 금리1%

를 2004년 6월부터 3개월 안팎의 시차를 두고 0.25%p씩 17차례에 걸쳐 매우 천천히 인상했다. 그래서 2006년 중반에 연방기금금리가 5.25%였다. 이렇게 완만한 금리인상이 투자자들로 하여금 위험을 감수하게 하였다는 비난이 일었다.

중국이 뿜어낸 디플레이션 압력[23]

다행스럽게도 그린스펀의 지나치게 느슨하고 비대칭적인 통화정책으로 발생한 글로벌 과잉유동성이 소비자 물가의 인플레이션을 초래하지는 않았다. 글로벌경제에 유동성이 넘쳐나는데도 글로벌 소비자 물가는 잘 통제되고 있었다. 미국의 경우 전반적 인플레이션 Headline Inflation Rate이 2004년 12월에 3.3%였다. 신선식품과 에너지를 제외한 핵심 인플레이션Core Inflation Rate도 2.2%로 매우 낮았다.

이것은 중국의 강력한 가격 인하력 때문이다. 대부분의 TV와 T셔츠가 중국에서 생산된다. 2000년 이후 글로벌 GDP 성장에 대한 중국의 기여도는 중국 다음으로 큰 신흥경제국 인도, 브라질, 그리고 러시아 기여도의 거의 두 배였다. 1950년대 중반 이후 급속한 경제성장을 이룬 일본보다 중국이 글로벌경제에 더 큰 영향을 미친 것이다.

이것은 중국이 글로벌경제에 값싸고 풍부한 노동력을 공급했을 뿐만 아니라 외국인직접투자FDI를 받아들였기 때문이다. 재화와 용

23 "China and the World Economy: Beijing, not Washington, increasingly takes the decisions that affect workers, companies, financial markets and economies everywhere." *Economist* (July 30th, 2005)

역의 수출입 총액은 중국 GDP의 무려 75%에 달한다. 재화와 용역의 수출입 총액이 일본, 인도, 그리고 브라질에서는 25~30%에 불과했다.

하버드대 경제학자 프리먼Richard Freeman은 세계경제에 대한 이러한 중국의 영향력을 '긍정적인 공급측면 쇼크Positive Supply-side Shock'라고 불렀다. 중국과 인도 그리고 구소련의 세계경제 진입이 글로벌 노동력을 2배로 증가시켰고 중국이 혼자 그것의 절반을 제공했다. 이것이 글로벌경제의 잠재 성장률을 증가시켰고 노동, 자본, 재화, 그리고 서비스의 상대가격에서 변화를 촉발했을 뿐만 아니라 글로벌경제의 인플레이션을 억누른 것이다.

그런데 글로벌경제로 새롭게 진입한 중국 등은 경제적 가치를 지닌 자본을 동반하지 않았다. 노동력은 배가되었으나 자본량에는 뚜렷한 변동이 없었기 때문에 글로벌 자본과 노동력의 비율이 절반으로 떨어졌다. 자본의 양은 별로 증가하지 않았는데 노동력의 양이 급팽창한 것이다.

그래서 임금상승이 매우 더뎠다. 미국, 유럽, 그리고 일본에서 실질 임금의 성장 속도가 최근에 비정상적으로 미약했다. 고용으로 인한 소득증대로 측정한 실질 임금의 성장 속도는 수십 년 만에 가장 미약한 회복을 보였다. 많은 선진국에서 실질 평균임금 증가가 생산성 향상을 따라잡지 못했다.

결국, 중국의 방대하고 저렴한 노동력의 진입이 선진국에서 노동자의 협상력을 떨어뜨렸고 임금상승을 어렵게 만든 것이다. 선진국에서 중국으로 이동한 직업의 절대 수치는 미미하지만, 기업이 휘두르는 해외탈출 위협이 임금인상을 억압했다. 전체 국가수입에서 임금의 비율이 수십 년 만에 최저치로 떨어졌다.

반면에 기업이윤은 크게 증가했다. 2006년 미국에서 GDP 대비 세후 기업이윤이 75년 만에 최고를 기록했다. 유럽과 일본에서도 이 수치가 25년 만에 최고를 기록했다. 세계경제에 중국이 편입되어 노동력은 상대적으로 풍부해지고 자본은 상대적으로 희소해지면서 자본의 상대적 이윤이 증가한 것이다. 그러니까 역설적으로 공산주의 국가가 서방의 자본주의자들을 도와준 셈이다.

그뿐만 아니라 글로벌경제에 진입한 중국이 글로벌경제의 상대적 가격과 수입에 대대적 변화를 초래했다. 중국이 수출하는 제품의 가격이 내려갔고 중국이 수입하는 석유와 원자재와 같은 상품의 가격은 크게 올랐다. 중국은 이미 세계에서 가장 큰 철강, 구리와 석탄의 소비자이고 석유는 두 번째로 큰 소비자다. 따라서 중국에서의 소비 변화가 세계가격에 큰 영향을 줄 수밖에 없다.

이 과정에서 중국이 미국을 비롯한 글로벌경제의 인플레이션을 의미 있게 억제했다. 중국의 저렴한 생산력이 선진국에서 임금상승을 억제하고 전 세계의 상품가격을 떨어뜨린 것이다. 미국에서 신발과 의류의 명목가격이 지난 10년 동안 10% 떨어졌고 실질가격으로는 35% 떨어졌다.

독일의 연구기관은 중국이 미국의 인플레이션을 1% 낮추었다고 계산한다. 최근 2%의 위안화 절상은 이윤폭을 줄이는 중국 제조업자들 덕분에 흡수되었고 수출가격 상승으로 이어지지 않았다. 그런데 미국은 25~30%의 위안화 평가절상을 요구했다. 만일 중국이 이 요구를 받아들였다면 미국과 글로벌경제는 손해를 봤을 것이다. 중국이 디플레이션이 아니라 인플레이션을 수출했을 것이기 때문이다.

그린스펀 연준리 의장이 느슨한 통화정책으로 글로벌 유동성 공급을 확대한 것에는 분명히 글로벌경제에 편입된 중국이 뿜어낸 강력한 디플레이션 압력 해소라는 공공의 목적이 있었다. 만일 그때 미국이 느슨한 통화정책으로 유동성 공급을 확대하지 않았더라면 글로벌경제가 심각한 디플레이션의 악순환에 빠졌을 것이다. 그런데 디플레이션 압력 해소를 위해 굳이 마이너스 실질금리를 무려 3년 반 동안이나 유지할 필요는 없었다. 이것은 디플레이션 압력 해소라는 공공의 목적에다가 부시 대통령과 그린스펀 의장의 '사적인 이해'를 덮어씌운 것이다. 이제 그것을 확인할 차례다.

그린스펀의 거짓 변명

뻔뻔한 경제 대통령

2006년 1월 〈이코노미스트〉가 그린스펀이 늘어놓은 자신의 느슨한 통화정책에 대한 변명을 조목조목 비판했다.[24] 그린스펀이 소비자가격 인플레이션이 목표수준에서 통제되고 있었고 자산 가격 거품은 중앙은행의 소관사항이 아니며 그것을 통제할 방법도 없다고 주장했다. 그는 주택거품이 꺼지기를 기다렸다가 이자율을 한꺼번에 내려 주택소유자들의 손해를 '흡수'하는 것이 최선이라고 주장했다.

그린스펀이 자산 가격 거품이 소비자가격 인플레이션에 영향을 주지 않는다면 중앙은행이 그것을 무시해도 무방하고 그것을 통제할 수 없는 세 가지 이유를 제시했다.

첫째, 중앙은행 통화정책의 고유한 목표는 자산 가격 거품 억제가

24 "Monetary myopia: The accolades bestowed upon Alan Greenspan ahead of his retirement on January 31st have a strong whiff of irrational exuberance." *Economist* (January 14th, 2006)

아니라 소비자가격 인플레이션 억제와 경제성장 촉진에 있다.

둘째, 자산 거품이 발생하는 과정에서는 그것의 존재를 확인할 수 없다.

셋째, 중앙은행이 자산 가격 거품 통제를 위해 동원할 수 있는 수단은 이자율 인상인데 경제는 이자율 변화에 둔감하다. 그래서 거품을 깨뜨리려면 이자율을 대대적으로 올려야 하는데 이것이 뜻하지 않은 경기후퇴를 초래할 수 있다.

따라서 주택거품이 꺼지기를 기다렸다가 꺼진 이후에 금리를 신속하게 내려 주택 소유자들의 손해를 흡수해주는 것이 최선의 대책이라는 것이다.

그런데 그린스펀이 제시한 세 가지 이유는 모두 거짓된 것이다. 첫째, 소비자가격 인플레이션 억제와 경제성장 촉진이 중앙은행 통화정책의 고유한 목표라는 그린스펀의 변명은 사실이 아니다. 1960년대에는 완전고용이 중앙은행 통화정책의 목표였다. 소비자가격 인플레이션 억제와 경제성장 촉진이 중앙은행 통화정책의 목표가 된 것은 오일쇼크로 인한 인플레이션과 스태그플레이션으로 점철된 1970년대의 일이다.

이처럼 중앙은행 통화정책의 목표는 시대에 따라 변하는 것이며 이미 또 다른 변화를 겪고 있다.

최근 영국, 뉴질랜드, 오스트레일리아, 그리고 통합유럽의 중앙은행들은 주택가격 거품 해소를 통화정책의 주요 목표로 채택했다. 세계화로 인해 글로벌경제에 저렴한 돈이 넘쳐나고 소비자가격을 낮출 수 있는 중국 등 공급의 새로운 잠재적 소스가 발생했기 때문에 소비자가격 인플레이션은 과거보다 낮을 수밖에 없다.

이러한 상황에서 중앙은행이 이자율을 낮게 유지하면 위험감수를 부추기고 지나친 유동성이 자산 가격을 끌어올리게 된다. 20세기에 발생한 3개의 가장 큰 주식시장 버블1920년대와 1990년대 미국과 1980년대 일본은 모두 이러한 상황에서 발생했다. 급등하는 자산 가격은 자원의 잘못된 할당을 부추기고 지나치게 작은 저축 또는 주택에 너무 많이 투자하여 미래의 성장률을 떨어뜨리고 결국 거품이 붕괴하여 깊은 경기침체를 초래하게 된다.

이것이 중앙은행이 과거 어느 때보다 자산 가격에 더 세심하게 주의를 기울여야 하는 이유이다.

둘째, 자산 가격 버블이 발생하는 와중에 그것의 존재를 확인하는 것이 불가능하다는 그린스펀의 주장도 거짓이다. 경제 펀더멘털과 무관하게 급등하는 자산 가격과 급격한 신용 증가에 따른 유동성 과잉이라는 자산 가격 버블의 발생을 알려주는 지표가 있기 때문이다.

그린스펀 자신이 1996년 12월 '비이성적 활황Irrational Exuberance' 이라는 제목의 유명한 연설에서 이러한 지표를 동원하여 닷컴버블의 발생을 지적했다. 연준리의 단기 이자율을 결정하는 연방공개시장위원회Federal Open Market Committee 회의기록은 그린스펀 외에도 몇몇 연준리 이사들이 1998년과 1999년에 닷컴버블을 염려했음을 명백하게 보여준다. 1999년 12월 회의에서 주식시장의 현황을 점검할 때, 그린스펀은 단지 '얼마나 많은 거품이 존재하느냐의 문제가 있을 뿐이다.'라고 말했다.

그린스펀의 세 번째 주장, 즉 경제가 이자율 변화에 둔감하기 때문에 버블을 깨려고 금리를 크게 올리면 경기후퇴를 초래한다는 것도 사실과 다르다. 영국과 오스트레일리아 그리고 뉴질랜드의 중앙은행은 주택가격이 펀더멘털에서 크게 벗어나자 이자율을 소비자가격 인플레이션만으로는 정당화할 수 없을 정도로 크게 올리면서 자산 가격 거품을 해소하겠다는 의지를 강력하게 피력해서 주택가격을 안정시키는 데 성공했다.

영국과 오스트레일리아의 중앙은행이 이자율을 한꺼번에 1.25% 올리면서 주택가격이 지나치게 높다고 경고하자 연평균 20%였던 주택가격 상승률이 0%로 떨어졌는데 경기후퇴는 발생하지 않았다.

그런데 사실은 그린스펀이 2005년 9월에 발표한 논문에서 자신의 느슨한 통화정책이 주택거품을 일으켰다고 인정한 바 있다. 이 논문에서 그는 연준리가 오랫동안 경제적 안정과 낮은 인플레이션을 제공하는 데 성공했으나 투자자로 하여금 위험에 대한 낮은 보상을 요구하게 함으로써 자산 가격 인플레이션을 가져왔다면서 금리가 오르고 있어 주택가격이 조만간 하락할 것이라고 경고했다.

누가 그린스펀의 입을 좀 막아라

그린스펀 의장은 느슨한 통화정책이 주택거품을 초래한 것을 잘 알면서도 무려 3년 반 동안이나 마이너스 실질금리를 유지한 것이다. 도대체 왜 그랬을까? 그가 늘어놓은 느슨한 통화정책에 대한 경제적 변명은 거짓으로 드러났다. 그는 자기의 비대칭적인 통화정책,

즉 글로벌 주택거품이 발생했는데도 불구하고 금리인상을 너무 천천히 한 것에 관해서는 아예 변명도 하지 않았다.

그린스펀 의장이 느슨하고 비대칭적인 통화정책을 사용하게 된 것은 미국의 중앙은행 연방준비제도이사회가 정치적으로 독립되지 않아 대통령의 영향력으로부터 자유롭지 못하기 때문이다. 중앙은행의 정치적 독립은 중앙은행이 정부의 간섭을 받지 않고 통화정책을 독자적으로 결정하는 것을 말한다.[25] 중앙은행의 정치적 독립은 독립적인 인사권과 예산권을 전제로 한다.

1970년대 서유럽에서 중앙은행의 정치적 독립이 초미의 관심사로 떠올랐는데 인플레이션이 심각한 수준에 도달했기 때문이다. 1970년대 '대 인플레이션The Great Inflation'은 오일쇼크가 발생하여 석유가격이 급등하기 전 1969~1970년에 이미 심각한 수준에 이르렀다. 그것은 제2차 세계대전 종전 이후 1960년대까지 장기 집권한 유럽의 좌파정부들이 중앙은행을 멋대로 움직여 통화정책을 느슨하게 운용했기 때문이다.[26]

1960년대까지 서유럽에서 노동자를 대변하는 좌파정부들이 실업률을 낮추려고 오랫동안 통화정책을 느슨하게 운영했다. 그래서 실

---

25 B. W. Fraser, "Central Bank Independence: What Doest It Mean?" *Reserve Bank of Australia Bulletin* (December 1994)

26 "Economic Focus: Anatomy of a hump" *Economist* (March 10th 2007)

업률은 떨어졌지만 인플레이션이 발생했다. '필립스곡선'[27]이 보여주듯이 실업률은 인플레이션과 역의 상관관계를 갖는다. 그런데 인플레이션이 노동자의 구매력을 떨어뜨렸고 이것이 노조로 하여금 지속적으로 임금인상을 요구하게 하였다.

제2차 세계대전 종전 이후 1960년대까지는 만성적 인플레이션과 지속적인 임금인상이 어우러져 더 많은 생산과 공급을 촉구함으로써 전후복구를 위한 성장을 견인했다. 필자의 선생인 미국의 저명한 정치경제학자 앨런Christopher S. Allen은 이것을 '좌파 케인스적 통합'이라고 불렀다.[28]

필립스곡선은 좌파 정부와 우파 정부의 상이한 통화정책을 설명한다.[29] 좌파는 낮은 실업률이라는 노동자와 노조의 경제적 이해를 공유한다. 그래서 그들이 집권하면 통화를 팽창시켜 실업률을 감소시키고 인플레이션을 발생시키는 경향이 있었다.

반면, 우파는 기업, 금융 부문, 그리고 중산층의 이해를 대변한다. 이러한 사회집단은 노동자보다 실업의 위험에 덜 노출되어 있고 노동자보다 더 많은 금융자산을 보유한다. 그래서 이들은 실업보다는 금융자산의 실질가치 유지에 관심이 많다.

이들이 인플레이션을 싫어하는 이유는 그것이 금융자산의 실질가

27 필립스곡선은 1950년대 말 영국의 재정경제학자 필립스(A. W. Phillips)가 발견한 현상이다. 이것은 인플레이션과 실업률 사이에 신뢰할 만한 함수관계가 있다는 모델이다. 실업률이 낮을수록 인플레이션이 높고 반대로 인플레이션이 낮을수록 실업률은 높다.

28 Allen, 앞의 글

29 Thomas Oatley, *International Political Economy: Interests and Institutions in the Global Economy* (New York: Longman, 2006) 270-4

치를 침식하기 때문이다. 그래서 우파가 집권하면 인플레이션이 억제되고 실업률이 증가하는 경향이 있다.

그런데 서유럽의 좌파정부들이 아무리 통화정책을 느슨하게 풀어도 실업률이 완전히 사라지지는 않았다. 자연실업률Natural Rate of Unemployment 때문이다.[30] 이것은 언제 어디에서나 존재하는 장기적 균형 실업률Long-run Equilibrium Rate of Unemployment, 즉 불황이나 활황 이후에 되돌아가는 실업률이다. 자연실업률은 경제전체의 실질 임금에 의해 결정되는데, 이것은 일하기 원하는 모든 노동자들이 고용되는 평균 가격이다. 자연실업률은 결코 제로가 될 수 없고 항상 제로보다 높다.

모든 경제는 약간의 실업률을 갖게 마련이다. 어떤 사람은 다른 직장을 찾아 현재의 직장을 떠난다. 학교를 졸업하고 노동시장에 처음으로 진입하는 사람은 금방 일자리를 찾지 못한다. 노조나 최저임금, 고용과 해고행위, 실업보상, 그리고 다른 사회복지혜택과 같은 노동시장규제와 같은 제도가 실질 임금을 올림으로써 노동에 대한 수요를 줄이고 자연실업률을 올린다. 나라마다 이러한 제도가 다르기 때문에 자연실업률도 다르지만 항상 제로보다 높다.

그런데도 불구하고 1980년대 초까지 미국을 비롯한 서방 정부들이 제로 실업률을 달성하려고 계속 느슨한 통화정책을 사용하여 인플레이션을 악화시켰다.[31] 정부가 자연실업률보다 낮은 실업률을

30 Oatley, 앞의 글, 284

31 Oatley, 앞의 글, 288-93

만들기 위해 통화를 팽창시키면 인플레이션이 발생하고 또다시 단기적으로 새로운 필립스곡선이 발생한다.

그리고 정부가 자연실업률보다 낮은 실업률을 만들려고 또다시 통화를 팽창시키는 악순환이 발생했다. 인플레이션이 실질임금을 감소시켜 명목임금 인상을 부추기는 악순환이 반복되었다. 영원한 인플레이션이 발생한 것이다. 이것이 1980년대 초까지 서방세계의 현실이었다.

1980년대 중반에 가서야 겨우 서방 정부들이 느슨한 통화정책으로는 장기적으로 자연실업률보다 낮은 실업률을 달성할 수 없다는 것을 깨달았고 인플레이션을 억제하는 쪽으로 통화정책의 방향을 바꾸었다.[32] 통화정책 목표가 완전고용에서 '물가안정Price Stability' 쪽으로 돌아선 것이다. 영국의 대처수상이 이러한 변화를 처음으로 시도했다. 미국에서는 카터 행정부가 끝날 무렵 그리고 다른 선진국에서도 이러한 변화가 있었다.

그런데 물가안정은 쉽지 않았다. '시간적 일관성의 문제Time-consistency Problem'[33] 때문이다.[34] '시간적 일관성'이란 진술된 정책 목표가 현실로 나타날 때까지 약속된 정책을 지속하는 것이다. 미국 플로리다 주에는 허리케인이 이동하는 길을 따라 주택가가 형성되

32 Oatley, 앞의 글, 293

33 시간적 일관성의 문제를 최초로 제기한 경제학자 키드랜드(Finn Kydland)와 프레스캇(Edward Prescott)은 2005년에 노벨경제학상을 받았다.

34 Oatley, 앞의 글, 293-5

어 있다.[35] 허리케인 피해를 보상하지 않는다는 주 정부의 주택정책에 '시간적 일관성'이 없었기 때문에 허리케인 피해는 반드시 보상을 받는다는 '자가-실현 예측Self-fulfilling Prophecy'이 발생한 것이다.

1980년대 서방 중앙은행의 통화정책에도 '시간적 일관성'이 없었다. 물가안정을 위해 필요한 통화긴축을 완화하는 것이 항다반사였고 인플레이션은 서방세계 소비자들의 자가-실현 예측이 되고 말았다.

그래서 '시간적 일관성의 문제'의 저자 키드랜드가 중앙은행의 정치적 독립을 강력하게 촉구했다. 중앙은행의 독립이 통화정책의 '시간적 일관성의 문제'를 해결하는 제도적 장치라는 것이다. 1980년대 후반부터 많은 선진국에서 중앙은행의 정치적 독립이 이뤄졌고 인플레이션이 해소되기 시작했다. 이제 중앙은행의 정치적 독립은 통화정책의 신뢰성과 '시간적 일관성의 문제'를 해결하는 제도적 장치로 자리 잡았다.[36]

그런데 놀랍게도 미국의 중앙은행 연방준비제도이사회는 정치적 독립을 이루지 못하고 있다. 미국의 연준리는 대통령의 정치적 간섭

35 "Economic Focus: Cycles and commitment" *Economist* (October 16th 2005)

36 그러나 1980년대 후반부터 중앙은행의 독립이 글로벌 추세로 자리를 잡았기 때문에 그 후 지금까지 글로벌 물가안정이 지속된 것은 아니다. 글로벌 물가안정은 중국이라는 대규모 공급자를 글로벌경제에 편입시킨 세계화 때문이다: Alex Cukierman, *Central Bank Strategy, Credibility, and Independence: Theory and Practice* (Cambridge: MIT press, 1998) 그리고 일본의 사례에서 보듯이 중앙은행의 정치적 독립이 자동적으로 올바른 통화정책을 보장하는 것도 아니다. 중앙은행의 정치적 독립은 바람직한 통화정책을 위한 필요조건에 불과하다: "The Myth of Central Banks and Inflation" *Financial Times* (August 29 2006)

에 종속되어 있다. '시간적 일관성'이라는 중앙은행의 정치적 독립을 촉구하는 이론적 배경이 있다고 해서 자동적으로 모든 국가에서 비슷한 수준의 중앙은행의 정치적 독립이 발생하는 것은 아니다. 중앙은행의 정치적 독립은 경제적 합리성과 무관하다. 그것은 각국의 사회경제적 이해관계를 조정하는 치열한 정치과정의 산물이다.[37]

37 John B. Goodman, *Monetary Sovereignty: The Politics of Central Banking in Western Europe* (Ithaca: Cornell University Press, 1992); Sylvia Maxfield, *Gatekeepers of Growth: The International Political Economy of Central Banking in Developing Countries* (Princeton: Princeton University Press, 1997)

대통령의 하수인, 연방준비제도이사회

미국 중앙은행의 꼼수

미국은 20세기 초 일련의 심각한 통화부족을 경험했고 1913년 '최후의 통화 공급자Lender of Last Resort'로서 연방준비제도이사회라는 명칭의 중앙은행을 설립했다.[38] 연방준비제도이사회 설치법Federal Reserve Act은 '탄력적 통화 공급'이 연방준비제도이사회의 정책목표라고 명시하고 있다.[39] 20세기 초에 미국경제는 생산과 지출의 급격한 성장을 경험하고 있었고 이를 위해 충분한 통화를 적기에 공급하는 것이 초기 연방준비제도이사회의 가장 중요한 정책목표였다.

---

38 리빙스턴(James Livingston)은 연준리의 국내적 기원을 주장하고 한편 브로즈(J. Lawrence Broz)는 연준리의 국제적 기원을 강조한다: J. Lawrence Broz, *The International Origins of the Federal Reserve System* (Ithaca: Cornell University Press, 1997); Livingston, James, *Origins of the Federal Reserve System: Money, Class, and Corporate Capitalism*, 1890-1913. (Ithaca: Cornell University Press, 1989)

39 Laurence H. Meyer, "The Politics of Monetary Policy: Balancing Independence and Accountability" *The Federal Reserve Board* (2000) 5

그런데 처음부터 지금까지 연준리는 대통령과 '지속적이고 최소한의 공공성을 띈 격렬한 갈등' 속에 있다.[40] 전직 연준리 이사 브리머 Andrew Brimmer는 연준리 설립 후 1989년까지 14명의 대통령 중에 12명이 '연준리의 통화정책에 관한 어떤 종류의 공적인 논쟁, 갈등, 또는 비판'에도 자주 개입했다. 대통령이 의회가 연준리에게 통화정책의 법적 권한을 위임한 것에 대해 분개했고 의장과 이사들의 재임용 절차를 통해서 연준리에게 직접적인 정치적 압력을 행사했다. 닉슨 대통령은 1970년 2월 연준리 의장 마틴 William McChesney Martin의 임기가 끝나자 1960년 대선 때 그가 자신에게 불리한 통화정책을 썼다는 이유로 그를 경질하고 번스 Arthur Burns로 교체했다. 카터 대통령은 1978년 번스를 밀러 William Miller로 교체했고 레이건 대통령이 1987년 그린스펀을 연준리 의장으로 임명했다.

연준리는 행정부의 간섭으로부터는 독립적이다.[41] 통화정책을 결정하는 연방공개시장위원회라는 의사결정구조가 1935년에 도입되었고 1936년부터 재무성장관과 재무성에서 파견되는 통화검사관 the Comptroller of the Currency이 통화정책을 결정하는 연방공개시장위원회에서 배제되었다. 행정부의 간섭이 사라졌고 연준리에 독립적 문화가 발생했으나 의장의 영향력이 지나치게 비대해지는 문제가 생겼다.

40 Meyer, 앞의 글, 5-6
41 Meyer, 앞의 글, 6

그런데 연준리는 대통령의 영향력에 종속되어 있다.[42] 이사는 상원의 인준을 받아 대통령이 임명하고 임기는 4년이다. 만일 이사가 임기 만료 전에 사임하면 후임자가 잔여 임기를 채우고 잔여 임기가 만료되면 연임할 수 있다. 연준리 이사의 연임은 어디까지나 대통령의 재량에 속하며 상원의 인준을 받는다. 지난 25년 동안 이사의 평균 임기는 겨우 5~6년에 불과했다. 대통령의 재량권이 사용된 것이다.

대통령은 연준리 의장의 재임용을 미끼로 얼마든지 연준리의 통화정책에 영향을 미칠 수 있다.[43] 의장의 임기도 4년이고 상원의 인준을 받아 대통령이 임명한다. 의장은 이사로 남아 있는 한 계속 재임용될 수 있다. 그래서 연임을 원하는 연준리 의장은 결코 대통령의 요구를 무시할 수 없다. 사실상 재임용을 원하는 연준리 의장은 대통령의 정치적 영향력에 철저하게 종속된다.

대통령은 연준리 의장에게 재선을 포함한 자신의 정치적 이해를 도모하는 통화정책을 요구하는 경향이 있고 연임을 원하는 연준리 의장은 대통령의 이러한 요구에 응하는 경향이 있다. 그러나 연준리 의장이 대통령의 요구를 무조건 수용하지는 않는다. 대개 대통령은 경제전문가가 아니며 자신의 정치적 이해에 반하는 요구를 할 수도 있다.

이런 경우 연준리 의장은 대통령의 요구를 거절하고 독립적 통화

---

42 Meyer, 앞의 글, 11-2

43 Meyer, 앞의 글, 12

정책을 추구함으로써 대통령의 정치적 이해를 도모해줄 수 있다. 물론 연준리 의장이 대통령의 정치적 이해를 도모한다고 해서 대통령이 반드시 재선에 성공하는 것도 아니다. 대통령 선거 결과를 결정하는 변수는 다양하다. 통화정책은 그것들 중에 하나일 뿐이다.

그들이 주고받은 음흉한 선물

금융의 마술사, 그린스펀의 연임

2006년 1월 26일 정년을 맞은 그린스펀은 1987년 레이건 대통령에 의해 연준리 의장에 임명된 이후 네 번이나 연임에 성공했다. 이것은 전무후무한 기록이다. 그는 퇴임 전에 '생존했던 가장 위대한 중앙은행장'이라는 칭송을 받았다.[44] 미국의 평화상, 영국의 기사작위, 그리고 프랑스의 레종도뇌르 훈장을 받았고 미국 대중의 엄청난 인기를 누렸다. 그는 영웅이었다.

그린스펀은 금융의 마술사로 비추어졌다. 취임 후 2개월 지난 1987년 말에 무너진 주식시장을 살려냈다. 1998년 파산한 헤지펀드 Long Term Capital Management에게 유동성을 신속하게 공급하여 살려냈다. 2000~2001년 닷컴주식의 갑작스런 붕괴와 러시아의 채무불이행으로 말미암은 충격을 극복했다. 2005년 12월 G7회의 만찬에서

44 *Economist* (January 14th 2006)

축구를 좋아하는 영국 중앙은행 총재 머빈 킹Mervyn King이 그린스펀을 연이어 페널티골을 막아내는 골키퍼로 묘사한 만화를 공개했다.

1996년 클린턴 대통령이 그린스펀에게 세 번째 연준리 의장 임기를 주었고 언론은 그것이 그의 경제적 업적 때문이라고 해설했다. 실제로 그의 재임기간에 인플레이션이 감소했고 기록을 시작한 이래 가장 긴 두 개의 경제성장이 있었다.

그는 1990년대 후반 누구보다도 먼저 정보기술IT투자로 인한 생산성 향상을 간파했고 생산성 향상으로 경제가 인플레이션 없이 빠르게 성장할 수 있음을 인식했다. 그래서 금리를 올리지 않았고 이 때문에 닷컴기업의 붐이 발생했다. 많은 노동자가 노동시장에 새로 진입했는데도 불구하고 실업률이 상당히 떨어졌다.

그런데 2000년 클린턴이 그린스펀에게 네 번째 연준리 의장 임기를 제공한 것의 이면에는 정치적인 요인이 있었다. 그린스펀은 1996년 11월에 있을 대선을 위해 통화량을 늘리라는 클린턴의 요구를 거절했다. 그런데 그의 독립적인 통화정책이 오히려 클린턴 대통령의 재선에 결정적으로 이바지했다. 1996년 하반기에 미국의 주식시장이 과열되어 있었다.

그때 만일 그린스펀이 클린턴의 요구에 따라 통화량을 늘렸더라면 과열된 주식시장이 무너져서 클린턴이 재선에 실패했을 가능성이 컸다. 그린스펀은 클린턴이 재선에 성공한 이후 12월 미국의 주식시장이 지나치게 과열되어 있다고 강력하게 경고했고 그 덕분에 주가시장이 안정을 되찾아 미국경제가 침체를 겪지 않고 과열에서 벗어났다. 클린턴은 자신의 요구를 거절하면서까지 그의 재선을 도운 그린스펀에게 네 번째 임기를 주지 않을 이유가 없었다.

부시와 그린스펀의 밀접한 이해관계

그린스펀이 2000년 대선에서는 야당인 공화당의 부시 후보에게 유리한 통화정책을 사용했다. 부시 후보는 집권 민주당의 부통령 고어 후보와 치열한 접전을 벌였다. 플로리다 주에서는 선거용지의 적법성 문제로 소송이 벌어질 정도였다. 그런데 마침 그해에 경기가 과열되었고 주식시장이 비정상적으로 급등했다.

그린스펀이 단기금리를 1%p 올렸다. 당시 언론은 이것이 경제의 펀더멘텔을 위해서는 분명히 필요한 금리인상이었으나 우열을 가리기 어려운 접전을 펼친 집권 민주당의 고어 후보에게는 크게 불리한 것이었다고 지적했다.

그때 그린스펀이 부시 후보에게 유리한 통화정책을 사용하게 한 정치적인 요인이 있었다. 무엇보다도 8년 동안 정권을 잡은 민주당보다 야당인 공화당이 집권할 확률이 높았다. 그리고 그에게 두 번째 연준리 의장 임기를 제공한 아버지 부시 대통령의 재선 실패라는 부채가 있었다. 1992년 11월 아버지 부시 대통령이 재선에 실패하자 모든 비난이 그린스펀에게 쏟아졌다. 그가 통화량을 늘려 경기를 진작하라는 아버지 부시 대통령의 요구를 거절했다는 것이다.

그런데 그것은 사실이 아니었다. 그린스펀은 1992년 경기 부양을 위해 금리를 4.4%에서 3%로 크게 인하했다. 그러나 부시 진영은 그린스펀이 좀 더 과감하게 금리를 내려 경기부진을 극복했어야 했다면서 패배의 책임을 그에게 모두 전가했다. 이러한 비난을 불식시키고 2004년에 시작되는 다섯 번째 연준리 의장직을 보장받으려고 부시에게 유리한 통화정책을 사용한 것이다.

그린스펀은 부시가 당선되자 수시로 백악관을 드나들며 부시 행정부와 통화정책을 조율하여 학계의 핀잔을 받았다.[45] 2005년 여름에 연준리 부의장을 지낸 프린스턴대 교수 블린더Alan Blinder와 또 다른 프린스턴대 교수 라이스Ricardo Reis가 그린스펀에게 직격탄을 날렸다.[46] 그가 2001년에 부시 대통령의 감세정책을 아예 공개적으로 지지하여 연준리의 정치적 중립을 심각하게 훼손했고 이자율을 집단적 토론을 거쳐 결정하는 것이 장기적으로 바람직한데도 불구하고 그린스펀이 연준리 통화정책을 독단적으로 결정했다는 것이다.

그리고 2000년 말 그린스펀이 2001년 하반기부터 3년 반 동안 이나 마이너스 실질금리를 유지하게 한 정치적인 요인이 발생했다. 2000년 말 부시가 당선되자마자 닷컴기업의 주식이 폭락한 것이다. 다섯 번째 연임을 원하는 연준리 의장 그린스펀에게 그것은 엄청난 긴급사태였다. 2004년 11월에 부시 대통령이 재선에 성공하고 그린스펀이 같은 해에 시작되는 다섯 번째 연준리 의장 임기를 보장받으려면 하루빨리 닷컴 붐에 버금가는 새로운 자산 붐을 일으켜야 하는 긴박한 상황이 발생한 것이다.

---

45 "Bush to meet with Greenspan" *CNNMoney.com* (March 24, 2003)

46 "Monetary policy: Alan Greenspan changes key" *Economist* (September 3rd 2005)

그가 2001년 1월부터 관례를 깨고 거의 매월 금리를 0.5%p씩 급격하게 떨어뜨려 동년 하반기에 마이너스 실질금리를 창출하고 이것을 3년 반 동안이나 유지한 것은 이렇게 긴박한 정치적 요구에 대한 절망적 반응이었던 것이다.

2003년 3월에 부시 대통령은 명목금리를 1.25%로 낮추어 마이너스 실질금리를 유지하는 그린스펀에게 확실한 보상을 해주었다.[47] 그의 네 번째 의장 임기가 아직 1년 수개월이나 남았는데도 불구하고 그에게 다섯 번째 의장 임기를 약속해준 것이다. 이것은 전례를 찾기 어려운 예외적 조치였다. 2004년 5월 18일 부시가 백악관에서 그에게 다섯 번째 의장직을 주자 CNN이 부시가 1년여 전에 그린스펀에게 다섯 번째 의장 임기를 약속했기 때문에 이것은 뉴스가 아니라고 비아냥거렸다.

글로벌 주택거품에 대해서 〈이코노미스트〉를 비롯한 언론의 빗발치는 비난에도 불구하고 그린스펀이 2004년 6월에 가서야 겨우 연방기금 금리 1%를 매우 천천히 인상하기 시작한 것에도 간과할 수 없는 정치적인 요인이 있었다. 부시 대통령이 그에게 다섯 번째 임기를 약속해준 2003년 3월 이후 그린스펀에게 다섯 번째 의장 임기를 주지 않을 수도 있음을 강력하게 내비쳤다. "난 아버지처럼 되지 않을 거야."[48]

---

47 "Greenspan: four more years" *CNNMoney.com* (May 18, 2004)
48 *머니투데이* (2004년 1월 12일)

부시는 이렇게 2004년 11월에 있을 대선 승리를 위한 강력한 의지를 표현하는 한편, 자신의 아버지가 1992년 재선에 실패한 것은 그린스펀이 금리를 과감하게 내리지 않았기 때문이라는 말을 공공연하게 하고 다녔다. 이것은 얼마든지 그린스펀이 그의 다섯 번째 연준리 의장 임기가 시작되는 2004년 5월 이전에 금리를 올리면 그에게 약속한 다섯 번째 의장 임기를 주지 않을 수 있음을 암시하는 메시지로 해석될 수 있는 발언이었다.

그린스펀의 비대칭적 통화정책은 대통령 선거가 있었던 2004년 11월 이전에 주택거품이 꺼져 부시 대통령이 재선에 실패하는 불상사를 막으려는 조치였다. 그는 자신의 다섯 번째 임기가 시작된 2004년 6월부터 1%였던 단기 연방기금 금리를 0.25%p씩 17차례에 걸쳐 천천히 인상함으로써 대선이 있었던 2004년 11월까지 실질금리를 마이너스로 유지할 수 있었다. 그래서 2004년 11월 이전에 주택거품이 꺼지기 시작하는 것을 방지할 수 있었던 것이다.

2004년 12월 미국의 인플레이션은 3.3%였다. 따라서 미국의 실질금리가 마이너스에서 벗어난 시점은 2004년 11월 대통령 선거가 끝나고 해를 넘긴 2005년 상반기였다. 그린스펀은 야비하게도 이렇게 완만한 금리인상을 마무리한 2005년 하반기에 주택거품의 존재를 인정했다.

얼간이 악당, 부시

그린스펀의 선임자들도 자신의 정치적 이해를 도모하기 위해 통화정책을 느슨하게 조절해달라는 대통령의 요구에 응한 경우가 있었다. 그런데 그것은 그들의 인격적 결합보다는 미국 중앙은행의 제도적 결함 때문에 발생한 현상이다. 미국의 중앙은행은 대통령에 종속되어 있고 대통령은 연준리의 통화정책에 얼마든지 영향을 미칠 수 있다.

문제는 대통령이 정치적 목적을 위해 연준리 의장에게 강요하는 느슨한 통화정책이 글로벌증시 대폭락과 경제위기를 초래할 수 있다는 것이다. 2007~2008년에 글로벌증시 대폭락과 경제위기를 초래한 글로벌 주택거품은 아버지 부시 대통령의 재선실패 책임을 혼자 몽땅 뒤집어쓰게 된 그린스펀 의장이 아들 부시 대통령의 재선과 자신의 다섯 번째 의장 임기를 위해 사용한 지나치게 느슨하고 비대칭적 통화정책이 만들어낸 것이다.

명문 예일대학교를 졸업한 부시 대통령이 항상 미소를 머금었지만, 자신의 행동이 가져올 파장을 예측하지 못하는 '얼간이 악당'의 일곱 번째 현저한 특성을 드러낸 것이다. 자신의 재선을 위해서 그렇게 오랫동안 마이너스 실질금리를 유지하는 것이 글로벌 주택거품이라는 일파만파의 파문을 불러올 것을 예측하지 못한 것이다.

두 개의 정치구조

미래에도 글로벌증시 대폭락과 경제위기가 주기적으로 반복될 것이다. 미래에도 대통령에게 정치적으로 종속된 연준리가 대통령의 정치적 목적을 달성하기 위해 느슨한 통화정책을 반복적으로 사용할 것이기 때문이다. 한국과 일본뿐만 아니라 미국에서도 얼간이 바보가 명문대에 줄지어 들어가고,[49] 그래서 미래에도 명문대 출신 '얼간이 악당'이 미국의 정치판을 주름잡을 것이기 때문이다.

다행히 그린스펀의 후임 버냉키Ben Bernanke 의장은 연준리의 연방공개시장위원회를 민주적으로 운영하고 있다.[50] 경제의 펀더멘털에 관한 진단과 이자율 결정과정에 치열한 논쟁이 도입되었다. 특히 연준리 부의장 코언Don Kohn이 눈에 띈다. 그는 시장에 큰 충격을 준 연설을 여러 번 했다. 반대자에 대한 버냉키 의장의 인내도 대단하다. 리치몬드 연준리 의장 랙커Jeff Lacker는 2006년 8월 긴축중단에 동의하지 않았고 12월 투표권을 가진 이사로서의 자격이 정지될 때까지 모든 연방공개시장위원회에서 반대표를 던졌다.

그러나 연준리가 대통령의 정치적 영향력에서 벗어나지 못하는 한 또다시 대통령의 정치적 요구에 따라 느슨한 통화정책을 지나치게 오랫동안 사용해서 자산거품을 만들어낼 가능성은 항상 존재한다. 미국경제가 본격적으로 회복하면 연준리가 풀어낸 어마어마한 유동성을 적기에 적당하게 흡수해야 한다. 그러지 않으면 과잉유동성이 또다시 자산거품을 만들어낼 가능성이 있다. 연준리가 주식시장이 요구하는 3차 양적완화Quantitative Easing를 주저하는 것도 이러한 차원에서 이해해야 한다.

그런데 과잉유동성 흡수는 연준리 의장이 독단적으로 수행할 수 있는 단순한 사안이 아니다. 과잉유동성 흡수는 뜻하지 않은 경기후

49 류상준, 앞의 글, 51-3

50 "The Federal Reserve's chairman hitting his stride" *Economist* (February 3rd 2007)

퇴를 불러올 수 있는 정치적으로 매우 민감한 문제이며 대통령의 정치적 결단이 있어야 한다.

만일 미국경제가 본격적인 회복국면에 접어들었는데도 과잉유동성을 적절하게 회수하지 못하면 또다시 자산거품이 발생하고 그것이 터지면 또다시 글로벌증시 대폭락과 경제위기를 불러올 수 있다. 그 시기가 에셋자산운용 강방천 회장이 일본의 국가부도가 날 것으로 예측한 2017년이 아니라는 보장은 어디에도 없다.

이제 우리도 주기적으로 발생하는 글로벌증시 대폭락과 경제위기에 슬기롭게 대처해야 한다. 우리에게 이렇게 엄청난 사건을 막아낼 능력은 없다. 그러나 글로벌증시 대폭락과 경제위기의 주기성을 이용하면 비교적 안전하게 큰 수익을 얻을 수 있다. 이것은 마지막 8장의 맨 끝 부분에서 다룬다.

그렇다면, 글로벌증시 대폭락과 경제위기의 주기성은 얼마나 확실한가? 그것의 확실성을 보장해주는 두 개의 정치구조가 있다. 하나는 미국을 단극으로 하는 단극체계이고, 다른 하나는 미국이 누릴 수밖에 없는 패권국의 지위다. 8장에서 2017년에 다가올지도 모르는 글로벌증시 대폭락과 경제위기를 예측하고, 이를 이용해 수익을 내는 전략에 대해 논하기 전에 먼저 이 두 개의 정치구조를 충분히 이해하는 작업이 선행되어야 한다.

이 장은 한국연구재단 등재학술지에 출판한 필자의 논문을 쉽게 읽을 수 있도록 풀어내고 새로운 내용을 더한 것이다. "글로벌 주택거품을 초래한 미국의 느슨하고 비대칭적 통화정책의 정치적인 요인" 『대한정치학회보』 제15집 1호 (2007년 봄)

● Dangerous Political Economy ●

정치인의 꼼수는 세계 공통

특히 일본 정치인의 꼼수는 타의 추종을 허락하지 않는다. 일본은 오랫동안 디플레이션에 시달리고 있다. 약간의 인플레이션은 적정한 성장과 소비를 촉진한다. 그런데 디플레이션은 경제를 망쳐버린다. 가격이 오늘보다 내일 더 싸기 때문에 디플레이션이 발생하면, 소비가 위축되고 경제규모가 줄어든다. 일본의 디플레이션을 만든 것은 역시나 정치인의 꼼수다. 일본의 잃어버린 10년이니, 20년이니, 심지어 30년이니 하는 것이 모두 정치인의 꼼수 때문에 생긴 것이다.

일본경제는 정말 어렵다. 일본은 국가부채가 GDP의 220%에 달했는데 계속 증가하고 있다. 2011년 11월 스탠다드앤푸어스가 일본의 신용등급을 하향조정할 뜻을 내비쳤다.[51] 스탠다드앤푸어스는 2011년 4월에도 일본 신용등급을 AA-로 낮추고 부정적 등급전망을 제시한 바 있다. 마침내 2012년 5월 G3 일본의 신용등급이 우리나라와 똑같은 등급

51 "S&P 'May Be' Close to a Japan Downgrade" *Bloomberg.com* (November 24, 2011)

(A+)로 떨어졌다.

일본경제의 이렇게 엄청난 부채는 가계소득의 지속적인 감소에 따른 소비경제의 지속적인 침체와 수십 년에 걸친 비효율적 경기부양의 결과다. 그런데 일본의 가계소득이 증가할 조짐은 전혀 보이지 않는다. 따라서 미래에도 경기부양과 국가부채증가가 지속할 수밖에 없다.

가계소득 감소는 정치인과 관료집단이 만든 담합경제Cartel Economy 때문에 발생했다.[52] 전체 가계소득 감소분의 3/4은 정부의 압력과 은행의 담합으로 인한 마이너스 실질 예금이자율 때문에 발생했고, 나머지 1/4은 임금감소 때문이다. 미국은 소비자 저축계좌가 전체 가계저축의 20%에 불과한데 일본은 67%나 된다. 그런데 1980년대 후반까지 재무성이 은행의 담합을 유도해서 저축계좌의 이자율을 인플레이션보다 낮게 책정했고, 마이너스 실질이자율을 만들었다. 정치인이 경쟁력 없고, 영업이익을 전혀 못 내는 유령 기업들에 자금을 공급하라고 은행에 압력을 넣었다.

증권사들이 주식의 최소 매입단위를 1,000주로 높여 가계가 주식투자를 하기 어렵다. 내수제조업과 서비스부문의 기업들이 카르텔을 결성하도록 유도해서 신규진입을 막았다. 국내기업들이 경쟁하지 않아 효율이 떨어지고 제품가격이 상승해서 실질 가계소득이 떨어졌다. 기업의 카르텔이 주식배당을 줄여 가계소득 상승을 억제한다. 정치인과 관료

52 박훈탁, "일본 경제회복의 정치경제: 경제회복의 지속가능성을 시사하는 새로운 인센티브 구조"「대한정치학회보」 제14집 1호 2006, 252-7

집단이 이러한 담합경제를 만들고 뒤를 봐준 것이다.

고이즈미 총리의 개혁은 성공적이었지만 담합경제가 워낙 강력해서 아직도 선순환을 정착시키지 못하고 있다.[53] 고이즈미가 고용법을 개혁해서 기업의 경쟁을 촉진하는 인센티브를 도입했다. 기업의 카르텔을 와해시킬 수 있는 새로운 지주회사 및 회계법을 마련했다. 더욱 많은 경쟁을 도입하는 반독점법을 만들었고, 공정거래위원회를 강화했다. 은행이 유령기업에 자금지원을 하지 못하도록 은행법도 바꿨다. 우체국이 유령기업의 자금원이 되는 것을 막으려고 민영화를 해버렸다. 정치개혁도 했다. 후보가 자신과 직접적 관련이 없는 지지자의 불법행위까지 법률적으로 책임을 지게 하는 연좌제를 도입한 것이다. 그런데도 담합경제가 너무나 강력해서 고이즈미의 성공적 개혁에 따른 선순환이 발생하지 않는다.

한편, 유럽의 부채위기도 정치인의 꼼수 때문에 근본적인 해결이 어렵다. 스페인의 경우, 공공재정은 건전하다. 문제는 독일계 은행들의 방만한 대출로 인한 주택거품이다. 그런데 독일의 정치인들이 이러한 사실을 유권자들에게 감추고 있다.[54] 유럽의 부채위기를 근본적으로 해결하지 않고 미봉책으로 대응하면 부채가 기하급수적으로 증가해서 유로화의 붕괴로 이어질 수 있다. 그런데 유럽의 정치인은 부채위기가 장장 2년에 걸쳐 발전했는데도 그것을 계속 부인했다. 그들은 그리스에 대한

53 박훈탁(2006), 앞의 글, 259-67

54 Paul Krugman, "Europe's Great Illusion" *New York Times* (July 1, 2012)

구제금융이 필요치 않다고 주장했는데 필요했고, 그리스 사태가 다른 나라로 번지지 않는다고 했는데 번지고 있다. 그들은 주권국가는 절대로 채무불이행을 할 수 없고 은행이 더 이상 자본을 확충할 필요가 없다는 터무니없는 거짓말을 일삼았다.

정치인이 꼼수를 부리는 것은 미국도 마찬가지다. 2008년 9월 미국에서 투자은행 리만 브러더스가 부도를 내기 직전에 미국의 정치인들도 유럽의 정치인들처럼 이러한 사태의 발생가능성을 부정하는 거짓말을 일삼았다.

이렇게 정치인의 꼼수는 세계 공통현상일 뿐만 아니라, 단지 사람을 속이는데 그치지 않고 경제를 망쳐버릴 수 있다. 그런데 미국에서 정치인이 부리는 꼼수는 자기네 경제를 망치는데 그치지 않고 글로벌증시 대폭락과 경제위기를 가져오는 핵폭탄 같은 위력을 갖고 있다.

미래에도 글로벌증시 대폭락과 **경제위기는 반복한다**

유일한 초강대국의 단극체계

1920년대의 첫 번째 단극체계

소련의 붕괴와 두 번째 단극체계

도대체 미국의 정체를 어떻게 규정해야 옳은가?

비록 부시 대통령과 그린스펀 의장의 정치적 꼼수가 덮어씌워진 느슨한 통화정책이 글로벌 주택거품을 만들었고, 이것이 2007~2008년 글로벌증시 대폭락과 경제위기를 초래했지만 미국을 이기적인 단극Unipole으로 규정하는 것은 오류이고, 미국의 통화정책 변화에 대한 적절한 대응에 도움을 주지 않는다.

실제로 미국은 이기적인 단극이라기보다는 어설픈 단극이다. 제1차 세계대전으로 유럽경제가 완파된 1920년대 그리고 소련의 붕괴 이후 미국을 유일한 극Pole으로 하는 단극체계Unipolar System가 발생했다. 그때마다 미국은 자유주의 국제경제체계의 재건과 안정을 위해 느슨한 통화정책이라는 '국제 공공재Public Good'를 공급했다.

따라서 미국이 이기적인 단극이라는 비난은 지나친 것이다. 그런데 1920년대와 소련붕괴 이후 미국이 글로벌경제에 공급한 느슨한 통화정책이 자산거품과 국제적 다단계 금융사기로 이어져 엄청난 재앙을 초래했다. 미국은 느슨한 통화정책이 자산거품으로 이어지는 것을 통제하기에는 너무나 어설픈 단극이었다.

이 장은 미국이 어설픈 단극임을 확인한다. 미국은 지금도 매우 느슨한 통화정책을 사용하는데 미래에도 분명 그럴 것이다. 그래서 미래에도 주기적으로 글로벌 자산거품이 일어나고 곪아 터질 것이고, 글로벌증시 대폭락과 경제위기가 주기적으로 반복될 것은 자명하다. 그럴 가능성을 높여주는 두 개의 구조적 조건이 있다. 그들 중 하나가 바로 '단극체계'다.

지금까지 미국을 단극으로 하는 단극체계가 두 번 발생했고, 그때마다 미국이 느슨한 통화정책을 사용해서 자산거품을 일으켰다. 미래에도 미국을 단극으로 하는 단극체계가 상당히 오랫동안 유지될 것이다. 따라서 단극으로서 미국의 정체성과 통화정책을 올바르게 이해하는 것은 우리의 사활이 걸린 매우 중요한 일이다.

저명한 국제정치경제학자 마스탄두노Michael Mastanduno는 미국이 제2차 세계대전 이후 브레튼우즈 체제Bretton Woods System를 만든 '체제형성자System Builder'일 뿐만 아니라, 이기적인 '특권향유자Privilege Taker'라고 주장한다. 그런데 그의 주장은 소련의 붕괴로 발생한 미국을 단극으로 하는 단극체계 하나만 관찰해서 만들어진 것으로 오류다. 분명히 1920년대에 미국을 단극으로 하는 단극체계가 있었다.

1920년대의 단극체계에서 미국은 제1차 세계대전으로 완전히 파괴된 유럽경제의 신속한 재건을 위해 금본위제와 느슨한 통화정책이라는 '국제 공공재'를 제공했다. 그런데 미국의 지나치게 느슨한 통화정책이 주식거품을 일으켰고 이것이 터져 1930년대에 대공황이 발생했다.

소련의 붕괴로 발생한 두 번째 단극체계에서도 미국은 중국과 인도를 비롯한 신흥경제의 글로벌경제 편입으로 발생한 디플레이션 압력을 해소하기 위해 느슨한 통화정책이라는 '국제 공공재'를 공급했다. 그런데 소련이 붕괴하여 미국이 혼자서 초강대국으로 남은 21세기 초의 단극체계에서도 미국은 느슨한 통화정책이 지나치게 오랫동안 지속하면 자산거품이 발생할 수밖에 없다는 것을 깨닫지 못했다.

그때 미국이 사용한 느슨한 통화정책은 '국제 공공재'였다. 공공재란 모든 국가가 대가를 치르지 않으면서 공동으로 사용하는 재화나 서비스다. 만일 그때 미국이 느슨한 통화정책을 사용하지 않았더라면, 글로벌경제가 디플레이션 소용돌이에 빠졌을 것이다.

그런데 미국이 제공한 느슨한 통화정책이라는 '국제 공공재'는 두 번 모두 자산거품과 다단계 금융사기로 이어졌다. 미국을 단극으로 하는 단극체제에서 미국이 공급한 느슨한 통화정책이라는 '국제 공공재'가 국제경제의 안정이 아니라 재앙으로 이어진 것이다.

1920년대 후반 미국의 느슨한 통화정책이 주식거품을 일으켰고, 이 와중에 스웨덴 출신 사업가 크루거Ivar Kreuger의 다단계 금융사기Ponzi Financial Fraud가 발생했고, 마침내 1929년 10월 24일에 주식시장이 무너져 '대공황The Great Depression'이 시작되었다.

21세기에서는 미국의 느슨한 통화정책이 주택거품을 만들었고, 이 와중에 나스닥 회장을 지낸 매이도프Bernard Madoff의 다단계 금융사기가 진행되었고, 마침내 미국에서 주택거품이 터져서 2007~2008년 글로벌증시 대폭락과 경제위기가 시작되었다. 미국은 느슨한 통화정책이라는 '국제 공공재'를 제공했다는 점에서 이기적인 단극은 아니지만, 어설픈 단극이라는 비난은 피할 수 없다.

유일한 초강대국의 단극체계

지구상에서 가장 강한 나라

단극체계는 한 개의 극단적으로 유능한 국가, 즉 오직 한 개의 극 Pole을 가진 국제체계를 의미한다.[1] 단극은 물질적인 능력의 분포보다 정치적 관계와 영향력의 정도를 뜻하는 용어인 패권Hegemony이나 제국Empire과는 다른 개념이다.

오랫동안 국제관계학자들은 극을 다음과 같이 정의하고 있다.

첫째, 목적의 성취를 위해 사용할 수 있는 매우 큰 비율의 자원 또는 능력을 갖췄고 둘째, 인구, 영토, 천연자원, 경제력, 군사력, 그리고 조직-제도적 능력과 같은 국가의 능력을 구성하는 모든 요소가 뛰어난 국가로 정의한다. 단극체계에서는 오로지 단 한 개의 국가만이 이러한 극의 조건을 충족할 수 있다.

1 G. John Ikenberry, Michael Mastanduno, and William C. Wohlforth, "Introduction: Unipolarity, State Behavior, and Systemic Consequences" *World Politics* Vol.61 No.2 (October 2008) 15

국가능력에 관련된 차원을 종합하는 모든 지표가 미국을 큰 격차가 있는 최상위로 분류한다.[2] 국가능력의 측정을 위해서 가장 널리 사용되는 측정은 GDP와 군비지출이다. 2006년 미국은 글로벌 GDP의 1/4을 생산했고, 글로벌 군비의 거의 50%를 지출했다. 2004년 미국이 군사 연구개발R&D을 위해서 지출한 비용은 독일, 일본, 프랑스 그리고 영국의 그것을 합한 액수의 6배 이상이다.

지난 수십 년 동안 미국은 전 세계가 군사 연구개발을 위해 지출한 액수의 절반 이상을 차지했고 통합유럽EU 국가들이 군사 연구개발에 지출한 액수의 3배 이상을 지출했다. 그리고 미국의 하이테크 생산은 중국, 일본, 독일, 러시아, 프랑스 그리고 영국의 생산을 합한 것보다 많다. 미국이 과학기술개발을 위해 지출한 금액은 중국, 일본, 독일, 러시아, 프랑스 그리고 영국의 그것을 합한 액수와 비슷하다.

이렇게 미국에 집중된 경제력과 군사력이 현재의 단극체계를 지난 400년 동안 존재했던 모든 국제체계와 구별한다.[3] 역사학자 폴 케네디는 지금 존재하는 힘의 극단적 불균형이 과거 어느 때에도 없었다고 강조한다. 오랫동안 사용되어온 극성Polarity의 정의와 국가능력의 표준적 측정에 따르면 지금 존재하는 국제체계가 미국을 유일한 극으로 하는 단극체제라는 사실에는 의심의 여지가 없다.

2 Ikenberry, Mastanduno, and Wohlforth, 앞의 글, 6-9
3 Ikenberry, Mastanduno, and Wohlforth, 앞의 글, 10

아이켄베리의 가설[4]

자유주의 국제경제가 작동하려면 자유주의 무역질서, 즉 세계무역기구와 기축통화Key Currency라는 '국제 공공재'가 필요하다.[5] 공공재는 국가 다수가 그것을 생산하는 데 드는 비용을 충분하게 지급하지 않으면서 소비한다. 그런데 지나치게 여러 국가가 공공재의 생산비용을 지급하지 않으면 공공재가 충분하게 공급되지 않는 경향이 발생한다. 그래서 킨들버거는 패권국이 막대한 비용을 부담하면서 자유주의 무역질서와 기축통화라는 '국제 공공재'를 공급해야 한다고 주장한다.

미국과 소련의 양극체제 냉전기에 미국이 자유주의 국제경제의 성장과 안정을 위해서 '국제 공공재'를 제공하는 책임을 혼자 떠안았다. 미국의 국내시장이 자유진영에 속한 국가들의 수출을 받아주었고 달러화를 기축통화로 공급하기 위해 막대한 재정적자를 떠안은 것이다.

이로 인해 자유진영의 경제적 번영이 소련에 대한 그들의 안보동맹을 강화하는 선순환이 발생했다. 그렇다면, 소련의 붕괴로 국제체계가 양극체계에서 단극체계로 변했는데도 불구하고 미국이 계속 '국제 공공재'를 공급할 것인가?

---

4 G. John Ikenberry, *After Victory: Institutions, Strategic Restraint, and the Rebuilding of Order after Major War* (Princeton: Princeton University Press, 2001)

5 Charles P. Kindleberger, *The World in Depression*, 1929-1939 (Berkeley: University of California, 1973)

저명한 국제정치학자 아이켄베리John Ikenberry는 단극체계가 단극이 더욱더 원활하게 '국제 공공재'를 공급하게 하는 유인을 제공한다고 주장한다. 단극체계에서는 단극의 능력이 양극체계에서 갖췄던 능력보다 훨씬 더 크기 때문에 단극이 국제체계의 하위체계Subsystem뿐만 아니라 국제체계 전체에 영향력을 행사할 수 있다.

그래서 단극체계가 단극으로 하여금 '국제 공공재'를 공급하도록 촉구하는 유인이 더욱더 강력해진다는 것이다. 아이켄베리는 단극이 자신의 이해와 가치를 그대로 반영하는 단극체계 속에 '갇혀버리는' 현상이 발생한다고 강조한다.

아이켄베리의 가설은 두 번에 걸쳐 발생한 미국을 단극으로 하는 단극체계에서 미국이 보여준 행태와 일치한다. 1920대의 단극체계에서 미국은 제1차 세계대전으로 완전히 파괴된 유럽경제의 신속한 재건을 위해 금본위제와 느슨한 통화정책이라는 '국제 공공재'를 공급하는 책임을 떠안았다.

소련의 붕괴로 발생한 두 번째 단극체계에서도 미국은 중국과 인도를 비롯한 신흥경제의 글로벌경제 편입 때문에 발생한 디플레이션 압력을 해소하기 위해서 느슨한 통화정책이라는 '국제 공공재'를 공급했다.[6]

6 "Buttonwood: Birth pains" *Economist* (May 14th 2009)

마스탄두노의 가설

그런데 마스탄두노[7]는 단극체계가 단극이 안정적 국제질서를 희생시키면서 자국의 편협한Parochial 이해를 추구하게 하는 유인을 제공한다고 주장한다. 단극에게 경쟁자가 없고 다른 국가의 제약도 받지 않기 때문에 그렇다는 것이다.

마스탄두노는 미국과 소련의 양극체제에서 미국이 보여준 행태가 단극체계에서도 그대로 나타난다고 주장했다. 미국이 제2차 세계대전 종전 이후 자유주의 국제경제체계의 '체계형성자'이자 이기적 '특권향유자'였으며 국제경제체계의 변화에 대한 '적응비용Adjustment Cost'을 동맹국들에게 떠넘겼는데 이러한 행태가 소련이 붕괴하여 발생한 단극체계에서도 유지된다는 것이다.

마스탄두노 가설의 오류

국제정치학자 저비스Robert Jervis는 미국의 국가능력이 너무나 우월해서 미국이 국제경제체계의 보편적 이해를 추구해도 자국의 편협한 이해를 추구하는 것으로 오해를 받는다고 예측했다.[8]

실제로 미국이 미소 양극체계에서든 단극체계에서든 국제경제체계의 체계형성자이면서 또한 자국의 편협한 이해를 추구하는 특권

7 Michael Mastanduno, "System Maker and Privilege Taker: U.S Power and the International Political Economy" *World Politics* Vol.61 No.1 (October 2008)

8 Robert Jervis, "Unipolarity: A Structural Perspective" *World Politics* Vol.61 No.1 (October 2008)

향유자일 뿐이고 국제경제체계의 변화에 대한 적응비용을 동맹국들에게 전가해왔다는 마스탄두노의 가설은 저비스가 예측한 반미주의 오해에 불과하다.

마스탄두노의 주장과 달리 적어도 단극체계에서는 미국이 안정적 국제질서를 희생시키면서까지 자국의 편협한 이해를 추구한 사례가 없다. 20세기 초 루스벨트 대통령이 달러화를 평가절하하고 인플레이션을 일으켜 대외부채의 75%를 소각해버렸다.[9] 사실상 채무불이행을 감행한 것이다. 분명히 이것은 마스탄두노도 몰랐던 미국이 국제질서를 해치면서 자국의 편협한 이해를 추구한 사례다.

그런데 이것은 1920년대 단극시대가 끝나고 금본위제가 무너진 1930년대 초에 발생했다.[10] 미국이 국제질서를 해치면서 자국의 편협한 이해를 추구했다고 마스탄두노가 제시한 사례들도 미소 양극체제, 즉 냉전시대에 발생한 것이며 단극체계에서 발생하지 않았다. 그리고 그것조차 미국이 자국의 편협한 이해를 추구했다기보다 무임승차하는 동맹국에게 비용분담을 요구한 것이다.

9 최근 미국의 중앙은행 연방준비제도이사회 의장을 지낸 볼커는 미국이 또다시 1930년대에 그랬던 것처럼 달러화를 마구 찍어내어 달러화 가치를 떨어뜨리고 인플레이션을 일으켜 사실상의 채무불이행을 감행할 것이라는 중국의 우려를 간단하게 일축했다. 그러나 약 2조 달러의 외화보유액를 가진 중국은 미국이 달러화의 평가절하와 인플레이션으로 사실상의 채무불이행을 단행할 것에 대비하여 달러화 표시 외화보유액를 금으로 바꾸고 있다. 이로 인해 국제 금 가격이 계속 오르고 있다: "Volcker: China Chose to Buy Dollars" *Wall Street Journal* (March 24, 2009)

10 루즈벨트의 통화정책에 관해서는 다음을 참조하라: Robert L. Hetzel, *The Monetary Policy of the Federal Reserve: A History* (Cambridge: Cambridge University Press, 2008) 23-7

21세기의 단극체계에서 급증한 미국의 부채도 미국이 편협한 이해를 추구한 결과라기보다는 중국과 인도를 비롯한 신흥경제의 수출을 대대적으로 받아준 결과였다. 이제 마스탄두노가 범한 오류를 조목조목 구체적으로 찾아보자.

마스탄두노는 제2차 세계대전 이후 미국이 만든 브레튼우즈 체제라는 자유주의 국제경제질서가 오로지 미국의 서유럽 동맹국과 일본의 경제재건을 위한 것이었다고 강조했다.[11] 미국이 개발도상국가들의 유치산업을 차별적으로 보호하는 국제무역기구ITO를 무산시키고 관세 및 무역에 관한 일반협정GATT을 출범시켰다. 이것은 미국이 추구하는 '다자주의Multilateralism'와 '무차별주의Nondiscrimination'를 반영했다.

그리고 미국이 세계중앙은행을 만들어 개발도상국들의 경제발전을 도모하기보다는 자유무역의 강화를 원했고 이를 위해 국제통화기금을 만들었고 이것의 기금을 사용하는 국가에게 긴축을 통한 인플레이션 억제를 강요했다고 비난했다.

그리고 그는 브레튼우즈 체제가 무역, 금융, 그리고 안보에 관한 미국과 동맹국 간의 암묵적 거래에 기초를 두었다고 지적했다.[12] 서유럽과 일본은 미국으로부터 신속한 경제회복을 위해 긴급히 요구되는 자금대출, 무상공여 그리고 외국인직접투자를 받았다.

미국은 국내시장에 들어오는 서유럽과 일본의 수출품에 대한 관

11 Mastanduno, 앞의 글

12 Mastanduno, 앞의 글, 129

세를 낮췄고 그들이 미국의 수출품에 높은 관세를 부과하는 것을 눈감아주었다.

서유럽은 미국을 나토에 가입시켜 안보비용을 줄였고 일본은 미일상호방위조약으로 안보비용을 줄였다. 한편, 서유럽과 일본의 경제성장은 미국의 수출품과 해외직접투자를 위해 방대한 시장을 조성해주었고, 유럽과 동아시아는 미국을 위해 강력한 반공전선을 구축했다.

그런데 브레튼우즈 체제가 단지 미국의 서유럽 동맹국과 일본의 경제재건을 위한 것이었다는 마스탄두노의 주장은 전혀 사실이 아니며 반미주의 편향성에 불과하다. 미국이 개발도상국가의 유치산업을 차별적으로 보호하는 국제무역기구를 무산시킨 것이 오히려 개발도상국의 경쟁력 향상에 도움을 주었다.

마스탄두노가 비판한 관세 및 무역에 관한 일반협정의 다자주의와 무차별주의가 서유럽과 일본을 제외한 나머지 자유세계 개발도상국들에게도 전례 없는 경제성장의 기회를 제공했다.

홍콩, 대만, 싱가포르, 그리고 한국의 수출을 통한 급속한 경제성장은 관세 및 무역에 관한 일반협정의 다자주의와 무차별주의 때문에 가능했다. 한국도 미국으로부터 자금대출, 무상공여 그리고 외국인직접투자를 받았다. 한국은 브레튼우즈 체제 덕분에 최빈국에서 미국의 중요한 동맹국으로 성장할 수 있었다.

한편, 마스탄두노는 미국이 무역의 결제수단과 가치저장 수단으로 사용되는 달러화의 가치를 안정시키는 책임을 떠안았고 그 때문에 엄청난 특권을 누렸으나 그 책임과 특권에는 피할 수 없는 모순이 내재해 있었다고 지적했다.[13]

미국은 달러화의 안정을 위해 금 1온스를 35달러에 고정하고 금과 달러화의 완전한 태환성Convertibility[14]을 허용했다. 서유럽과 일본이 달러화를 대량으로 보유해주었기 때문에 미국의 대외부채는 달러화를 발행해서 빌려주는 것으로 쉽게 해결할 수 있었다.

그래서 미국은 큰 단기적 비용 없이 광범위한 국내외 정책을 펼칠 재원을 마련할 수 있었다. 그런데 트리핀Robert Triffin이 이러한 통화체계의 모순을 인식했다. 미국이 세계경제에 유동성을 공급하면서 엄청난 재정적자가 발생해서 가치저장 수단으로서 달러화의 신뢰를 크게 무너뜨린 '유동성과 신뢰의 역설Liquidity-confidence Paradox'이 발생한 것이다.

그래서 1971년 닉슨 대통령이 달러화의 금태환 정지를 선언하기 전까지 1960년대에 경제재건을 완료한 서유럽과 일본이 달러과잉으로 인한 달러가치 하락을 막으려는 미국을 도왔다.[15] 미국의 금보유고가 줄고 국외의 달러화 보유가 증가하여 달러가치가 하락하고 금 가격이 급등하자 프랑스를 제외한 서유럽과 일본의 중앙은행이 1961년 금을 모아 런던시장에 공급하여 미국이 유럽에서 금의 수요

13 Mastanduno, 앞의 글, 129-31

14 태환성이란 교환성을 의미한다.

15 Mastanduno, 앞의 글, 131-2

를 맞추는 것을 도왔다.

서유럽과 일본의 중앙은행들이 금보유고를 줄이려고 달러화로 표시된 미국 재무성채권 매입을 시작했다. 서유럽의 재무장관들이 1961년 G10을 만들고 통화위기를 대비해 60억 달러의 공동기금을 조성했다. 독일이 미국의 요청에 따라 1967년과 1968년 보유한 잉여 달러로 미국의 무기를 구매했다. 달러화에 대한 하락압력이 증가했으나 서독 중앙은행은 달러를 계속 보유하고 미국에 금을 요구하지 않겠다고 약속했다.

마스탄두노는 이러한 1960년대의 적응이 미국의 안보위협으로 강제된 것이었다고 강조했다.[16] 1967년 11월 유럽 통화시장Euro-currency Markets에서 투기세력의 매도로 과대평가된 영국의 파운드화가 폭락하고 영국에 외환위기가 발생해서 과대평가된 달러화에 대한 매도공세가 예측되었다. 매도공세를 통한 달러화 가치의 하락을 막는 가장 확실한 방법은 서유럽에서의 미군철수였다.

1967년 존슨 행정부는 서독에서 1개 사단을 철수했고 유럽을 무임승차자라고 비난한 의회는 더 많은 철수를 고려했다. 1968년까지 존슨 대통령이 동맹국에 금의 시장가격을 올리려는 프랑스에 협조하지 말라고 요구했고, 동맹국들은 그들의 저평가된 화폐를 방어하기 위해 달러화로 채워진 외화보유액을 유지했다. 이렇게 서유럽이 1960년대에 발생한 국제정치경제질서의 변화에 대한 적응비용을

16 Mastanduno, 앞의 글, 132-6

떠안은 것은 소련의 핵위협에 대한 미국의 안보약속을 보장받기 위한 것이었다.

1960년대의 적응이 미국의 안보위협으로 강제되었다는 마스탄두노의 주장도 일방적인 반미주의 편향성에 불과하다. 1960년대에 소련의 핵위협이 실제로 존재했다는 것은 누구도 부인할 수 없는 사실史實이다. 그리고 만일 미국의 안보위협이 없었더라면 서유럽 동맹국들과 일본의 안보 무임승차를 막을 수 없었을 것이다. 미국의 안보위협 때문에 서유럽과 일본이 국제정치경제질서에서 발생한 변화에 대한 적응비용을 떠안았다는 주장은 단지 반미주의 편향성일 뿐이다.

그리고 마스탄두노는 1970~1980년대에 미국이 보호주의 압력을 완화하기 위해 노력한 것도 미국의 편협한 이해를 도모한 것이었다고 비판했다.[17] 1973년부터 6년 동안 미국이 일본과 저개발국의 비관세장벽을 제거하려고 도쿄라운드Tokyo Round를 시작했으나 실패했다. 이에 미국이 불공정 무역파트너에게 보복을 허용하는 '슈퍼 301조'를 만들었고 1989년 부시 행정부가 일본과 브라질과 인도에 '슈퍼 301조'를 적용했다. 마스탄두노는 미국의 무역파트너에게 '슈퍼 301조'는 국가 간 무역 분쟁에서 미국을 검사와 배심원과 판사로 만드는 부당한 특권이었다고 강조한다.

그리고 마스탄두노는 1980년대 레이건 행정부의 일련의 이기적

17 Mastanduno, 앞의 글, 137-8

인 경제정책이 서유럽에 재앙을 가져왔다고 비판한다.[18] 레이건 대통령이 인플레이션 퇴치를 위해 통화긴축, 감세를 통한 경기활성화 그리고 소련과의 군비경쟁에서 우위탈환을 위한 1조 5,000억 달러의 무기구매를 단행하여 자금수요가 급증하자 이자율이 급등하고 달러화가 절상되었다.

그리고 이것이 1981~1982년 깊은 경기후퇴를 초래했고 기록적 재정적자가 발생했다.[19] 미국의 높은 이자율이 서유럽의 자본을 끌어당겨 미국의 적자를 메우자 유럽에 자금 가뭄이 들었다. 그래서 서유럽의 중앙은행들이 이자율을 미국 수준으로 끌어올렸고 서유럽에 심각한 경기후퇴가 발생했다. 1981년과 1982년 G7정상회담에서 유럽의 재정장관들이 미국 재정장관에게 '예수 탄생 이래 최고의 실질이자율'을 낮추도록 촉구했으나 레이건 행정부는 이자율과 환율 정책을 조정할 의무가 없다면서 거절했다.

또한, 마스탄두노는 미국이 1980년대에 발생한 국제정치경제질서의 변화에 대한 적응비용도 동맹국들에게 떠넘겼다고 비판한다.[20] 1983년 미국이 이자율을 낮추고 미국경제가 회복하자 유럽의 경제후퇴가 해소되었다. 미국의 수입이 1984년 40년 만에 최대로 27% 증가했고 미국시장이 경제협력개발기구 수출의 70%를 차지했다. 유럽과 일본이 과대평가된 달러화 덕분에 미국에서 수출경쟁력을 가질 수 있었다.

18 Mastanduno, 앞의 글, 140

19 재정적자가 1981년 74억 달러에서 1986년 2,380억 달러로 급증했다.

20 Mastanduno, 앞의 글, 140-2

그런데 1985년 강한 달러가 기록적 무역적자를 초래해서 의회의 강력한 보호주의를 일으켰다. 이에 레이건 행정부가 일본과 독일에 통화의 평가절상을 요구했고 1985년 플라자협약The Plaza Accord이 체결되었다. 1985년 9월부터 1987년 2월까지 달러화 대비 엔화가치가 240엔에서 150엔으로 그리고 마르크화 가치는 2.85마르크에서 1.85마르크로 절상되었다. 이로 인해 엔화의 고평가가 1980년대 후반 거품경제 붕괴와 깊은 경기후퇴 그리고 10년 장기불황으로 이어졌다.

그리고 미국은 1987년 2월 루브르협약The Louvre Accord으로 일본과 독일에게 재정팽창과 통화팽창을 강요했다. 1980년대 소련으로부터의 안보위협이 증가했기 때문에 일본은 동맹국 미국의 요구를 거절할 수 없었다. 서독도 사정은 마찬가지였다.

사실, 1970~1980년대 미국의 행태에 관한 마스탄두노의 비판도 반미주의 편향성에 불과하다. 슈퍼 301조는 특히 일본의 교묘한 비관세 무역장벽을 제거하기 위한 불가피한 조치였다. 그리고 1980년대 레이건 행정부가 단행한 일련의 경제정책은 소련과 군비경쟁을 위한 것이었고 이것이 소련의 붕괴를 초래해서 유럽의 안보가 개선되었기 때문에 서유럽 동맹국이 피해를 봤다는 주장은 성립하지 않는다.

그리고 1983년부터 미국이 유럽의 건의를 받아들여 이자율을 크게 내렸고 이것이 유럽경제의 회생에 결정적으로 이바지했다. 통화평가절상을 압박한 플라자협약이 일본경제의 붕괴를 초래했다는 주장도 일방적이다. 일본뿐만 아니라 서독도 플라자협약에 따라 통화의 평가절상을 단행했다. 그런데 서독경제는 괜찮은데 일본경제만 무너졌다면 이것의 책임은 통화 평가절상을 요구한 미국이 아니라 일본 자신에게 있다. 일본경제는 통화의 평가절상이 아니라 경쟁을 하지 않는 담합경제 때문에 무너졌다.[21]

그리고 마스탄두노는 소련의 붕괴로 1990년대에 발생한 단극체계가 미국에 자국의 편협한 경제적 이해를 추구하게 하는 강력한 유인을 제공했다고 주장했다.[22] 미국이 우루과이 라운드Uruguay Round를 통해 개도국에 대한 특혜를 없앴고 그들을 다자간무역협상에 편입시켰다. 정치적으로 민감한 농업과 섬유무역의 자유화 그리고 관세 및 무역에 관한 일반협정은 엄두도 못 냈던 서비스와 지적재산권 보호 이슈를 관철해 자유시장질서를 심화시켰다.

1995년 무역 분쟁의 해결을 위해서 관세 및 무역에 관한 일반협정보다 더 강력한 강제력으로 무장한 세계무역기구WTO가 출범했다. 클린턴 대통령이 '워싱턴 합의Washington Consensus'를 밀어붙여 세계 각국의 은행과 주식 및 채권시장의 개방과 자유화를 관철했다. 이 때문에 1997~1998년 동아시아에서 금융위기가 번져나갔다. 국제통화기금은 구제금융을 받은 한국을 비롯한 동아시아 국가들에게 더 많은 자본시장 개방과 자유화를 요구했다.

21 Richard Katz, *Japan the System That Soured: The Rise and Fall of the Japanese Economic Miracle* (New York: M. E. Sharpe, 1998); Richard Katz, *Japanese Phoenix: The Long Road to Economic Revival* (New York: M. E. Sharpe, 2002)

22 Mastanduno, 앞의 글, 143-4

그런데 마스탄두노의 주장과 달리 1990년대 단극체계에서 미국이 보여준 행태는 미국의 편협한 경제적 이해가 아니라 글로벌경제의 전체적 이해를 추구한 것이다. 장기적으로 우루과이 라운드가 개발도상국의 농업과 서비스부문의 생산성을 꾸준히 향상시키고 있다.

세계무역기구가 중국을 가입시켜 글로벌경제의 새로운 성장 동력을 마련했다. 중국이 미국에서 제조업부문의 공동화를 초래했기 때문에 미국이 세계무역기구를 통해 편협한 경제적 이해를 추구했다는 주장은 성립하지 않는다.

워싱턴 합의를 통한 세계 자본시장의 통합도 장기적으로는 부정적인 것이 아니다. 우리나라의 자본시장이 개방된 이후 외국인 자본이 주식시장에서 시가총액의 40% 안팎을 점하게 되었다. 그런데 이 과정에서 낙후된 우리나라의 주식시장이 급격한 근대화로 인해 성공한 것을 부인할 수 없다.

덕분에 지금은 수많은 증권전문가가 활동하고 있고 일반인도 다양한 객관적 지표와 차트를 가지고 주식시장에서 직접투자에 나서 수익을 창출할 수 있게 되었다. 시간이 흐를수록 자본시장 개방의 장점이 확대될 것이다.

마스탄두노의 가설은 반미주의 편향성으로 가득할 뿐만 아니라 미소 양극체계에서 미국의 행태와 소련의 붕괴로 발생한 단극체계에서 미국의 행태를 혼동하고 이것을 단극체계의 특성이라고 일반화해버리는 방법론상의 오류를 범했다. 그는 미소 양극체계의 연장선상에서 소련붕괴 이후 단극체계를 관찰하는 바람에, 미소 양극체계에서 미국이 보여준 행태와 소련의 붕괴 이후 단극체계에서 미국의 행태에서 차이점을 발견할 수 없었다.

단극체계에서 미국의 행태와 양극체계에서 미국의 행태가 똑같았던 것이다. 소련붕괴 이후에 발생한 단극체계 하나만 관찰했기 때문에 이런 문제가 발생한 것이다. 그런데 단극체계는 인류의 역사에서 두 번 발생했다.

1920년대의 첫 번째 단극체계

미국의 단극체계

제1차 세계대전 종전 이후 1920년대에도 미국을 단극으로 하는 단극체계가 있었다. 그런데 이 첫 번째 단극체계에서 미국이 보여준 행태는 단극체계가 단극국가에게 안정적인 국제질서를 희생시키면서 자국의 편협한 이해를 추구하게 하는 유인을 제공한다는 마스탄두노의 가설을 부인하고 단극체계가 단극국가에게 더욱 더 원활하게 '국제 공공재'를 공급하게 하는 유인을 한다는 아이켄베리의 가설을 지지한다.

극Pole의 조건을 만족하게 하는 국가의 수는 변화를 거듭했다.[23] 국제관계학자들은 1945년 이전에는 4개 이상의 국가들이 극으로서 자격을 갖췄고 1950년경에는 2개의 국가만이 극으로서 측정되었으며 1990년대에는 그들 중 하나가 사라졌다는데 동의한다. 일본, 중

23 Ikenberry, Mastanduno, and Wohlforth, 앞의 글, 6

국, 인도, 러시아 그리고 EU와 어떠한 유럽국가도 극으로서 조건을 갖추지 못했다.

그런데 적어도 1920년대는 미국을 유일한 극으로 하는 단극체계였다. 1945년 이전에 극으로서 자격을 갖췄던 4개 이상의 국가 중에서 미국을 제외한 모든 국가가 제1차 세계대전에 참전하여 경제가 완전히 파괴되었다. 1920년대에는 미국을 제외한 모든 강대국이 경제재건을 위해 미국의 도움이 절대적으로 필요했다.[24] 1920년대에는 미국의 물질적 능력이 압도적이었다.

1920년대 단극체계에서 미국이 보여준 행태는 마스탄두노의 가설을 부인하고 아이켄베리의 가설을 지지한다. 1920년대 단극체계에서 미국이 안정적 국제질서를 희생시키면서 자국의 편협한 이해를 추구했다는 증거는 찾을 수 없다. 1920년대에 미국은 금본위제를 회복시키고 재할인율을 인하하는 느슨한 통화정책을 사용하여 제1차 세계대전으로 무너진 유럽경제의 재건을 위해 유동성을 공급했다.

금본위제의 재건

금본위제Gold Standard는 중앙은행이 없어도 경제의 금융건전성Rectitude을 확보하는 방향으로 작동하는 경향이 있다.[25] 금본위제에

24 Jeffrey A. Frieden, *Global Capitalism: Its Fall and Rise in the Twentieth Century* (New York: W. W. Norton & Company, 2006) 127-252

25 Michael D. Bordo and Finn E. Kydland, "The Gold Standard as a Commitment Mechanism"; Michael Bordo and Hugh Rockoff, "The Gold Standard as a Good Housekeeping Seal of Approval" in Michael D. Bordo, *The Gold Standard and Related Regimes: Collected Essays* (Cambridge: Cambridge University Press, 1999)

서는 금보유고가 발행 가능한 화폐의 수량을 결정한다. 그래서 어떠한 이유로든 금이 국외로 빠져나가면 통화 공급이 줄어들고 구매력이 감소한다.

이것이 수요를 감소시켜서 기업이 제품의 가격을 내릴 수밖에 없고 노동자의 임금상승을 억제한다. 수출보다 수입을 더 많이 해서 금보유고가 줄어든 국가는 임금과 가격 그리고 지출을 줄일 수밖에 없다. 그런데 이러한 조정과정을 거치면 경제가 회복된다. 외국인이 저렴한 국내 상품을 구입하게 되고 내국인들이 수입을 줄이게 된다. 수입이 줄고 수출이 늘면 금보유고가 증가해서 경제가 균형을 회복하게 된다.

모든 산업국이 금본위제를 채택한 19세기 후반의 금본위제 전성기에는 런던이 세계금융의 중심이었고 영국은행Bank of England이 파운드화의 금 가격을 결정했다.[26] 1890년대 후반 남아프리카에서 금광이 발견되었고 금을 효과적으로 추출하는 청화법Cyanide이 개발되어 금의 공급이 원활해지면서 만성적 디플레이션이라는 금본위제의 본질적 한계가 극복되었다. 제1차 세계대전이 발발했을 때까지 이어진 약간의 인플레이션이 금본위제도의 역동성을 말해준다.

미국도 19세기 말에는 금본위제를 채택했고 뉴욕 월가의 금융세력들이 중앙은행의 필요성을 절감했다.[27] 1896년 대통령 선거에서 금본위제를 옹호한 맥킨리William McKinley가 은본위제를 주장한 포퓰

---

26 Hetzel, 앞의 글, 11

27 Hetzel, 앞의 글, 12

리스트 브라이언William Jennings Bryan을 가까스로 누르면서 미국도 금본위제를 채택했다. 금태환성이 지폐Fiat Money에 가치를 제공했다.

그런데 심지어 금본위제도 아래에서도 지폐의 금 태환 불가능성에 관한 공포가 간혹 금융공황을 일으켰다. 특히 1907년에 발생한 금융공황이 중앙은행의 필요성을 부각시켰고, 뉴욕의 금융공동체가 런던의 지배적 지위에 대한 그들의 도전을 적극적으로 뒷받침해줄 수 있는 강력한 중앙은행을 원했다.

연방준비제도이사회의 설립

1913년 최후의 통화 공급자로 설립된 미국의 중앙은행 연방준비제도이사회가 금융공황의 종식을 위해 '실질화폐Real Bills' 원칙을 채택했다.[28] 이것은 은행의 지급불능과 예금인출사태를 초래하는 자산 투기를 막자는 것이다.

투기적 신용확대가 자산가격의 인플레이션을 초래했고 부풀려진 자산 가격이 하락해서 자산매각과 재고청산을 강요했다. 이 때문에 디플레이션이 발생했고 이것이 금융시장 붕괴와 경기후퇴로 이어졌다. 실질화폐 원칙은 비생산적 사용을 위한 투기적 신용확대를 막아 이러한 사태를 근본적으로 차단하자는 것이다.

1920년대에 유럽이 제1차 세계대전으로 파괴된 금본위제 재건에 합의했고 세계 통화시스템에 대한 재량권을 갖게 된 뉴욕 연방준비제도이사회가 유럽의 전후 인플레이션을 억제하는 데 성공했

28 Hetzel, 앞의 글, 12

다.[29] 제1차 세계대전 기간에 유럽 정부들이 단기부채를 마구 발행하여 전비를 충당했고 이자율을 낮게 고정하려고 금본위제를 포기했다.

그래서 전후에 심각한 인플레이션이 지속하였다. 그런데 금본위제가 재건되고 뉴욕 연방준비제도이사회가 금보유고를 대대적으로 늘리면서 금이 빠져나간 유럽에서 인플레이션이 사라졌다.

금본위제에서는 금보유량이 통화량을 결정하기 때문에 금이 미국으로 대거 빠져나간 유럽에서 통화량이 줄어 인플레이션이 사라지는 현상이 발생한 것이다. 그런데 미국에서는 금보유량이 급증했는데도 경제성장 속도가 워낙 빠르고 자금수요가 계속 발생해서 인플레이션이 발생하지 않았다.

■ 느슨한 통화정책과 주식거품, 그리고 다단계 금융사기

유럽의 경제재건이 본격화되면서 유럽에서 막대한 자금수요가 발생했고 1919년부터 뉴욕 연방준비제도이사회가 재할인율을 낮추는 느슨한 통화정책으로 유럽에 유동성을 공급했다.[30] 재할인율이란 시중은행이 기업으로부터 할인하여 매입한 어음을 중앙은행이 다시 할인하여 매입할 때 적용하는 금리다. 미국에서는 민간은행이 재할인을 하는 경우가 드물지만, 재할인율이 모든 금리의 하한선으로 이용되어 상징성과 파급효과가 있다.

29 Hetzel, 앞의 글, 13-4

30 Hetzel, 앞의 글, 13-4

그래서 미국에서는 통화량을 조절할 때 가장 중요한 정책수단으로 재할인율을 사용한다. 재할인율을 인하하면 중앙은행으로부터 자금을 조달하는 은행의 비용이 줄어들고 통화량이 증가하여 기업의 활동이 촉진된다. 미국이 1913년 이전에 세계의 금 22%를 보유했고 1918년에는 38%를 보유했다. 그런데 1919년 뉴욕 연준리가 재할인율을 떨어뜨리기 시작하자 미국에 머물던 금이 더 높은 수익을 찾아서 유럽으로 대거 빠져나갔다. 지속적인 인하로 미국의 재할인율이 1919년 말에 4%로 떨어졌다.

그런데 그 후 미국의 통화정책이 일관성을 잃고 우왕좌왕하는 바람에 미국 주식시장에서 주가거품이 발생했다. 미국의 재할인율이 너무 많이 떨어지고 통화량이 지나치게 증가하면서 인플레이션이 발생했고 주식가격이 치솟았다. 그러자 뉴욕 연준리가 인플레이션과 주가상승을 억제하기 위해서 실질화폐 원칙에 따라 1919년 말부터 1920년 6월까지 재할인율을 7%로 급격하게 인상했다. 그런데 이것이 미국으로 금의 대대적 유입을 초래했고 이 때문에 유럽에서 심각한 자금부족이 발생했다.

1924년 여름 뉴욕 연준리가 재할인율을 3%로 크게 떨어뜨렸다. 그래서 금이 금본위제로의 복귀를 원하는 영국으로 들어가게 됐다.[31] 재할인율 인하로 미국에서 통화량이 급격하게 증가했고 주가거품이 계속 부풀어 올랐다. 그런데 1927년 8월 영국, 프랑스, 그리고 독일의 중앙은행이 뉴욕 연준리에게 재할인율을 더 낮추어 달라고 요구했고

31 Hetzel, 앞의 글, 16

뉴욕 연준리가 금본위제 원칙에 따라 그들에게 금이 유입된 이후에 재할인율을 또 낮췄다. 그러자 월가의 금융전문가들은 뉴욕 연준리가 지나치게 저렴한 신용을 창출하여 주가거품을 일으켰다고 비난했다. 그런데 이미 주가거품이 엄청나게 부풀어 오른 상태였다.

뉴욕 연준리가 주가거품 해소를 위해 실질화폐 원칙에 따라 재할인율을 인상했고 마침내 1929년 10월 24일 주가거품이 깨지기 시작했다.[32] 대공황이 시작된 것이다. 1928년 5월부터 1929년 8월까지 뉴욕 연준리가 재할인율을 3.5%에서 급격하게 6%로 올리면서 주가거품이 빠지기 시작했다.

1929년 초 연준리가 모든 회원 은행에게 주식매입을 위한 대출을 하지 말라고 지시했다. 금융시장의 모든 이자율이 재할인율보다 크게 높아졌다. 주가폭락과 이자율 급등으로 기업의 부도사태가 발생했고 첫 번째 예금인출사태가 1930년 10월에 발생했다. 그리고 두 번째 예금인출사태는 1931년 5월, 세 번째가 1933년 1월에 발생했다. 1929년 말부터 1933년 3월까지 명목소득이 무려 53% 감소했고 실질소득은 36% 감소했다. 주식시장의 시가총액 1/3이 사라졌다. 대공황이 본격적으로 진행된 것이다.

미국의 주가폭락과 금융위기가 유럽으로 번졌고 결국 1930년대 초 금본위제가 무너지고 말았다.[33] 1929년 초 유럽의 중앙은행들이 금 유출을 막으려고 재할인율을 인상했으나 1931년 여름부터 금융

32 Hetzel, 앞의 글, 16-7

33 Hetzel, 앞의 글, 22-3

공황이 독일과 영국으로 번졌다. 갑자기 미국의 금보유고가 1929년 초에 증가해서 1931년 9월에 50억 달러가 되었다. 미국으로 금 유입이 최소한의 금을 보유한 독일과 오스트리아의 금본위제를 무너뜨렸다. 독일 중앙은행이 금 유출을 막으려고 재할인율을 1929년 6~7월 5%에서 15%로 올렸고 은행시스템 붕괴를 막으려고 뉴욕 연준리에 대출을 신청했으나 거절당했다.

독일의 은행에게 대출해준 영국이 1931년 9월에 스털링화의 금태환을 정지했고, 미국에서는 1931년 8월부터 11월까지 6억 달러 이상의 금 유출이 발생했다. 이에 뉴욕 연준리가 재할인율을 1.5%에서 3.5%로 올리자 시장금리가 치솟았다. 프랑스가 프랑화를 절하하고 금본위제로 돌아와 금보유고를 1928년 6월 11억 달러에서 1931년 9월 23억 달러로 증가시키자 금이 고갈되었다. 이에 미국과 프랑스가 금을 무차별적으로 흡수하면서 1931년 5월 비엔나의 크레딧안슈탈트Kreditanstalt 은행이 파산했고 유럽의 은행들이 연이어 파산해서 금본위제가 깨졌다.

한편, 미국의 느슨한 통화정책으로 주식거품이 발생한 1920년대에 스웨덴 출신 금융가 크루거의 다단계 금융사기가 발생했다.[34] 그

34 John Kenneth Galbraith, *The Great Crash of 1929* (New York: Mariner Books, 1977); Charles P. Kindleberger and Robert Aliber. *Manias, Panics and Crushes: A History of Financial Crisis.* (New York: Wiley, 2005); Frank Partnoy, *The Match King: Ivar Kreuger, The Financial Genius Behind a Century of Wall Street Scandals.* (New York: Public Affairs, 2009); "Fraud and financial innovation: The match king Ivar Kreuger was the worlds greatest swindler. He would have thrived today" *Economist* (December 22th 2007)

는 20대 초에 뉴욕으로 건너가 건설엔지니어로 일했고 1908년 스웨덴으로 돌아와 건설사The Kreuger & Toll를 설립해서 명성을 얻었다. 1918년 스웨덴성냥회사를 설립했고 1920년대 초에 유럽에 있는 성냥공장들을 획득하면서 성냥판매 전국독점을 제공하는 가난한 정부에게 돈을 빌려주기 시작했다.

1930년에 발간된 포린어페어스Foreign Affairs의 한 논문이 크루거의 성냥회사가 1925년 9개의 유럽국가와 3개의 남미국가에서 그런 거래를 성사시켰다고 전했다. 그가 일으킨 대출은 총 2억 5,300만 달러였는데 그때에는 엄청난 돈이었다. 독일이 1억 2,500만 달러를 받았고 완전한 독점을 주지 않은 프랑스는 7,500만 달러를 받았다. 1923년 뉴욕에 '국제성냥회사International Match Company'를 세웠고 10년도 되기 전에 미국인 투자자들로부터 1억 5,000만 달러의 투자를 받아냈다. 그것 대부분이 정부에 대한 대출과 성냥제국 팽창을 위해 사용되었다. 국제성냥회사의 시가총액이 1923~1930년에 1,100% 증가했다.

그런데 성냥사업은 이윤을 거의 내지 못했다. 그래도 투자자를 계속 유인하려면 배당을 계속 증가시켜야 했다. 결국, 수익이 아닌 투자자의 자본으로 배당을 지급할 수밖에 없었다. 다단계 금융조직을 운영한 것이다. 이러한 사기행각이 드러나자 크루거가 1932년 3월 12일 파리의 한 호텔에서 권총으로 자살했다.

소련의 붕괴와 두 번째 단극체계

정치 꼼수가 불러온 주택거품과 주가거품

미국이 21세기 단극체계에서 보여준 행태도 마스탄두노의 가설을 부인하고 아이켄베리의 가설을 지지한다. 두 번째 단극체계에서도 미국이 국제질서를 희생시키면서 자국의 편협한 이해를 추구했다는 증거는 없다. 21세기에 급증한 미국의 부채는 방만한 소비와 지출의 결과이지만 글로벌경제에 편입된 중국이 뿜어내는 디플레이션 압력을 해소하기 위해 불가피한 것이었다.

연준리가 디플레이션 압력 해소라는 공공의 목적을 위해 느슨한 통화정책을 사용해서 소비와 지출을 늘렸는데 부시 대통령과 그린스펀 연준리 의장이 여기에다가 그들의 '사적인 이해'를 덮어씌워 지나치게 오랫동안3년 반 실질금리를 마이너스로 유지하는 바람에 글로벌 주택거품이 발생했다.

연준리는 한국전쟁이 휴전을 맞은 1953년에 'LAW Lean-Against-the-

Wind'라는 정책기조를 채택했다.[35] LAW는 '바람에 맞선다.'라는 뜻인데 경제가 과거의 추세보다 빠르게 성장하면 단기 이자율을 올려 총수요와 인플레이션을 억제하고 경제가 추세보다 느리게 성장하면 이자율을 내려 총수요를 북돋우는 정책이다.

그런데 연준리가 대통령의 정치적 영향력에 종속되어 LAW 정책기조를 충실히 지키지 못했다. 1960년대 미국은 월남전 때문에 높은 인플레이션을 경험했다. 월남전으로 인한 막대한 부채가 인플레이션을 초래했으나 정치권의 반대 때문에 이자율 인상이 여의치 않았다.[36] 1970년대에는 미국뿐만 아니라 세계경제가 인플레이션을 겪었다.

이것은 단지 오일쇼크 때문만은 아니었다. 1973년 10월 오일쇼크가 발생하기 전에 이미 서유럽과 미국 연준리의 느슨한 통화정책이 인플레이션을 발생시켰고 다른 나라의 중앙은행이 자국통화의 평가절상을 막으려고 달러화를 매입하는 바람에 미국의 느슨한 통화정책이 전 세계로 확산하였다.[37]

그런데 1980년 8월 레이건 대통령이 연준리 의장에 임명한 볼커 Paul Volcker가 LAW 정책기조의 부활을 시도했다.[38] 1970년대에 만연된 인플레이션 기대심리의 억제를 위해 약 10%였던 연방기금 금리를 20% 이상으로 올렸고 1982년 말까지 높은 금리를 3년 동안이나 유지했다. 그래서 두 번에 걸쳐 경기후퇴가 발생했고, 제조업 생산

35 Hetzel, 앞의 글, 49-51

36 Hetzel, 앞의 글, 60-76

37 Hetzel, 앞의 글, 94

38 Frieden, 앞의 글, 372; Hetzel, 앞의 글, 190

이 줄었고 가계소득 평균이 무려 10% 감소했고 실업률이 11% 가까이 올랐으나 인플레이션은 4%로 떨어졌다.

그 후 20년 동안 인플레이션이 4% 또는 그보다도 낮았다. 그런데 1985년 플라자협약으로 달러화의 평가절하가 시작되고, 달러 대비 엔화 환율이 150엔으로 떨어지면서 1987년 채권시장에 인플레이션에 대한 공포가 확산되었다. 이에 볼커는 그해 2월 서방선진국과 일본과 루브르협약을 맺어 더 이상 달러화의 평가절하를 막았다.

1987년 8월 볼커의 후임으로 연준리 의장이 된 그린스펀도 1997년 아시아 금융위기 이전까지는 볼커처럼 '가격안정 Price Stability'을 '바람직한 장기목표'로 삼았고 LAW 정책기조를 유지했다.[39] 인플레이션 압력에 맞서 1989년 3월부터 1989년 5월까지 단기금리를 6.5%에서 약 10%로 올렸다. 단기 실질금리는 1988년 8월 4% 이상에서 1989년 초 5% 이상으로 올랐다. 1989년 7월 연준리 회의에서 낮은 GNP 성장률 전망치가 회람되어 연준리가 연방기금금리를 내렸으나 단기금리는 1998년 말부터 1990년 초까지 평균 5%로 높은 편이었다.

GNP 실질 성장률이 1986년 3분기부터 1989년 1분기까지 연평균 4.1%였는데 1989년 1분기부터 4분기까지 연평균 2.1%로 떨어졌고, 이라크의 쿠웨이트 침공으로 석유가격이 폭등하기 직전 1990년 7월에 경기후퇴가 시작되었다. 그린스펀은 미 재무성채권의 수익률 상승을 억제하여 경기회복을 도모했다. 그런데 1994년 경제가 강력하

39 Hetzel, 앞의 글, 197-205

게 회복하자 연준리가 연방기금금리를 급격하게 인상하여 인플레이션 기대심리를 억제했다. 1995~1996년에 인플레이션이 2.3%에서 1.9%로 떨어졌고 같은 기간에 GDP 성장률이 2.3%에서 3.4%로 증가했다. LAW 정책기조를 유지한 것이다.

그런데 그린스펀이 1997년 3월부터 2000년 2월까지 느슨한 통화정책을 사용했다.[40] IT 기술혁명이 생산성의 급격한 향상을 초래해서 실업률이 감소해도 인플레이션이 발생하지 않는 현상, 즉 '단기 필립스곡선이 사라지는 신경제'가 도래했다면서 금리를 동결했다. 실업률이 1997년 3월 5.2%에서 1999년 말 4%로 대폭 감소하여 노동력 부족이 심각했고, 경기가 과열되어 인플레이션이 우려되었다.

그러나 연준리는 1997년 3월 연방금리를 5.5%로 올린 이후 2000년 2월까지 금리를 올리지 않았다. 그린스펀은 IT 혁명으로 인해 생산성이 향상되어 실업률이 감소해도 인플레이션이 발생하지 않는 새로운 패러다임의 경제가 발생했다고 믿었다. 실제로 1995년 이후 실업률과 인플레이션이 모두 감소했다. 그린스펀은 오래전부터 IT 기술혁명으로 인한 생산성 향상에 주목했다. 급속한 기술진보가 노동자의 기술을 노후화시켜 임금상승 요구를 억제하고, 강력한 일자리 창출이 일자리 불안을 완화하고 생산성 향상이 단위노동비용 상승과 인플레이션을 억제한다고 주장했다.

사실, 1996년 이후 IT 기술혁명으로 노동생산성이 급속하게 증가

40 Hetzel, 앞의 글, 227-33

했다는 그린스펀의 지적은 분명히 옳았다.[41] 1990년대에 IT 기술투자 붐이 일었고 1996년 이후 노동자 1인당 생산량의 증가속도가 매우 빨라서 2003년에 1973년 이후 지속한 생산성의 하락을 메울 수 있었다. 수많은 요인이 이때의 생산성 향상이 주기적인 것이 아니라 추세적이었음을 보여주었다.

경기주기와 무관한 컴퓨터의 가격하락이 투자 붐을 설명했다. 높은 투자수준에도 불구하고 지속적으로 높은 기업소득증가가 생산성의 지속적 증가의 간접증거였다. 기업소득 증가율의 중앙값이 1995년의 연평균 11%에서 2000년 16%로 증가했다.

그런데 그린스펀의 느슨한 통화정책 때문에 주식시장이 1999년부터 급등하기 시작했다.[42] 주가급등은 미국경제의 미래에 대한 지나친 낙관론을 반영했다. 2000년 2분기까지 1년 동안 미국의 GDP가 연평균 6.1% 성장했다. 그런데 이렇게 높은 경제성장에도 불구하고 IT 생산성이 증가해서 인플레이션이 매우 낮았다.

IT 기술발전으로 인해 생산성 향상이 계속 두 자릿수의 소득증가를 약속해주리라는 사회적 믿음이 생겼다. 1995년부터 닷컴기업의 주식가격이 지속적으로 올랐다. 1994~1998년에는 S&P500지수의 주가대비 예측소득의 비율이 채권 수익률에 못 미쳤다. 그런데 1999~2000년에는 S&P500지수가 소득예측의 자본가치보다 훨씬 높았다. 닷컴주식의 주가폭등이 엄청났던 것이다.

---

41 Hetzel, 앞의 글, 238

42 Hetzel, 앞의 글, 238-42

그런데 새로운 데이터들은 투자자의 낙관론을 지지하지 않았고 결국 닷컴주식이 떨어지기 시작했다.[43] 1997년 상반기에 약 3%였던 실질 소비증가 2000년 초에 6% 이상으로 증가했다. 1991~1997년에 생산성 증가가 노동비용 증가를 앞질렀고 세후 기업이윤도 증가했다.

그러나 1998~2001년에는 노동비용 증가가 생산성 증가를 앞질렀고 기업이윤도 감소했다. 2000년 3월 10일에 5,049포인트로 정점을 찍은 나스닥지수가 그해 9월부터 장기간에 걸친 하락을 시작했다. 한때 한국에서도 인터넷무료전화기술을 개발하여 코스닥에 상장된 새롬기술의 시가총액이 롯데그룹의 시가총액을 앞질렀으나 주가가 폭락했고 결국 상장 폐지되고 말았다.

느슨한 통화정책과 주택거품, 그리고 다단계 금융사기

닷컴주식이 폭락하자 연준리가 또다시 느슨한 통화정책을 채택한 사실은 이미 앞에서 언급했다. 그린스펀 의장이 급속한 금리인하를 단행했고 2001년 하반기부터 무려 약 3년 6개월 동안 단기 실질금리를 마이너스로 유지하는 조처를 취했다.[44] 연준리는 2001년 1월 3일 전화로 진행된 긴급회의에서 6.5%였던 단기 연방기금금리를 0.5%p 내리기로 하고 나서 거의 매월 0.5%p씩 떨어뜨렸다. 2001년 11월 단기금리가 40년 만에 최저치 2%로 떨어졌다.

당시에 미국의 인플레이션이 3% 안팎이었다. 2001년 말에 마이

43 Hetzel, 앞의 글, 238-42

44 Hetzel, 앞의 글, 241-42

너스 실질금리가 발생한 것이다. 그런데 연준리는 또다시 금리인하를 단행했다. 단기금리가 2003년 2월 1.25%로 떨어졌고 2004년 6월까지 1%였다. 연준리가 금리를 올리기 시작한 것은 2004년 6월부터였다. 연준리는 단기금리를 약 3개월의 시차를 두고 무려 17번에 걸쳐 0.25%p씩 천천히 인상했고 단기금리가 2006년 중반에 가서야 겨우 5.25%로 올랐다. 2001년 11월부터 약 3년 6개월 동안이나 미국의 단기 실질금리가 마이너스에 머물렀던 것이다.

미국의 이렇게 지나치게 느슨한 통화정책은 중국을 비롯한 신흥경제가 글로벌경제에게 제공한 '공급쇼크'와 디플레이션 압력 해소라는 공공의 목적을 위한 것이었으나 부시와 그린스펀의 '사적인 이해'도 가미되어 있었다는 사실도 이미 언급했다.[45] 아무튼, HSBC 은행의 경제학자 킹Stephen King은 중국과 인도를 비롯한 신흥경제의 글로벌경제 편입이 자비로운 디플레이션을 초래하여 서방의 생활수준을 향상시켰으나, 연준리를 비롯한 중앙은행들은 디플레이션이 본격적으로 심화하는 것을 막으려고 느슨한 통화정책을 사용했고 이것이 미국과 글로벌경제에 주택거품을 일으켰다고 지적했다.

미국의 마이너스 실질금리 때문에 달러화 가치가 급락했고, 이것이 유럽과 나머지 세계에 느슨한 통화정책을 강요했다.[46] 유로지역의 중앙은행ECB과 나머지 세계의 중앙은행들도 자국 통화가 달러화보다 고평가되어 국제경쟁력이 떨어지는 것을 막으려고 금리를 대

45 *Economist* (May 14th 2009)

46 *Economist* (January 14th, 2006)

폭 인하했다. 유로지역도 실질 이자율을 마이너스로 유지했고 모기지대출이 연평균 10%씩 증가했다.

미국의 느슨한 통화정책으로 인해 글로벌 과잉유동성이 발생했고 2001년부터 미국의 주택가격이 폭등한 사실도 이미 확인했다.[47] 주택거품은 미국에 국한된 것이 아니라 글로벌 현상이었다.[48] 〈이코노미스트〉가 2005년 3분기에 거의 모든 경제협력개발기구 회원국의 주택가격이 지나치게 과대평가되어 있다고 지적했다.

그런데 글로벌 주택거품과 함께 미국에서 다단계 금융사기가 발생했다.[49] 2008년 12월 나스닥 회장 매이도프가 다단계 금융사기 혐의로 연방수사국FBI에 체포되었다.[50] 매이도프의 사기규모가 70조 원500억 달러으로 집계되었다.

47 "Shaky foundations: The higher house prices climb, the more they are likely to fall" *Economist* (November 29th, 2003); "Frenzied froth: More evidence that the housing market has lost touch with reality" *Economist* (May 28th, 2005); "A home-grown problem: America's housing boom is causing an enormous mis-allocation of resource" *Economist* (September 10th, 2005)

48 "Hear that hissing sound?: Our latest update of the Economist's Global house-price indicators" *Economist* (December 19th, 2005)

49 Gerald Strober and Deborah Strober, *Catastrophe: The Story of Bernard L. Madoff, the Man Who Swindled the World* (New York: Phoenix Books, 2009)

50 "The Madoff Affair: Con of the century" *Economist* (December 18th 2008); "Howzat!: Shocking allegations against Stanford Group, so soon after the arrest of Bernard Madoff, suggest this will be a fraud-infested downturn" *Economist* (February 19th 2009); "매도프 금융사기 규모 '500억 달러'", "스위스 2개 은행, 매도프 금융사기에 500억 달러 손실" *MBN.co.kr* (2008년 12월 16일); "월가 금융사기, 국내 금융권도 수백억 손실" *MBN.co.kr* (2008년 12월 15일)

스위스 은행들이 6조 4,000억 원, HSBC 은행이 2조 5,000억 원, 프랑스의 BN 파리바가 6,000억 원을 매이도프의 펀드에 투자했다. 일본의 최대증권회사 노무라 홀딩스도 4,000억 원을 투자했다. 영화감독 스티븐 스필버그, 노벨상 수상자, 프로야구팀 뉴욕 메츠의 구단주, 그리고 몇몇 상원의원들도 매이도프의 다단계 금융사기의 피해자로 드러났다. 유명한 자선단체도 매이도프의 다단계 금융사기에 걸려 재단을 폐쇄해야 할 형편이다.

사학연금관리공단도 한국투신과 하나은행을 통해 124억 원을 투자했고 삼성투신은 70억 원을 투자했으나 30억 원을 중도 환매했고 40억 원 물렸다. 대한생명도 매이도프 금융사기로 상당한 손실을 입었다. 한때 투자회사에 몸담았던 전직 투자분석가가 주가등락과 무관한 매이도프의 고수익 투자구조를 분석하여 다단계 금융사기를 파악해서 1999년에 증권거래위원회에 제보했는데 증권거래위원회가 무시해버렸다. 증권거래위원회가 2006년 자체 조사를 통해서 일부 매이도프의 불법행위를 적발했음에도 불구하고 추가조사를 하지 않아 의혹을 남겼다.

매이도프는 2009년 6월 말 법정 최고형 150년을 선고받았다.[51]

똑같은 정책오류가 반복할 것이다

지금까지 우리는 두 번에 걸쳐 발생한 단극체계에서 단극국가 미국이 느슨한 통화정책이라는 '국제 공공재'를 공급한 사실을 확인했

51 "Bernard Madoff: The Madoff affair" *Economist* (July 4th 2009)

다. 이러한 사실은 단극체계에 관한 마스탄두노의 가설, 즉 단극체계가 단극국가에게 안정적 국제질서를 희생시키면서까지 자국의 편협한 이해를 추구하도록 만드는 유인을 제공한다는 가설을 부인한다. 하지만, 아이켄베리의 가설, 즉 단극체계가 단극국가에게 자발적으로 '국제 공공재' 공급을 위해 보다 더 큰 책임을 떠안게 한다는 가설은 지지한다.

그런데 미국이 제공한 느슨한 통화정책은 두 번 모두 자산거품과 다단계 금융사기로 이어지고 말았다. 1920년대의 단극체계에서 미국의 느슨한 통화정책이 주식거품을 일으켰고 이 와중에 크루거의 다단계 금융사기가 발생했다. 21세기의 단극체계에서는 미국의 느슨한 통화정책이 주택거품을 일으켰고 매이도프의 다단계 금융사기가 발생했다.

그런데 아직도 매이도프의 다단계 금융사기가 의미 있는 제도개혁으로 이어지지 못하고 있다. 1920년대 크루거의 다단계 금융사기는 증권거래위원회와 상장기업의 내용을 공개하는 제도의 도입으로 이어졌다. 그러나 이러한 제도들도 매이도프의 다단계 금융사기를 차단하지 못했다. 그런데 매이도프의 다단계 금융사기가 의미 있는 제도개혁으로 이어질 가능성이 보이지 않는다.

이 연구는 새로운 가설을 제시한다. 즉, 미국을 단극으로 하는 단극체계가 미국에게 '국제 공공재' 공급을 위해 보다 더 큰 책임을 떠안게 하지만 미국이 제공하는 느슨한 통화정책이 자산거품과 다단계 금융사기로 이어지는 경향이 있다는 것이다. 미래에도 상당히 오랫동안 미국을 단극으로 하는 단극체계가 지속할 것이고 국제경제체계에 경기후퇴 또는 금융위기가 발생할 때마다 미국이 느슨한 통화정책을 지나치게 오랫동안 사용해서 자산거품과 다단계 금융사기를 초래할 가능성이 농후하다.

국제정치경제학자들은 이처럼 똑같은 정책오류와 재앙이 주기적으로 반복되는 현상을 '새 병에 담긴 묵은 포도주'라고 표현하고 있다.

이 새 가설은 미국의 통화정책 변화에 대한 적절한 대응을 제시한다.

첫째, 경기후퇴 또는 금융위기가 발생해서 미국이 느슨한 통화정책을 사용하여 발생하는 자산거품을 수수방관하지 말고 수익을 창출하는 기회로 이용해야 한다.

둘째, 자산거품이 진행되는 동안 고수익을 확정적으로 보장하는 다단계 금융사기에 걸려들지 않도록 조심해야 한다.

셋째, 자산거품이 꺼질 조짐이 보이면 보유한 자산의 비중을 줄이거나 전량 매도해야 한다.

■ 이 장은 한국연구재단 등재학술지에 출판한 필자의 논문을 읽기 좋게 풀고 새로운 내용을 더한 것이다: "단극체계에 관한 마스탄두노 가설의 비판적 고찰: 단극시대에 반복된 미국의 느슨한 통화정책과 자산거품과 국제적 다단계 금융사기" 『대한정치학회보』 제17집 2호 (2009년 여름)

미국은 권위를 잃은 패권국이다

사라진 패권국의 권위

미국이 패권국의 권위를 회복하기 어려운 이유

미국은 패권국의 권위를 잃었지만 패권국의 지위는 계속 유지할 것이다. 어떤 국내 학자가 현금이 고갈된 미국과의 안보동맹을 낙관하지 말고, 새로운 안보전략을 고안해야 한다고 했다.[1] 신용평가사들이 부채가 많은 미국의 신용등급 전망을 부정적으로 바꾸어 글로벌경제에 엄청난 충격파를 던졌고, 미국은 부채축소를 위해 국방예산을 삭감해야 하기 때문에 한국에 대한 안보약속을 믿을 수 없다는 것이다. 그가 염두에 두는 새로운 안보전략이 한미동맹의 파기와 중국과의 동맹인지는 잘 모르겠다.[2] 실제로 중국은 국방력을 지속적으로 증강하고 있고 수십 년 후에는 중국의 GDP 규모가 미국을 앞지를 수 있다.[3] 그래도 중국이 자유주의 국제경제체제의 패권국이 될 수는 없다.

저명한 국제정치경제학자이며 '패권안정이론Hegemonic Stability Theory'의 저자 킨들버거에 따르면, 자유주의 국제경제체계에서 패권국이 되려면 기축통화를 포함한 자유무역을 위한 '국제 공공재'를 공급해야 하고, 최후의 통화 공급자로서 주기적으로 발생하는 글로벌 금융위기를 관리하는 능력을 갖춰야 한다. 위안화가 달러화를 밀어내고 글로벌경제의 기축통화가 될 수 있을까? 중국이 세계무역기구WTO를 관리하고 글로벌 금융위기를 관리할 수 있을까?

1 Chung-In Moon, "[Viewpoint] Our cash-strapped ally" *Korea Joongang Daily* (September 20, 2011)

2 아무래도 그는 중국의 최고 지성이라는 사람들로부터 매우 깊은 감명을 받은 것 같다: 문정인, 『중국의 내일을 묻다: 중국 최고 지성들과의 격정토론』 (서울: 삼성경제연구소, 2010)

3 "Economic Focus: How to get a date" *Economist* (December 31st 2011)

중국의 경제규모가 미국을 앞질러도 중국이 미국을 제치고 패권국이 될 가능성은 희박하다. 패권국이 되어 글로벌경제를 관리하려면 국제사회에 신뢰할 만한 통계수치를 제공해야 한다. 그러려면 예측 가능하고 불확실성이 통제된 민주정치를 해야 한다.

그런데 중국의 민주화는 불가능하다. 역사사회학자 무어Barrington Moore, Jr.가 민주화에 반대하는 반동세력으로 지목한 농민이 무려 10억 명이고, 공산당에 가입한 기업가들이 민주화를 이끄는 기관차 역할을 할 가능성은 거의 없다.[4]

그뿐만 아니라 이미 빈부격차가 극심하고, 부패한 관료들이 토지 사용자의 권리를 박탈하고 있어 공산당에 대한 사회정치적 반발이 일정한 수준을 넘어서고 있다.[5] 그런데 다행히 아직은 중국의 언론매체가 사회정치적 안정에 이바지하고 있다.[6] 노동법 관련 이슈에 관한 언론매체의 보도가 노동법이 실제로 노동자를 보호해준다는 이미지를 만들고 있다. 게다가 이러한 언론보도와 모순되는 보도가 일절 허용되지 않고, 일반 국민은 개정된 노동법체계에 관한 사전경험이 전혀 없다.

패권국은 국제무역의 결제와 가치저장수단으로 사용되는 기축통화를 제공하기 위해 막대한 재정적자를 감수하고 국제무역기구를 비

---

4 박훈탁, 『중국의 민주화를 막는 사회적 조건: 붉은 자본가의 현저한 특성』 (서울: 생각나눔, 2009)

5 "Maoest and Wall Street: Long March, Longer Memories" *Economist* (October 22nd 2011)

6 Daniela Stockman and Mary E. Gallagher, "Remote Control: How the Media Sustain Authoritarian Rule in China" *Comparative Political Studies* Vol.44 no.4 (April 2011)

롯한 자유무역의 공공재를 안정적으로 공급해야 한다.

그리고 패권국은 금융위기가 발생하면 최후의 통화 공급자로서 금융위기를 해소해야 한다. 중국경제의 규모가 미국경제를 앞질러도 중국이 이러한 패권국의 역할을 떠맡을 능력은 없다.

미국경제가 회복하고 있고 따라서 미국이 패권국의 지위를 유지할 것이다.

중국을 비롯한 동아시아 국가와 산유국은 그들이 보유한 엄청난 규모의 미국부채를 동시다발적으로 매각하지 않을 것이다. 미국부채 가격의 폭락을 초래해 그들에게 엄청난 자산손실을 가져다줄 것이기 때문이다. 다행히 달러화 약세에 힘입어 미국의 무역적자가 꾸준히 개선되고 있고 미국경제가 추세적으로 회복하고 있다는 신호가 발생했다.[7]

그런데 부채가 줄어들고 경제가 회복하면 미국이 패권국의 지위를 회복하겠지만 그렇다고 해서 패권국으로서의 권위까지 자동으로 회복할 수 있는 것은 아니다. 금융위기를 해결해야 할 패권국 미국이 금융위기를 일으켰기 때문에, 유럽과 나머지 국가들이 미국의 '패권국으로서의 권위'를 인정하지 않는다. 실제로 미국패권에 대한 서유럽 정치지도자들의 도전은 직설적이었고 거의 막나가는 수준이었다.

이 장은 킨들버거의 패권안정이론을 통해서 미국이 패권국의 권위를 회복하기 어려운 이유를 찾았다. 미국이 느슨한 통화정책으로 자산거품을 만들고 글로벌증시 대폭락과 경제위기를 초래하는 것을

7 "U.S Economy Expands at Faster Pace" *Bloomberg.com* (October 28, 2011)

제도적으로 차단하지 못하면 패권국의 권위를 회복하기 어렵다. 중앙은행 연방준비제도이사회를 대통령의 영향력으로부터 독립시키는 제도개혁을 단행해야 미국이 패권국의 권위를 회복할 수 있다.

즉, 미국이 패권국의 권위를 회복하려면 적어도 연준리를 대통령의 정치적 영향력으로부터 독립시켜 연준리가 너무 오랫동안 느슨한 통화정책을 유지하지 못하게 해야 한다.

그런데 이것은 '미국의 정치적 특성' 때문에 사실상 불가능하다. 따라서 미국은 패권국의 역할을 수행은 하겠지만 패권국의 권위를 회복하지는 못할 것이다. 미래에도 미국이 느슨한 통화정책으로 자산거품과 금융위기를 만들 것이고 글로벌증시 대폭락과 경제위기가 주기적으로 반복될 것이다.

사라진 패권국의 권위

유럽의 도전

2008년 9월 리만 브러더스가 파산하고 10월에 접어들면서 글로벌증시가 대폭락을 겪었고 심리적 공황에 빠졌다. 그런데 다행히 2008년 10월 11~12일 미국, 영국, 유럽, 중국 그리고 일본 등 주요 국가들이 정책공조에 성공했고, 10월 13일 미국의 주가지수가 10,000포인트 가까이 급반등하고 글로벌증시도 동반 급반등했다. 주요 국가들이 수년에 걸쳐 예금을 무제한 보장하고, 기업이 발행하는 채권을 대거 매입하고 심지어 은행의 의결권 없는 주식, 즉 우선주를 대대적으로 매수하기로 했다.[8] 이러한 국제공조가 신뢰의 위기를 해소하는 듯했다.

8 이러한 조치들은 〈이코노미스트〉가 촉구한 정책공조보다 더 강력한 것이다: "Saving the system: At last a glimmer of hope, but more boldness is needed to avert a global economic catastrophe" *Economist* (October 9th 2008)

그런데 2008년 10월 15일 미국의 소비자 지출이 감소했다는 보도와 함께 경기후퇴가 시작되었다. 다우지수가 폭락했고 글로벌증시 대폭락이 시작되었다. 2007년 8월 미국의 주택거품이 붕괴하여 발생한 신용경색이 2008년 9월 금융위기로 번져 글로벌증시 대폭락으로 확산되었고 결국 실물경제의 위기를 초래한 것이다.

이 와중에 영국의 브라운Gordon Brown 총리가 미국패권의 권위에 정면으로 도전하는 발언을 해버렸다. '현재의 글로벌 금융시스템은 투명성이 낮고 무책임한 위험감수를 조장한다.'면서 새로운 브레튼우즈New Bretton Woods 체제가 필요하다고 언성을 높였다.[9]

그리고 그는 제2차 세계대전 종전을 앞둔 1944년 미국의 주도로 만들어진 현재의 브레튼우즈 체제로는 글로벌 금융위기의 재발을 막을 수 없다고 덧붙였다. 더 이상 미국을 믿을 수 없다는 것이다.

유럽의 다른 지도자들은 미국패권에다가 아예 직격탄을 날려버렸다. 2008년 10월 프랑스의 사르코지 대통령이 백악관에서 열린 부시 대통령과의 공동기자회견 도중에 부시 대통령의 면전에서 글로벌 금융위기에 대한 미국의 책임을 자세하게 열거했고 새로운 브레튼우즈 체제가 필요하다는 브라운 총리의 주장을 적극적으로 지지했다.

그리고 슈타인브뤼크Peer Steinbruck 독일 재무장관은 2008년 10월 12일 '미국이 글로벌금융시스템의 초강대국으로서 지위를 잃을 것이다.'[10]라고 말해서 미국에게 직격탄을 날렸다.

9 "World needs new Bretton Woods, says Brown" *news.yahoo.com* (2008년 10월 13일)

10 David Leonhardt, "A Power That May Not Stay So Super" *New York Times* (October 12, 2008)

미국패권 붕괴론

유럽의 정치지도자들이 미국패권의 권위에 정면으로 대든 것은 단지 미국이 2007~2008년 글로벌증시 대폭락과 경제위기를 초래했기 때문만은 아니다. 부채위기로 인해 미국경제가 붕괴할 수도 있다는 예측이 있었고 비열하게도 이것을 파고든 것으로 보인다.

실제로 미국의 부채위기는 심각하다. 주택가격이 2006년 최고치에서 20% 떨어졌고 76만 5,000여 명이 주택차압을 당해 주택차압이 71% 증가했다.[11] 주택가격 붕괴로 주택소유자 6명 중 1명이 주택가치보다 큰 모기지를 갖고 있다.[12]

그리고 주택가격이 최대 30~40% 더 떨어질 수 있다는 예측이 있었다. 이것이 현실이 된다면 7,000억 달러의 구제금융으로도 금융시스템의 붕괴를 막을 수 없고 신용경색도 해소하기 어렵다.[13] 미국은 7,000억 달러의 구제금융 외에도 은퇴하는 베이비붐 세대의 건강보험을 위해 엄청난 빚을 져야 한다.[14] 자동차대출 대란과 신용카드 대란은 아직 시작하지도 않았다.[15] 가계와 은행과 정부가 모두 미래 수입 일부를 사용했고 이제 그것을 갚아야 한다.

11 "Economic Focus: A helping hand to homeowners" *Economist* (October 23rd 2008)

12 *New York Times* (October 12, 2008)

13 "Rescuing the banks. But will it work? Meltdown may have been averted. But the crunch is not over." *Economist* (October 16th 2008)

14 "In need of desperate remedies: Could the financial crisis speed efforts to reform America's troubled health system?" *Economist* (October 16th 2008)

15 "A spent force: Ominous signs that the crisis will have a big impact of spending" *Economist* (October 16th 2008)

최근 하버드대의 역사학자 퍼거슨Niall Ferguson은 미국이 지나친 금융부담 때문에 과거처럼 빠르게 성장할 수 없다고 예측했다.[16]

사실, 패권국의 지위가 영원하지 않다는 지적은 오래전부터 있었다.[17] 장기적으로 국가의 경제적 능력은 비교우위와 가격변동 같은 글로벌경제의 환경변화에 대응하여 자발적으로 그리고 신속하게 변신하는 능력에 달려 있다. 19세기 말에 영국이 새로운 산업의 등장에 적응하지 못해서 패권국 지위를 잃었다. 미국도 20세기 말에 제3세계로 산업의 이동과 에너지 가격의 급격한 변동과 같은 근본적 변화에 적응하지 못해 애로를 겪었다.

킨들버거는 패권국도 필연적으로 쇠락하고 그러면 패권국이 관리하는 자유주의 국제경제질서도 불안정해진다고 말했다.[18] 국내외적 이유로 패권국이 쇠락하여 자유주의 국제경제질서를 유지할 능력과 의지를 잃게 된다는 것이다.

그것은 무엇보다도 패권국의 공공 및 민간소비 그리고 국외에서 군사비 지출이 국내저축과 생산적 투자보다 더 빠르게 증가하여 발생하는 막대한 규모의 부채 때문이다. 또한, 패권국은 다른 국가들의 무임승차에 지치고 무역파트너가 패권국보다 더 큰 이득을 챙기는 것에 좌절한다.

16 Niall Ferguson, *The Ascent of Money: A Financial History of the World* (New York: Penguin Press, 2008)

17 Ralph G. Hawtrey, *Economic Aspects of Sovereignty* (London: Longmans, 1952)

18 Charles P. Kindleberger, "Dominance and Leadership in the International Economy: Exploitation, Public Goods, and Free Rides" *International Studies Quarterly* Vol. 25 (1981a) 251.

미국의 지식인들이 미국패권 붕괴론을 쏟아냈다. 버만Morris Berman, 퍼거슨Niall Ferguson, 존슨Chalmers Johnson, 그리고 머피Cullen Murphy는 미국이 막대한 부채 때문에 망하기 직전의 로마제국과 같은 상태에 있다고 주장했다.[19] 한편, 카펜터Ted Galen Carpenter는 미국이 중동정책의 오류로 인해 지나치게 많은 국방비 지출이 있었다고 지적하고 이것을 시정할 수 있는 새로운 외교정책을 제시했다.[20]

붕괴론은 한계가 있다

그런데 미국패권 붕괴론은 일방적인 주장에 불과하다. 미국경제의 회생을 가능케 하는 조건은 얼마든지 있고 실제로 미국경제가 추세적으로 회복하고 있다. 미국의 부채는 중국과 동아시아 그리고 산유국의 국부펀드에 의해서 떠받쳐져 있는데 이들이 보유한 막대한 규모의 미 재무성채권을 동시다발적으로 내다 팔 가능성은 거의 없다.[21] 그것은 곧 글로벌경제의 붕괴를 의미하기 때문이다.

그리고 달러화의 상대적 약세 때문에 미국의 무역적자와 재정적자가 매우 빠른 속도로 줄어들고 있다.[22] 미국의 막대한 재정적자에

---

19 Morris Berman, *Dark Ages America: The Final Phase of Empire*, (New York: W. W. Norton & Company, 2007); Niall Ferguson, *Colossus: The Rise and Fall of the American Empire*, (New York: Penguin Press, 2005); Chalmers Johnson, *Nemesis: The Last Days of American Republic*, (New York: Hold Paperbacks, 2008); Cullen Murphy, *Are We Rome?: The Fall of An Empire and the Fate of America*, (New York: Mariner Books, 2008)

20 Carpenter, Ted Galen, *Smart Power: Toward a Prudent Foreign Policy for America* (Washington D.C: Cato Institute, 2008)

도 불구하고 달러화 가치가 안정적으로 유지되고 있는 것은 미국보다 더 깊고 건전한 금융시스템이 없기 때문이다.[23]

그런데 미국이 부채위기에서 벗어나고 경제가 완전히 회복해서 패권국의 지위를 유지해도 자동적으로 패권국의 권위를 회복하는 것은 아니다. 미국이 또다시 느슨한 통화정책으로 자산거품과 금융위기를 만들어 글로벌증시 대폭락과 경제위기를 초래할 가능성이 남아 있기 때문이다.

그런데 미국이 제도적으로 이러한 가능성을 배제하는 것은 사실상 불가능하고 만일 그렇게 되더라도 그것만으로는 미국이 패권국의 권위를 회복하기 어려울 수 있다. 이러한 사정을 제대로 이해하려면 킨들버거의 '패권안정이론'이라는 관점이 필요하다.

21 "China and world economy: Beijing, not Washington, increasingly takes the decisions that affect workers, companies, financial markets, and economies elsewhere" *Economist* (July 30th 2005); "Recycling the petro-dollars: Exporters of oil are saving more of their recent windfall that in previous price booms. It's hard to sport where the money is going" *Economist* (November 12th, 2005)

22 "Rebalancing act: America's exports are now growing faster than China's, helping reduce the strains in the world Economy" *Economist* (August 14th 2008)

23 Kristin Forbes, "Why Do Foreigners Invest in the United States?" *NBER* Working Paper No. 13908 (April 2008); Barry Eichengreen and Marc Flandreau, "The Rise and Fall of the Dollar, or When Did the Dollar Replace Sterling as the Leading International Currency?" *NBER* Working Paper No. 14154 (July 2008)

패권안정이론

킨들버거의 패권안정이론은 개방적 '자유주의 국제경제질서'가 안정적으로 작동하려면 '자유무역체제'와 '기축통화'라는 '국제 공공재'를 제공하는 '패권국'이 필요하다는 주장이다.[24] 자유주의 국제경제질서는 현존하는 개방적이고 차별 없는 자유시장에 기반을 둔 국제경제질서를 의미한다.[25] 패권국이 없는 국제경제는 존재했었으나 현존하는 것과 같은 개방적 자유주의 국제경제질서가 안정적으로 작동하고 발전하려면 반드시 위에서 언급한 패권국이 필요하다는 것이다.

코헤인Robert Koehane은 한 개의 단일한 국가가 지배하는 패권적 구조를 가진 국제적 권력이 다른 국가들의 자발적 복종을 받아내야만 자유주의 국제경제질서가 안정될 수 있다면서 킨들버거의 주장에 동의하고 이러한 패권국가가 쇠락하면 자유주의 국제경제질서가 불안정해진다고 주장한다.[26]

패권국가는 자유주의 국제경제질서를 만들고 유지할 능력과 의지

24 Charles P. Kindleberger, *Power and Money: The Economics of International Politics and the Politics of International Economics* (New York: Basic Books, 1970)

25 Robert Gilpin, *The Political Economy of International Relations*. (Princeton: Princeton University Press, 1987) 72

26 Robert Keohane, "The Theory of Hegemonic Stability and Changes in International Economic Regimes, 1967-1977" in Ole R. Holsti, Randolph M. Siverson, and Alexander L. George, eds., *Change in International System* (Boulder: Westview Press, 1980) 132

가 있는 강대국을 지칭한다. 이러한 패권이 쇠락하면 자유주의적 국제경제질서가 불안정해진다는 것이다.

패권국은 '국제 공공재'를 공급해야 한다

킨들버거는 올슨Mancur Olson의 '공공재' 개념을 사용한다.[27] 공공재란 도로와 보도 그리고 통화와 무역제도와 같은 것으로 개인이나 가계 또는 기업이 소비해도 다른 소비자들이 사용하는데 지장이 없다는 특징이 있다. 그리고 공공재는 일반적으로 무료로 제공된다. 따라서 공공재는 '무임승차'의 문제를 동반하는 또 다른 특징을 갖고 있다. 개방적 시장경제가 안정적으로 작동하려면 공공재를 무료로 공급하는 정부가 반드시 필요하다.

킨들버거는 올슨 이론의 연장 선상에서 패권국이 '국제 공공재', 즉 상품을 거래하는 국제시장과 국제통화시장을 제공하는 자유주의 국제경제질서의 '안정자' 역할을 해야 자유주의 국제경제질서가 유지된다고 주장했다.[28] 길핀은 패권국이 자유무역 초기에는 손해를 볼 수밖에 없는 국가들에게 무역장벽 제거를 강요하는 정치적 역할도 한다고 덧붙였다.[29]

27 Mancur Olson Jr, *The Logic of Collective Action: Public Goods and the Theory of Groups* (Cambridge: Harvard University Press, 1965)

28 Charles P. Kindleberger, "Dominance and Leadership in the International Economy: Exploitation, Public Goods, and Free Rides" *International Studies Quarterly* Vol. 25 (1981b) 247

29 Gilpin, 앞의 글, 75

킨들버거는 변동환율제와 자본의 세계화 추세 때문에 패권국이 어느 정도 환율레짐을 관리하고 국가 간 통화정책 협력을 강요해야 한다고 주장했다.[30] 패권국의 이러한 개입이 없으면 자유주의 국제경제질서가 경제민족주의에 밀리게 되고 국제경제가 불안정해진다는 것이다.

또한, 킨들버거는 패권국의 통화가 국제통화시장에서 중심적 역할을 해야 한다고 주장한다.[31] 19세기에는 영국, 20세기에는 미국이 자국화폐의 발권력Seigniorage을 동원해서 국제통화시스템에 유동성을 공급했다. 냉전기에 미국은 동맹국에게만 달러화 표시 자본시장에 대한 접근을 허용하고 공산진영의 접근은 막았다. 이러한 방법으로 미국은 1980년대 말까지 패권국으로서 지위를 이용하여 국제정치질서를 유지하면서 동시에 국내적 번영을 도모했다.

제2차 세계대전 이후 패권국으로 등장한 미국이 경상수지 적자를 감수하며 달러화를 발행하여 글로벌경제에 유동성을 공급해왔다.[32] 미국의 경상수지 적자는 외국 정부와 기업에게 유동성을 공급하는 원천이다. 미국이 달러화를 발행해서 세계경제에 유동성을 공급하기 때문에 미국의 경상수지 적자는 필연적으로 발생할 수밖에 없다.

따라서 미국의 경상수지 적자에는 단지 '바로잡아야 할 부채'라는

30 Kindleberger(1981b), 앞의 글, 247

31 Kindleberger(1981b), 앞의 글, 248

32 Paul Davidson, *Financial Markets, Money and the Real World* (New York: Edward Elgar, 2003); Charles P. Kindleberger, Emile Despres, and Walber S. Salant, "The Dollar and the World Liquidity: A Minority View" In Charles P. Kindleberger, ed., *Comparative Political Economy: A Retrospective* (Cambridge: MIT Press, 2000)

측면만 있는 것이 아닌 셈이다. 달러화는 세계의 통화와 상품가격을 일정하게 유지하는 '닻'이라고 볼 수 있다. 미국 달러화는 세계경제의 예비통화와 교환통화의 역할을 동시에 하고 있다.

그뿐만 아니라 제2차 세계대전 이후 지금까지 미국은 경제성장과 경제적 역동성을 유지함으로써 시장경제의 장점을 증명했고 나머지 세계의 경제발전을 촉진하는 성장엔진 역할도 담당해왔다.[33] 미국의 수입이 다른 나라의 경제성장을 촉진했고 미국의 투자가 개도국에게 성장을 위한 재원을 제공했다.

또한, 기술이전과 지식확산 과정을 통해 미국이 개도국들의 산업화와 경제발전을 도왔다. 경제성장의 글로벌 과정에서 미국이 글로벌경제를 하나로 묶어주는 접착제 역할을 한 것이다. 길핀은 패권국의 이러한 역할이 중단되면 글로벌경제를 분열시키는 '원심력Centrifugal Forces'이 작동한다고 주장했다.

패권국은 금융위기를 해소해야 한다

킨들버거는 패권국이 자유주의 국제경제질서에서 주기적으로 발생하는 금융위기를 관리하고 해소해야 한다고 강조한다.[34] 19세기에는 영국이 '최후의 통화 공급자' 역할을 했고 자유주의 국제경제질서가 1825년, 1836년, 1847년 그리고 1907년에 발생한 금융위기

33 Gilpin(1987), 앞의 글, 75-6

34 Charles P. Kindleberger, "International Public Goods without International Government" *American Economic Review* Vol. 76 (1986) 8-9

를 극복할 수 있었다.

그러나 영국도 1929년 10월 말에 시작된 금융위기는 극복할 수 없었고 미국도 마지막 대출자의 역할을 떠맡을 준비가 되지 않았다. 그래서 자유주의 국제경제질서가 무너졌고 1930년대에 대공황을 겪었다.

길핀은 20세기 말 금융위기의 관리실패 때문에 또다시 국제경제질서가 무너질지도 모른다고 걱정했다.[35] 그는 1980년대 말 급격하게 증가한 제3세계의 부채와 점증하는 보호무역 그리고 다른 이슈들이 패권국 미국도 통제할 수 없는 엄청난 위기를 촉발할지도 모른다고 걱정했다.

그런데 최후의 통화 공급자로서 금융위기를 해소해야 할 미국이 금융위기를 일으켰다. 최후의 통화 공급자로서 금융위기를 해소해야 할 미국이 만들어낸 금융위기가 미국패권에 대한 유럽 정치지도자들의 직설적이고 막 나가는 도전을 불러온 것이다.

따라서 당연히 미국패권이 권위를 회복하려면 미국이 또다시 느슨한 통화정책으로 금융위기를 초래하지 않도록 제도적 장치를 만들어야 한다. 그것은 중앙은행 연방준비제도이사회의 정치적 독립이다. 그런데 미국이 연준리의 정치적 독립을 제도적으로 보장할 가능성은 희박하다.

35 Gilpin(1987), 앞의 글, 80

미국이 패권국의 권위를 회복하기 어려운 이유

정치적으로 종속된 연준리

우리는 이미 앞에서 미국의 중앙은행 연방준비제도이사회가 대통령의 정치적 영향력에 철저하게 종속되어 있다는 사실을 확인했다.[36] 이사는 상원의 인준을 받아 대통령이 임명하고 임기는 4년이다. 만일 이사가 임기 만료 전에 사임하면 후임자가 잔여 임기를 채우고 잔여 임기가 만료되면 연임할 수 있다. 연임은 대통령의 재량에 속하며 상원의 인준을 받는다.

따라서 대통령은 얼마든지 연준리 의장의 재임용을 미끼로 연준리의 통화정책에 영향을 미칠 수 있다.[37] 연준리 의장의 임기도 4년이고 상원의 인준을 받아 대통령이 임명한다. 의장은 이사로 남아 있는 한 무제한 재임용될 수 있다. 연임을 원하는 의장은 대통령의

36 박훈탁(2007), 앞의 글, 55

37 박훈탁(2007), 앞의 글, 55-6

요구를 무시할 수 없다.

최근 그린스펀이 회고록에서 2001년에 시작된 급격한 금리인하는 9.11사태가 디플레이션을 초래하는 것을 차단하기 위해 불가피했다고 주장했다.[38] 알카에다와 빈 라덴의 2차, 3차 공격이 예상되었고, 이것이 심리적 공황을 일으켜 소비가 위축되고 디플레이션이 발생할 가능성이 있었다는 것이다.[39]

그는 또 '이 모든 불확실성에 대한 연준리의 반응은 단기금리를 공격적으로 떨어뜨리는 우리의 계획을 유지하는 것이었다.'라고 강조했다.[40] 그런데 디플레이션을 막으려고 무려 3년 반 동안이나 실질금리를 마이너스로 유지할 필요는 없었다.

미국이 글로벌경제의 패권국으로서 권위를 되찾고 신브레튼우즈 체제의 필요성을 불식시키려면 연준리를 대통령의 정치적 영향력으로부터 독립시켜 연준리가 또다시 글로벌 금융위기를 초래하는 것을 막아야 한다.

유럽을 비롯한 나머지 세계는 부시 대통령과 그린스펀 전 연준리 의장의 정치적 주고받기로 인한 연준리의 지나치게 느슨한 통화정책 때문에 글로벌 유동성이 급증했고 이것이 글로벌 주택거품을 초래한 사실을 알고 있다. 연준리는 미국의 중앙은행일 뿐만 아니라

38 그린스펀의 거짓 변명에 관해서는 다음을 보라 : 박훈탁(2007), 앞의 글, 49-50

39 Alan Greenspan, *The Age of Turbulence: Adventures in a New World*, (New York: Penguin Press, 2007) 227

40 Greenspan, 앞의 글, 228

사실상 글로벌경제의 중앙은행이다. 따라서 연준리도 유럽중앙은행ECB처럼 모든 종류의 정치적 영향력으로부터 독립적이어야 한다.

그런데 미국이 연준리를 대통령의 정치적 영향력으로부터 독립시킬 가능성은 거의 없다. 미국은 대통령 중심제의 원조이며 강력한 대통령을 중심으로 정치적 통합을 이뤄낸 국가다. 그리고 미국의 통화정책은 또한 대통령이 외국을 압박하기 위해 사용하는 외교정책 수단이기도 하다. 따라서 연준리를 대통령의 정치적 영향력으로부터 독립시키는 것은 미국의 국가권력을 취약하게 만들어 국가기반을 뒤흔드는 것으로 비추어질 수 있다.

미국의 대통령은 사실상 선출된 국왕에 다를 바 없다. 미국을 건국한 주류세력이 미국의 초대 대통령 워싱턴George Washington에게 국왕으로 등극하라고 권유했다는 설도 있다. 연준리의 정치적 독립은 통화정책의 일관성과 유연성을 위한 것이지만 미국정치의 근간을 뒤흔드는 측면도 있기 때문에 조만간의 미래에 성사될 제도개혁은 아니다.

끊을 수 없는 보호주의의 유혹

그런데 만일 미국이 연준리의 정치적 독립이라는 제도개혁을 성취해도 보호주의 성향 때문에 패권국의 권위를 회복하지 못할 가능성이 남아 있다. 미국이 도하무역협정Doha Round의 붕괴를 수수방관했고, 한미자유무역협정FTA도 질질 끌다가 2011년 말에 가서야 겨우 비준했다.

도하라운드가 붕괴한 이후 양자 간Bilateral 또는 지역 내 무역협정이 다자간Multilateral 무역협정을 대체하는 실정에 있다.[41] 도하무역협정을 위한 협상이 시작된 이후 무려 100여 개의 양자 또는 지역 내 무역협정이 체결되었는데 이들은 세계무역기구의 모든 회원국이 아니라 일부 회원국에게만 관세를 낮추는데 머무르고 말았다.

패권안정이론의 관점에서 볼 때 미국사회에 잠재된 보호주의 성향은 자유무역을 위한 공공재를 공급하는 미국패권의 권위를 흔들 수 있는 요인이다.[42]

2012년 현재 집권하고 있는 민주당은 보호주의를 선호하는 전통을 갖고 있다. 2008년 대선에서 민주당후보 오바마Barack Obama가 북미자유무역협정NAFTA의 폐지를 원했고 한미자유무역협정에 반대했다.[43] 공화당은 전통적으로 자유무역을 추구하지만 공화당의 부시 대통령이 2006년 여름 5,000억 달러의 부가소득이 기대되는 도하라운드를 결렬시켰다.[44]

2007년에 하원이 109대 의회에서 27개의 반-중국법안Anti-China Trade Legislation을 상정했고, 110대 의회는 첫 3개월 만에 12개 이상의

41 "After Doha: Should free traders should applaud the rise of preferential trade deals?" *Economist* (September 6th 2008)

42 Kenneth F. Scheve and Matthew J. Slaughter, "A New Deal for Globalisation" *Foreign Affairs* (July/August 2007) 1

43 "Dr Obama's patent economic medicine: Is Barack Obama a populist, or just pretending to be one?" *Economist* (March 1st 2008); Scheve and Slaughter, 앞의 글, 2

44 "In the Twilight of Doha: The global trade talks have collapsed because the world's biggest economies prefer failure to compromise. What comes next?" *Economist* (July 29th 2006)

반-중국법안을 상정했다. 그리고 2007년 3월에 부시 행정부가 중국에서 수입한 종이에 새로운 관세를 부과했다. 시장경제가 아닌 국가의 불법적 수출보조금은 처벌하지 않는다는 20년 관행이 깨진 것이다.

미국에 진입하는 외국인직접투자에 대한 장벽도 높아졌다.[45] 2005년 중국국영에너지회사CNOOC가 미국의 에너지회사Unocal를 매입하려다가 포기했다. 2006년에는 두바이항만회사Dubai Ports World의 6개 미국 항구 매입이 무산됐다. 미국기업의 외국인 취득을 심사하고 승인하는 미국내외국인투자위원회Committee on Foreign Investment in the United States, CFIUS가 심사기간을 크게 연장했고 복잡성도 증가시켰다. 최근에는 미 의회가 CFIUS의 조사를 더욱 더 강화하는 법안을 통과시켰다.

미국은 자유무역을 통해서 경제적 이득을 얻고 있다.[46] 피터슨국제경제연구소Peterson Institute for International Economics에 따르면 지난 수십년에 걸친 무역 및 투자자유화가 연간소득을 무려 5,000억~1조 달러나 증가시켰고 미국의 개인소득을 1,650~3,300달러 증가시켰다. 비농업 부문의 1인당 생산성 증가율이 지난 10년 동안 2배나 증가했다: 노동생산성이 1973~1995년의 연평균 1.35%에서 1995년 이후 2.7%로 증가했다. 많은 조사가 미국인 대다수가 이러한 자유

45 Scheve and Slaughter, 앞의 글, 34

46 Scheve and Slaughter, 앞의 글, 34

무역의 혜택을 잘 알고 있음을 보여준다.[47]

그런데도 불구하고 많은 유권자가 자유무역에 반대한다. 퓨리서치사Pew Research Center에 따르면 2007년 자유무역에 관한 회의론이 많이 증가했다.[48] 무역이 자국을 위해 좋다고 믿는 사람의 비율이 2002년의 78%에서 2007년 59%로 폭락하여 47개 조사대상국 중 가장 낮았다. 이것은 민주당원만의 현상이 아니다. 2007년 공화당원을 대상으로 한 월스트리트저널의 조사에서 자유무역 회의자58%가 지지자32%보다 2배가량 많았다.

그뿐만 아니라 점점 더 많은 미국사람이 자유무역을 기회가 아닌 위협으로 간주하고 있다.[49] NBC 뉴스와 〈월스트리트저널〉의 여론조사에서 1999년 12월부터 2007년 3월의 기간에 무역협상이 미국에 해를 주었다는 응답의 비율이 16%나 증가해서 46%로 증가했고 무역협상이 미국에 도움을 주었다는 응답의 비율은 11% 감소해서 28%로 떨어졌다. 2000년 갤럽 여론조사에서는 56%의 응답자가 무역이 기회라고 응답했고 36%는 위협이라고 응답했다.

그런데 2005년 조사에서는 이 비율이 각각 44%와 49%였다. 2007년 3월에 실시한 NBC 뉴스와 〈월스트리트저널〉의 위 공동 여론조사에서 대졸 또는 그 이상 학력 소지자의 35%만 글로벌경제의 혜택을 입었다고 응답했다.

47 Scheve and Slaughter, 앞의 글, 35

48 "Economic Focus: Buying Off the Opposition" *Economist* (November 10th, 2007)

49 Scheve and Slaughter, 앞의 글, 36

급증하는 자유무역과 세계화에 대한 사회적 반대가 정치인이 보호주의 정책을 제안하고 시행하도록 강요한다.[50] 유권자들이 보호주의를 원하기 때문에 보호주의 로비스트들이 그 어느 때보다 더 쉽게 그들의 말에 귀를 기울이는 정치인과 정책결정자를 만날 수 있다.

자유무역에 대한 반대는 경기하락에 따른 일시적인 현상이 아니라 구조적 현상이다. 작년까지 실업률이 4.5%로 완전고용에 가까웠으나 대부분의 미국인의 소득이 정체 또는 감소했을 뿐만 아니라, 이것이 자유무역 때문이라는 사회적 인식이 팽배해 있다. 실제로 미국의 실질소득 분포가 급격히 기울어진 것으로 드러났다. 극소수의 소득은 대대적으로 증가했지만, 대부분 노동자의 소득이 침체하거나 하락했다.

이러한 현상을 가져온 것은 극심한 소득불평등이다.[51] 2000~2005년에 실질금전소득 평균이 증가한 것은 전체 미국 노동자의 4% 미만이다. 고교중퇴, 고교졸업, 대학중퇴, 대학졸업, 일반 석·박사학위 및 MBA 소지자, 법학박사, 그리고 의학박사 중에서 법학박사와 의학박사 집단에서만 실질금전소득의 증가가 있었다.

그런데 이들은 2005년 전체 노동력의 3.4%에 불과하다. 나머지 96% 이상은 실질금전소득이 감소했다. 과거와 달리 가장 낮은 단계

50 Scheve and Slaughter, 앞의 글, 36

51 Scheve and Slaughter, 앞의 글, 36

의 교육과 기술을 가진 사람들만 피해를 본 것이 아니다. 대졸자와 비전문 석사학위소지자들까지 실질금전소득이 감소했다. 어떤 측정치를 보면 지금이 1920년대 이후 소득불평등이 가장 높다.

그리고 소득증가의 편향성이 심각하다.[52] 2005년 상위 1%의 소득이 전체 소득의 21.8%였다. 1928년 이래 없었던 일이다. 1970년대 중후반부터 교육과 기술 수준에 따라 소득불평등이 증가했고 생산성 향상의 혜택이 높은 기술수준을 가진 노동자에게만 돌아갔다. 1966~2001년 전체 노동자의 세전 인플레이션을 고려한 임금과 급여 중앙값이 11% 증가했다. 그런데 이 수치가 상위 10%에서는 58%, 상위 1%에서는 120% 증가했다.

미국사회에 잠재된 보호주의 성향을 극복하려면 극단적 소득불평등을 해소해야 하는데 이것은 연준리의 정치적 독립보다 더 어렵다. 2007~2008년에 발생한 금융위기가 시장이 정의로운 분배를 위한 메커니즘이 아니라는 사실을 드러냈다면서 이제 극단적 소득불평등의 해소를 위해 새로운 정치적 논의를 시작해야 한다고 역설한 하버드대의 센델Micahel J. Sandel 교수의 《정의란 무엇인가》라는 저서가 미국에서 베스트셀러가 된 것은 결코 우연이 아니다.[53] 그런데 센델 교수도 극단적 소득불평등을 해소하는 정의로운 분배방법을 구체적으로 제시하지는 못했다.

52 Scheve and Slaughter, 앞의 글, 36

53 Michael J. Sandel, Justice: *What's the right thing to do?* (New York: Farra, Straus, and Giroux, 2009); 마이클 센델, 이창선 역. 『정의란 무엇인가』(서울: 김영사, 2010)

이제, 무엇을 해야 하나

2008년 10월 영국과 프랑스 그리고 독일이 신브레튼우즈 체제의 필요성을 주장하고 미국패권의 권위를 공격한 것은 결코 지나친 행동이 아니다. 미국이 패권국으로서의 역할을 제대로 수행하지 못했기 때문이다. 2007~2008년에 발생한 글로벌증시 대폭락과 경제위기의 책임은 전적으로 미국에 있다. 그리고 미국사회에 자유무역을 부인하는 보호주의 성향이 팽배해 있는 것도 숨길 수 없는 사실이다. 미국패권의 권위가 심각하게 훼손된 것이다.

글로벌경제가 정상적으로 작동하려면 미국이 패권국의 권위를 회복해야 한다. 그러려면 연준리를 대통령의 정치적 영향력으로부터 독립시키는 제도개혁을 이뤄야 한다. 그래서 유럽과 나머지 국가들이 미국이 또다시 글로벌 금융위기를 초래하지 않을 것이고, 최후의 통화 공급자로서 글로벌 금융위기의 관리자 역할을 제대로 할 수 있다는 확신이 들어야 한다.

그리고 미국은 극단적인 소득불평등을 완화하여 보호주의 성향을 불식시켜야 한다. 그래야만 미국이 패권국의 권위를 회복할 수 있고 그래야만 글로벌경제가 안정적으로 작동한다.

그런데 연준리를 대통령의 정치적 영향력으로부터 독립시키는 제도개혁은 사실상 불가능하다. 1913년 설립된 이후 최근까지 연준리는 대통령과 '지속적이고 최소한의 공공성을 띤 격렬한 갈등' 속에 있다.[54] 설립 후 1989년까지 14명의 대통령 중 12명이 연준리의 통화정책에 개입했다.

대통령들은 재임용 절차를 통해 연준리에 직접적인 정치적 압력을 행사했다. 연준리의 정치적 독립은 대통령의 권한 축소를 의미하고 대통령 중심제 미국사회의 정치적 통합을 훼손한다.

보호주의를 조장하는 극단적 소득불평등은 완화하기 어렵다. 대대적인 소득재분배로 극단적 소득불평등을 해소하자는 셰브와 슬로터의 '세계화를 위한 뉴딜A New Deal for Globalization'은 전혀 사회적 반향을 얻지 못하고 있다.[55] 그들의 정책대안은 현재보다 훨씬 더 누진적 연방세금체계를 의미하지만, 경제학계는 이들의 새로운 뉴딜 정책에 동의하지 않는다. 그뿐만 아니라 부자들이 이를 위한 사회적 합의를 이룰 것 같지도 않다.[56]

미국을 단극으로 하는 단극체계와 권위를 잃은 패권국 미국은 미래에도 느슨한 통화정책으로 주기적으로 자산거품을 일으킬 것이다. 구조적 요인 때문에 그렇게 될 수밖에 없다.

필자는 미래에도 주기적으로 발생할 수밖에 없는 글로벌증시 대폭락과 경제위기를 이용해서 주식시장에서 수익을 창출하는 것이 극단적 소득불평등을 해결하는 현실적 대안이라고 믿는다. 글로벌증시 대폭락과 경제위기가 오면 펀더멘털에는 아무런 변화가 없는

54 Meyer, 앞의 글, 5-6
55 Scheve and Slaughter, 앞의 글, 37-8
56 *Economist* (November 10th, 2007)

데도 불구하고 초우량 기업의 주가가 크게 떨어졌다가 반등한다.

그리고 글로벌증시 대폭락과 경제위기가 오지 않아도 주식시장에서는 단지 수급의 변화 때문에 기업의 펀더멘털과 무관하게 주가가 폭락했다가 반등하는 경우가 얼마든지 있다. 이러한 현상을 이용하면 누구라도 얼마든지 큰 수익을 창출할 수 있다. 8장의 마지막 부분에서 10여 년에 걸친 필자의 경험을 바탕으로 주식시장에서 수익을 창출하는 방법을 간략하게 제시한다.

■ 이 장은 한국연구재단 등재학술지에 게재한 필자의 아래 논문을 쉽게 읽을 수 있도록 풀어내고 새로운 내용을 더한 것이다. "미국패권의 조건: 연준리의 정치적 독립과 극단적 소득불평등의 완화" 『국제정치연구』 제11집 2호 (2008년 12월)

위험한 전망과 **안전한 대안**

또 글로벌증시 대폭락과 경제위기가 온다

우리는 정치인의 꼼수가 단지 사람을 속이는데 그치지 않고, 주기적으로 발생하는 글로벌증시 대폭락과 경제위기를 일으키는데 결정적으로 이바지한 사실을 확인했다. 희한하게도 글로벌증시 대폭락과 경제위기가 1987년부터 정확하게 10년마다 발생했다.

1997년 11월에 글로벌증시 대폭락과 경제위기와 때를 맞춰 우리나라에서 금융위기가 발생했고, 여기에 정치적인 원인이 있었다. 2007~2008년에 발생한 글로벌증시 대폭락과 경제위기의 이면에는 부시 대통령과 그린스펀 의장의 정치적 꼼수가 있었다. 만일 2017년에 글로벌증시 대폭락과 경제위기가 발생한다면 그것의 이면에 있을 만한 정치적인 꼼수도 예측할 수 있다.

이 장은 2017년에 글로벌증시 대폭락과 경제위기가 발생할 것이라는 에셋플러스자산운용 강방천 회장의 예측이 현실로 나타날 가능성을 타진하고, 우리가 취해야 할 대안을 모색한다.

글로벌 주택거품의 붕괴 때문에 글로벌증시 대폭락과 경제위기가 발생한 2007년으로부터 정확하게 10년 후 2017년에 또다시 글로벌증시 대폭락과 경제위기가 발생할지 확신할 수는 없다. 그러나 언젠가는 국내외 정치인의 꼼수가 또다시 글로벌증시 대폭락과 경제위기를 만들어낼 것은 확신한다. 그 과정을 예측하는 시나리오는 얼마든지 작성할 수 있다.

그리고 그들이 글로벌증시의 대폭락과 경제위기를 초래하면, 일시적으로 폭락하는 우량한 주식을 저점에서 매수하고 반등을 이용해서 차익을 실현할 수 있다. 이것이 우리가 취할 수 있는 가장 안전한 대안일 뿐만 아니라 빈익빈 부익부의 양극화 시대에 우리를 중산층으로 밀어 올려줄 하나의 방법이라고 믿는다.[1]

간략하게나마 10여 년에 걸친 경험을 바탕으로 주식투자에 입문하는 독자에게 바람직한 투자방법을 제시한다. 그런데 주식투자가 그리 만만치는 않다.

1 10년마다 찾아오는 글로벌증시 대폭락의 최대 수혜자는 우리보다 훨씬 뛰어난 정보력을 가졌을 뿐만 아니라 글로벌증시 대폭락을 만들어내는 미국과 우리나라의 정치인과 관료집단일지도 모른다.

또 글로벌증시 대폭락과 경제위기가 온다

서민과 대중은 없다

이미 앞에서 언급했지만, 경제 및 금융 전문가들은 말할 것도 없고 정보가 빠른 정치인과 고급관료들은 글로벌증시 대폭락과 경제위기가 주기적으로 반복하는 것을 사전에 파악할 수 있고 그로 인한 위험에 대처하고, 심지어 상당한 수익을 낼 수도 있다. 그런데 서민과 대중은 전혀 그러질 못한다. 앞으로 다가올지도 모르는 글로벌증시 대폭락과 경제위기를 예측하는 시나리오를 제시하고, 이로 인한 위험에 슬기롭게 대처하는 방법을 알려주고자 한다.

이미 우리나라에서도 영향력 있는 주식시장 참여자들은 2017년에 또다시 글로벌증시 대폭락과 경제위기가 찾아오리라고 예측하고 있다. 앞에서 언급했듯이 미래에셋자산운용 대표이사를 역임한 저명 애널리스트 조승제가 2010년 유선방송 머니투데이MTN의 〈고수비책〉이라는 프로그램에 출연해서 에셋플러스자산운용의 회장 강방천이 2017년에 일본에서 국가부도가 발생할 것으로 예측했고

2016년 말에 주식계좌를 철수할 것이라고 전했다.

그런데 일본에서 국가부도가 발생하리라는 강방천 회장의 예측이 실현될 가능성은 그다지 크지 않다. 일본은 여전히 디플레이션에 시달리고 있고[2] 국가부채가 GDP의 220% 이상으로 매우 높다. 게다가 최근2011년 50년 만에 처음으로 일본의 무역수지가 적자로 돌아섰다.[3] 그러나 일본은 국채를 대부분 엔화로 발행했기 때문에 필요하다면, 발권력을 동원해서엔화를 발행해서 국가부도를 막을 수 있다. 게다가 일본정부가 소비세를 올려 국가부채를 줄일 방침이어서 일본의 국가부도 가능성은 크지 않다.

그렇다고 해서 2017년에 또다시 글로벌증시 대폭락과 경제위기가 발생할 것이라는 강방천의 예측이 틀렸다고 볼 수는 없다. 필자는 일본의 국가부도가 아닌 다른 이유로 강방천이 제시한 예측에 동의한다.

위험한 전망과 예측 시나리오

설령 일본에서 국가부도가 터지지 않아도 2017년에 글로벌증시 대폭락과 경제위기가 찾아오리라는 강방천의 예측은 얼마든지 실현될 수 있다. 미국 대통령의 꼼수가 미래에도 계속될 것이고, 이것을 글로벌증시 대폭락과 경제위기로 이어줄 두 개의 정치구조가 엄연히 살아있기 때문이다. 단극국가이면서 권위를 잃은 패권국 미국이

2 "The Bank of Japan: Time for action" *Economist* (February 18th 2012)

3 "Japan's trade balance: Seeing red" *Economist* (January 14th 2012)

경제위기를 빌미로 계속 느슨한 통화정책을 사용해서 자산거품을 일으킬 가능성이 상존한다. 그뿐만 아니라 유럽의 부채위기가 장기화하고 악화할 가능성이 계속 증가하고 있다. 〈이코노미스트〉가 최근 유럽의 9월 위기설을 제시했다.[4]

그린스펀의 후임자 버냉키가 대공황 전문가답게 시장에 막대한 유동성을 공급해서 2007~2008년 글로벌증시 대폭락과 경제위기가 또다시 대공황으로 이어지는 것을 틀어막는 데 성공했다. 그리고 천만 다행스럽게 미국경제가 회복국면에 접어들고 있다.[5] 조만간 미국의 주택가격이 반등하고 미국경제의 70%를 차지하는 소비가 회복할 것으로 기대된다.[6] 미국의 실업률이 더디지만, 추세적으로 줄어들고 취업률이 증가하고, 대부분 경기선행지수가 향상되고 있다.

그런데 미국경제의 회복 이면에 또다시 자산거품을 가져올 수 있는 불안요인이 도사리고 있다. 미국경제가 회복하는 것은 2007~2008년 글로벌증시 대폭락과 경제위기가 발생하자 연준리가 또 금리를 내렸고, 두 번에 걸친 양적완화로 시장에다가 막대한 유동성을 공급해서 민간부문의 부채를 공공부문으로 옮겨놓았기 때문이다.

4 "Charlemagne: Une rentrée chaude" *Economist* (August 4th 2012)

5 "Stocks Hit 5-Month High in Year-End Rebound"; "Demand Lifts U.S Steel Industry" *Wall Street Journal* (December 24, 2011)

6 다른 주요 선진국들의 주택가격은 아직도 고평가된 것으로 나타났으나 미국의 주택가격은 충분한 조정을 거쳐 저평가되었고 반등이 기대된다. 미국의 다른 경제지표들도 호전되고 있는 것으로 나타났다: "Economic Focus: House of horror, part 2"; "The economy: Finally, some good news" *Economist* (November 26th 2011)

그래서 지금 또다시 미국의 단기 실질금리가 마이너스에 머물러 있다. 만일 이것이 오랫동안 지속한다면 또다시 자산거품으로 이어질 수 있다. 그런데 아무도 여기에 주목하지 않는다.

경제가 본격적으로 회복하는데, 적절한 시점에 금리를 올려 과잉 유동성을 회수하지 않으면 또다시 자산거품이 발생할 수 있다. 그런데 유동성 회수는 의도하지 않은 경기후퇴를 가져올 수 있기 때문에 정치적으로 굉장히 부담스러운 것이 사실이다. 미국경제가 대공황에서 회복하던 1937년에 성급하게 통화정책을 긴축해서 또다시 경기후퇴가 발생했고, 그것이 지금도 연준리와 관련학계에서 반면교사 역할을 하고 있다. 그렇다고 해서 경제가 회복되었는데도 불구하고 과도하게 풀린 유동성을 회수하지 않으면 과잉유동성이 자산거품으로 이어질 가능성을 결코 배제할 수 없다.

그런데 이미 그럴 가능성이 생겼다. 2011년 말에 연준리가 2014년까지 현재의 제로에 가까운 단기 연방기금 금리를 유지하겠다고 발표했다.[7] 현재의 마이너스 실질금리를 최소한 앞으로 3년 동안 유지하겠다는 것이다. 게다가 연준리가 3차 양적완화를 단행할지도 모른다.[8] 채권왕 그로스Bill Gross는 결국 미국이 3차 양적완화를 단행할 것이라고 장담하고 있다.

미국이 2014년까지 금리를 동결하겠다고 서둘러 발표한 것은

7 "Fed May Signal Low Rates Into 2014" *Wall Street Journal* (December 23, 2011)

8 "The economy: The hair of the dog" *Economist* (February 4th 2012)

2012년 11월에 있을 대선에서 오바마 대통령의 재선을 위한 것이다. 그런데 2014년 이후에도 연준리가 금리를 올릴 것이라는 보장은 없다. 2016년 11월에 대통령 선거가 있고 정부가 대선승리를 위해 연준리를 압박해서 금리를 동결할 가능성을 배제할 수 없기 때문이다. 이렇게 미국경제가 본격적으로 회복국면에 접어들었는데도 불구하고 계속 마이너스 실질금리를 유지한다면 자산거품이 발생할 확률이 높아질 수밖에 없다.

그런데 결국 그렇게 될 가능성이 높다. 미국경제가 본격적인 회복국면에 접어들었을 때 연준리가 시중에 풀린 과잉유동성을 회수해야 할 시점을 정확하게 판단하고 적절한 방법으로 적당량의 유동성을 회수하고 단기금리를 올린다는 보장은 없다. 그것은 버냉키 의장의 능력이 부족해서라기보다는 대통령에 대한 연준리의 정치적 종속 때문이다.

만일 버냉키가 연준리 의장직에 연연해 하면 자신의 정치적 목적을 달성하기 위해 통화정책을 느슨하게 유지하려는 대통령의 영향력에서 벗어날 수 없다. 만일 버냉키가 대통령의 요구를 무시하고, 자산가격의 안정을 위해 금리인상을 단행하려고 한다면 의장직에서 쫓겨날 것이고, 대통령은 자신이 원하는 통화정책을 사용해줄 새로운 의장을 물색할 것이다.

이미 5년째 지속되고 있는 마이너스 실질금리가 자산거품으로 이어지리라는 경고가 나왔다.[9] 개인과 기관의 무분별할 대출이 자산구

9 "Buttonwood: Keeping it real" *Economist* (June 30th 2012)

매로 이어지고, 은행이 대출자의 변제능력을 과대평가하여 악성부채를 위한 적절한 대비를 하지 않는다는 것이다.

그런데 설상가상으로 유럽에 부채위기가 발생했다. 그리스를 비롯한 남유럽 국가들의 방만한 재정이 신뢰의 위기와 유동성경색을 초래한 것이다. 2011년 10월 〈이코노미스트〉가 이탈리아처럼 지급능력은 있으나 유동성이 부족한 국가로 유동성경색이 번지지 않도록 방화벽을 설치하고, 유럽 은행들의 자본을 확충하고 그리스 문제를 신속하고 확실하게 해결해야 부채위기의 확산을 막을 수 있다고 지적했다.[10]

그런데 2011년 10월 말 유럽의 정상들이 민간이 보유한 그리스 부채를 '자발적'으로 50% 감가상각하기로 했을 뿐 방화벽 설치에 관해서는 아무 언급이 없었다.[11] 지금 유럽의 방화벽에 구멍이 숭숭 나 있다.[12] 정말 심각한 문제는 독일이 유럽의 부채위기를 해결할 의지를 보이지 않는 데 있다.[13]

유럽의 부채위기에서 독일이 져야 할 책임은 막중하다. 슈뢰더 총리의 노동시장 개혁 때문에 독일의 노동생산성이 다른 유로지역 국가들보다 훨씬 더 높다.[14] 그런데 이것이 독일통화의 강세로 이어지

10 "Be afraid: Unless politicians act more boldly, the world economy will keep heading toward a black hole" *Economist* (October 1st, 2011)

11 "European Crisis: Europe's Rescue Plan" *Economist* (October 29, 2011)

12 "The euro crisis: A firewall full of holes" *Economist* (March 3rd, 2012)

13 "Germany Looks Isolated on Crisis Plans" *Wall Street Journal* (November 16, 2011); "Germany Won't Move on Common Bonds" *Wall Street Journal* (November 23, 2011)

14 "Germany's economic Model: What Germany offers the world" *Economist* (April 14th 2012)

지 않는다. 독일이 마르크화를 버리고 유로화를 사용하기 때문이다. 그래서 독일경제의 수출경쟁력이 지나치게 높아 독일이 돈을 엄청나게 벌었다. 남유럽이 재정을 방만하게 운영할 수 있었던 것은 독일의 은행들이 엄청나게 남아도는 돈으로 부실대출을 일삼았기 때문이다. 남유럽의 막대한 국가부채와 독일 은행들의 엄청난 이윤이 제로섬 관계에 있다. 유럽이 부채위기를 근본적으로 해결하려면 독일의 중앙은행이 인플레이션을 감내하면서 남유럽의 수출과 성장을 촉진해야 한다.[15] 그러나 바이마르공화국 시절에 초인플레이션을 경험했고 제2차 세계대전에서 패전한 독일에게 이렇게 이타적인 리더십을 기대하는 것은 어리석은 일인지도 모르겠다.

유럽의 부채위기는 해결하기 어렵다. UC버클리대 아이켄그린Barry Eichengreen 교수가 2012년 1월 11일 〈월스트리트저널〉에 유로지역 위기의 다음 국면을 예측하는 기사를 기고했다.[16] 유럽에 발생한 악순환들Vicious Cycles 중 국가신용등급 하락으로 발생한 유동성 경색Liquidity Crunch이라는 악순환은 750조 원에 달하는 유럽중앙은행ECB의 장기재금융작전Long Term Refinancing Operation으로 잠시나마 해소되었다.

그런데 재정적 공고화Fiscal Consolidation가 저성장을 초래해서 재정적 공고화를 강화하는 악순환은 해소하지 못할 것이다. 부채를 줄이려면 세율인상과 공공지출 삭감이라는 재정적 공고화가 불가피한데

15 "Germany's economy: Message to Bundesbank" (May 5th 2012)

16 "The Next Phase of the Euro-Zone Crisis" *Wall Street Journal* (January 11, 2012)

이러한 수요를 감축하는 조치들이 경제성장을 억제해서 부채감축을 어렵게 한다. 그래서 또다시 재정적 공고화를 시작하면 경제성장이 더욱더 위축되고 예산적자가 더 증가한다. 이러다가 유권자가 경기 후퇴와 실업증가를 견디지 못해 결국에는 긴축기조를 유지하는 정부를 쫓아낸다. 이로 인한 불확실성이 경제성장과 투자를 더욱더 어렵게 만든다는 것이다.

유럽의 부채위기는 장기화하고 규모가 계속 증가할 것이다.[17] 이탈리아 중앙은행장을 역임한 드라기Mario Draghi가 트리셰Jean Claude Trichet의 후임으로 유럽중앙은행 총재가 되었고 포르투갈 사람Vitor Constancio이 부총재로 임명되었다. 부채위기에 시달리는 남유럽국가들이 유럽중앙은행을 장악한 것이다. 드라기가 취임하자마자 통합유럽의 단기 이자율을 유례가 없는 저점1%으로 내렸는데 유럽의 인플레이션이 2.8%다. 유럽에도 마이너스 실질금리가 발생한 것이다.

그런데 드라기가 이자율을 계속 내릴 것이라는 전망이 우세하다. 이미 유럽중앙은행이 유럽의 은행들에 5,000억 유로6,390억 달러를 3년 만기로 대출했는데 이것도 전례가 없는 장기대출이다. 드라기가 이자율을 더 내려서 깊은 마이너스 실질금리가 장기간에 걸쳐 지속하면 유럽에도 자산거품이 발생할 수 있다.

화불단행禍不單行이라고 나쁜 일이 공교롭게 겹칠 수 있다. 미국과 유럽에서 자산거품이 발생하고, 2017년쯤 동시다발적으로 터져 글

17 "A New Generation Tackles the Euro Crisis" *Wall Street Journal* (January 11, 2012)

로벌증시 대폭락과 경제위기가 찾아올 수 있다.

그리고 그때쯤 우리나라에서도 금융감독원의 부실한 감독이 신용경색과 금융위기를 만들어낼 가능성을 배제할 수 없다. 2017년쯤 미국과 유럽에서 자산거품이 깨지면 국내에 들어온 미국과 유럽의 자금이 대대적으로 이탈할 것이 뻔하다. 그때쯤 금융감독원의 부실한 감독 때문에 상호저축은행의 부실대출이 극에 달할 것이고, 가계부채도 급증할 것이고 신용카드 부실대출도 심각할 것이다.

지금까지 필자가 제시한 예측 시나리오는 2017년에 일본에서 국가부도가 발생한다는 강방천의 예측을 배제한 것이다. 그런데 2017년 이전에 일본의 대도시에서 사상 최대 규모의 대지진이 발생해서 엔화를 마구 찍어내도 피해를 감당할 수 없는 지경에 이른다면, 일본도 어쩔 수 없이 국가부도를 낼 것이다.

이런 사태가 발생한다면 2017년에 찾아올 글로벌증시 대폭락과 경제위기의 위력은 상상을 초월할 것이다. 당신이라면 만약 이런 상황이 도래한다면 어떻게 할 것인가? 위기는 지나가게 마련이지만 위기가 지나가기를 단순히 바라지는 말기를 바란다. 이런 위기를 예측하고 상상한다면 당신에게는 더할 나위 없는 좋은 기회가 될 수도 있다. 위기를 위기로 받아들이면 단지 위기일 뿐이다.

무서운 현실과 확실한 대안

무서운 현실은 글로벌증시 대폭락과 경제위기를 일으키는 정치인과 관료집단과 그들로부터의 고급정보를 빼내는 언론과 금융세력이 서로 짜고서는 글로벌증시 대폭락과 경제위기가 발생하기 전에 주가를 마구 끌어올린다는 것이다.

"주가 사상최고치 경신! 더 오를 듯! 어디까지?"

신문 1면 톱에 이런 종류의 기사가 나면 어김없이 조만간 증시 대폭락이 닥쳐온다. 주가를 끌어올린 세력이 주식이 더 오른다기에 무턱대고 증권사 객장에 뛰어든 애 업은 아줌마를 비롯한 개인투자자에게 보유한 주식을 마구 던져서 주가를 폭락시켜버리는 것이다.

그래서 항상 글로벌증시 대폭락과 경제위기가 오기 직전에 개인투자자가 고점에 물리고 주가대폭락 이후 발생하는 최저점에서 주식을 매수할 기회를 잃어버린다. 이것이 주식시장의 현실이다. 정말 무섭기 그지없다.

그렇다면, 실제로 2017년에 또 글로벌증시 대폭락과 경제위기가 찾아온다면 도대체 우리의 재산을 지켜줄 확실한 대안은 무엇일까?

조만간 우리나라에 도입될 헤지펀드는 결코 확실한 대안이 아니다.[18] 1998년 이후 최근까지 미국 헤지펀드의 평균수익률이 미국 재무성채권 수익률의 절반에 불과한 2.1%를 기록했다. 2007~2008년 글로벌증시 대폭락과 경제위기의 와중에 헤지펀드 투자자들이 막대한 손실을 입었고, 아직도 손실을 전부 만회하지 못했다.

그런데 헤지펀드 매니저는 2008~2010년에 1,000억 달러의 수수료를 챙겼다. 1990~2010년에 헤지펀드 매니저들이 3,790억 달러의

18 Simon Lack, *The Hedge Fund Mirage: The Illusion of Big Money and Why It's Too Good to Be True* (New Jersey: John Wiley & Sons, 2012); "Buttonwood: Rich Managers, Poor Clients" *Economist* (January 7th 2012)

거액을 벌었다.

미래에도 글로벌증시 대폭락과 경제위기가 주기적으로 반복될 것이기 때문에 헤지펀드를 통한 간접투자는 확실한 대안이 될 수 없다. 그리고 헤지펀드도 얼마든지 망할 수 있다는 사실을 기억해야 한다.[19]

그런데 2017년에 글로벌증시 대폭락과 경제위기가 찾아와도 미국의 주식시장이 신속하게 회복할 가능성이 높다. 미국의 일본국채 보유량이 매우 제한적이라서 혹시 일본에서 국가부도사태에 따르는 위기가 발생해도 문제가 없을 것이다.

미국의 은행들이 충분한 유동성을 확보하고 있어서 유럽의 부채위기가 미국으로 전염되지도 않을 것이다.[20] 미국과 유럽에서 발생한 자산거품이 터지고, 일본에서 어려움이 발생해도 미국경제의 회복기조는 무너지지 않고 유지될 것이다.

그래서 2017년에 또다시 글로벌증시 대폭락과 경제위기가 발생해도 미국의 주가가 신속하게 반등할 가능성이 큰 것이다.

만약의 경우이지만, 글로벌증시 대폭락과 경제위기가 찾아올지도 모를 2017년 이후 미국의 주식시장이 신속하게 회복하면, 우리나라의 주식시장도 그럴 가능성이 매우 크다. 우리나라의 주식시장이 미

---

19 "Hedge-fund closures: Quitting while they're behind" *Economist* (February 18th 2012)

20 현재 유럽에서 진행 중인 부채위기는 2008년에 발생한 리만 부도사태와 달리 미국의 은행에 피해를 주지 않고 있다. 미국의 은행들은 충분한 유동성을 확보하고 있다: "American banks: Contagion? What contagion?" *Economist* (December 3rd 2011)

국의 주식시장에 연계되어 있을 뿐만 아니라, 거래량과 유동성이 매우 풍부하기 때문이다. 우리나라 선물시장에서 거래되는 파생상품의 양이 전 세계의 27%에 달해서 세계 1위다.

필자는 2017년에 글로벌증시 대폭락과 경제위기가 찾아온다면 주식 직접투자가 우리의 재산을 지키고, 증식시킬 가장 확실한 대안이라고 믿는다. 우리나라의 주식시장에도 매년 시가총액의 10%를 상회하는 높은 영업이익을 내고, 20% 안팎의 자기자본이익률ROE을 유지하는 세계적인 초우량기업이 꽤 많다.

그런데 글로벌증시 대폭락과 경제위기가 발생할 때마다 이들의 주가가 일시적으로나마 청산가치BPS 밑으로 떨어진다. 삼성전자도 예외가 아니다. 초우량기업의 주식을 최저점에서 매수할 절호의 기회가 오는 것이다.

이런 주식은 경제위기가 해소되는 과정에서 청산가치의 무려 4배까지 오른다. 글로벌증시 대폭락과 경제위기가 발생했을 때, 이러한 주식을 청산가치 근처에서 분할매수하고 고점에서 매도하여 수익을 창출하는 것이 가장 확실한 대안이다.

글로벌증시 대폭락과 경제위기가 오지 않아도 일시적인 수급의 변화 때문에 멀쩡한 우량기업의 주가가 청산가치 근처로 떨어지는 경우가 종종 있는데 이것도 수익을 창출할 좋은 기회다.

그런데 주식시장에서 안정적으로 수익을 얻는 것은 결코 만만한 일이 아니다. 반드시 기업의 펀더멘털과 수급에 관한 공부를 충분히 하고 자신만의 투자원칙을 세우고 지켜야 할 뿐만 아니라 탐욕과 공포를 통제하는 능력을 길러야 한다.[21] 이것은 필자가 14년 동안 주식시장에서 살아남고 분석하여 얻은 교훈이다.

필자는 1998년 6월에 280포인트 밑으로 폭락한 종합주가지수가 1999년 12월 1,000포인트를 넘기는 것을 보면서 주식투자에 입문했다. 투자종목을 선택할 때 사용하는 원칙을 소개하겠다. 어디까지나 개인적인 투자원칙일 뿐임을 유념해두기 바란다.

첫째, 영업이익이 지난 5년 동안 꾸준히 증가했고, 영업이익이 시가총액의 10% 이상이어야 한다.

둘째, 지난 5년 동안 자기자본이익률ROE의 평균이 15% 이상이어야 한다.

셋째, 유동자산이 총부채보다 훨씬 많고 영업활동에 의한 현금흐름이 꾸준히 증가해야 한다. 다른 조건이 아무리 좋아도 영업활동에 의한 현금흐름이 마이너스인 경우는 그것이 일시적인 현상이라는 확신을 하지 못한다면 투자대상에서 제외한다.

이러한 조건을 모두 충족하는 기업일지라도 주가수익배율Price Earning Ratio, 즉 PER가 10 이상이면 의미 있는 지지선을 이탈할 경우

21 주식시장에는 하지 말아야 할 것도 있다. 첫째, 일반인은 선물과 옵션 그리고 주식워런트증권(ELW)에 대한 투자는 하지 말아야 한다. 이러한 파생상품은 매일 자동으로 매매결과가 결제되는데 레버리지(Leverage) 효과 때문에 수익과 손실이 기하급수적으로 증가할 뿐만 아니라 거대한 자본을 가진 세력이 매매를 좌지우지하기 때문에 개인이 꾸준히 수익을 내는 것은 사실상 불가능하다. 둘째, 자신의 여유자금이 아닌 돈으로는 투자하지 말아야 한다. 셋째, 증권사 직원에게 매매를 일임하지 말아야 한다. 넷째, 남에게 물어보지 않고 홀로 투자해서 수익을 낼 만한 능력이 없으면 아예 주식투자를 하지 말아야 한다. 일반인은 적어도 이 네 가지를 반드시 지켜야 한다.

를 대비해서 분할매도를 준비한다.[22] 이러한 수치들은 홈트레이딩 시스템HTS를 통해서 누구라도 간단하게 확인할 수 있다.

그리고 필자는 주식투자에 성공하려면 반드시 선물시장의 움직임을 제대로 알아야 한다고 강조한다. 이것은 아무리 강조해도 지나치지 않는다. 선물시장에서는 주가가 오를 때뿐만 아니라 떨어질 때에도 수익을 낼 수 있다. 바로 그것이 선물시장과 주식현물시장의 결정적 차이점이다. 주가상승기에는 선물을 사서 충분히 오르면 팔아 수익을 확정짓는다. 그런데 선물시장에서는 가지고 있지도 않은 선물을 팔 수 있다. 그래서 주가하락기에는 선물을 팔고, 충분히 떨어지면 팔아둔 선물을 되사서 차익을 실현할 수 있다. 그런데 절대로 오해는 하지 말기 바란다. 결코, 필자는 선물옵션 투자를 권하지 않는다.

필자가 강조하고자 하는 것은 '선물시장의 움직임'을 제대로 알아야 거래소시장의 움직임을 정확하게 예측할 수 있고, 그래야만 안정적으로 수익을 낼 수 있다는 사실이다.

앞에서도 잠깐 언급했는데 우리나라 선물시장 규모가 이미 세계 1위다. 그런데 거래소 주식시장은 '차익 프로그램 매매'를 통해서 선물시장에 연동되어 있다. 그래서 거래소시장의 움직임을 알려면, 선물시장의 움직임을 알아야 한다.

22 PER가 10을 넘으면 매도할 준비를 해야 하는 이유는 재벌을 비롯한 대기업의 낙후된 기업지배구조(Corporate Governance) 때문이다. 기업지배구조가 상식적이지 않고 투명하지도 않아 기업에 대한 감시가 불충분하고 투자자에게 손해를 끼칠 수 있기 때문에 우리나라 주식은 언제나 저평가될 수밖에 없다; "The Korea discount: Minority report" *Economist* (February 11th 2012)

그런데 선물시장의 움직임은 '베이시스Basis'와 '미결제약정'의 변화만 이해하면 얼마든지 파악할 수 있다. 이것들도 홈트레이딩시스템HTS으로 아주 간단하게 확인할 수 있다.

베이시스란 선물과 현물코스피200의 가격 차이를 말한다. 이론상으로는 선물가격이 현물가격보다 높다. 선물가격이 현물가격보다 높으면 당연히 플러스 베이시스, 즉 콘탱고Contango가 발생한다. 그런데 선물가격이 현물보다도 낮은 경우가 얼마든지 발생한다. 선물가격이 현물보다 낮으면 마이너스 베이시스, 즉 백워데이션Backwardation이 발생한다. 콘탱고는 코스피200지수의 상승을 예측하는 시장참여자가 하락을 예측하는 시장참여자보다 많은 경우에 발생하고 백워데이션은 그 반대의 경우에 발생한다.

그런데 바로 이 베이시스가 차익 프로그램 매매를 발생시킨다. 프로그램 매매는 컴퓨터가 순간적으로 거래소시장의 코스피200지수에 포함된 모든 주식을 동시에 대량으로 매매하는 것이다. 콘탱고가 발생하면 컴퓨터가 자동적으로 매입해둔 선물을 팔아 차익을 챙기고 거래소시장의 주식을 사는 차익 프로그램 매수를 발생시킨다. 그래서 거래소시장이 상승한다. 반대로 백워데이션이 발생하면 컴퓨터가 팔아둔 선물을 되사서 차익을 실현하고, 거래소시장의 주식을 파는 차익 프로그램 매도를 발생시킨다. 그러면 거래소시장이 하락한다. 따라서 선물 베이시스의 변화를 예측할 수만 있으면, 거래소시장의 방향을 예측할 수 있다.

베이시스의 변화는 선물 미결제약정의 변화를 통해서 예측할 수 있다. 미결제약정이란 청산되지 않은 선물계약을 말한다. 선물시장에서는 매일 매매계약을 결제하는 것이 원칙이다. 선물의 상승이 예측되면 매수계약을 체결하고, 상승하면 팔아서 수익을 확정짓는다. 바로 이것이 매수계약의 청산이다. 그런데 선물이 내일 또 상승할 것으로 예측되면 매수계약을 청산하지 않고 내일로 이월할 수 있다. 이런 경우에 미결제약정이 발생한다. 선물가격이 상승하고 베이시스가 콘탱고인데 미결제약정이 증가한다면, 내일도 콘탱고가 지속될 가능성이 높고 베이시스가 백워데이션인데 미결제약정이 증가한다면 내일도 백워데이션이 지속될 가능성이 높다는 것이다.

끝으로 '다이버전스Divergence'에 관해 알아야 한다. 선물가격이 계속 상승하고 있고 베이시스도 콘탱고인데 미결제약정이 추세적으로 감소하는 현상을 다이버전스라고 한다. 이것은 조만간 선물가격이 떨어지고, 백워데이션이 발생할 것을 시사한다. 반대로 계속 선물가격이 떨어지고 있고 베이시스도 백워데이션인데 미결제 약정이 추세적으로 감소하는 현상도 다이버전스라고 한다. 이 현상은 조만간에 선물가격이 상승하고 콘탱고가 출현할 것을 시사한다.

만일 2017년에 글로벌증시 대폭락과 경제위기가 온다면 D데이 수개월 전부터 세력이 선물시장에 개입해서 거래소시장을 끌어올릴 것이다. 베이시스를 콘탱고로 유지하고 미결제약정을 증가시켜서 차익 프로그램 매수를 일으킬 것이다. 그래서 거래소시장을 끌어올릴 것이다. 그러면 거래소시장 종목을 매입하지 말고 주가지수가 오르면 함께 오르는 상장지수펀드ETF 중에서 거래량이 가장 풍부한 KODEX 200이나 KODEX 레버리지를 매입해서 수익을 낼 수 있다.

실제로 2017년에 글로벌증시 대폭락이 발생해도 얼마든지 수익을 낼 수 있다. 그때에는 선물시장에서 세력이 베이시스를 백워데이션으로 유지하고 미결제약정을 증가시켜 차익 프로그램 매도를 일으킨다. 그래서 연일 거래소시장이 폭락한다. 이 경우에는 주가지수가 떨어지면 상승하는 상장지수펀드 중에서 거래량이 가장 풍부한 KODEX 인버스를 매입해서 수익을 낼 수 있다.

주가대폭락이 멈춘 후에도 거래소와 코스닥시장에서 주가가 한동안 횡보하면서 기간조정을 거치게 된다. 시가총액 1위 삼성전자부터 순서대로 현대차, POSCO, 현대모비스, 기아차, 현대중공업, LG화학과 같은 세계적인 초우량기업의 주가가 청산가치BPS 근처 또는 그 밑으로 떨어져 있을 것이다. 이것은 현재의 시가총액 순위가 변하지 않는다고 전제해서 하는 말이다. 바로 그때 그들을 분할해서 차곡차곡 매수해두면 된다. 여유가 있으면 증권업계 시가총액 1위 증권사 주식도 매입해두면 좋다. 바로 이러한 초우량 주식부터 급반등을 시작할 것이다. 만일 그때 매수한 주식의 매도시점을 10년 후에 또다시 다가올 글로벌증시 대폭락과 경제위기 직전으로 잡겠다면 필자는 절대로 말리지 않을 것이다. 독자 여러분께 큰 행운이 다가오기를 간절히 바란다.

■ 단극체계의 단극이고 권위를 잃은 패권국 미국이 이미 5년째 마이너스 실질금리를 유지하고 있다. 이제 유럽도 실질금리가 마이너스다. 또다시 자산거품이 발생하고 글로벌증시 대폭락과 경제위기가 다가올 것이다. 또 당하지 말고 정확한 예측과 철저한 대비로 수익을 내자.

Epilogue

정치인은 미래에도 사람을 속일 것이다

나는 행복하다. 이십 년 가까이 연구를 통해 얻은, 얼핏 들으면 황당할 수 있는 지식을 독자들과 나누게 되어 정말 행복하다. 이제 우리는 정치인의 입에서 쏟아져 나오는 온갖 고상하고 아름답고 정의로운 언어가 다 거짓임을 알았다. 정치인의 음험한 꼼수가 주기적으로 우리의 삶과 재산을 송두리째 앗아가는 재앙을 초래하는 것도 알았다. 의미 있고 아주 중대한 변화가 발생하지 않는다면, 이러한 현실이 자꾸 반복되어 우리의 미래를 망쳐버린다는 사실도 알게 되었다.

그런데 우리 유권자 탓도 전혀 없지는 않다. 정치인은 하늘에서 떨어진 사람들이 아니다. 그들은 우리가 선출해서 국회로 보낸 사람들이다. 이제 투표를 똑바로 해야 하고, 우리가 선출한 정치인들이 거짓말을 하고, 꼼수를 부리고 부정부패를 저지르는 것을 감시하는 데 필요하고 충분한 대가를 지급해야만 한다. 그런데 우리가 그렇게 해도 현재의 간접민주주의Indirect Democracy 아래에서는 정치인의 거

■ ■ ■ ■ ■

짓말과 꼼수를 완벽하게 차단할 방법이 없다.

혹시 정직하고 유능한 정치인이 백마를 타고 광야를 건너와 대학졸업자들의 취업난과 이로 말미암은 빈익빈 부익부의 양극화 현상을 해결해주지 않을까? 이것이 우리가 처한 가장 심각한 문제이기 때문에 이러한 기대를 하는 것도 무리는 아니다. 이명박 대통령이 압도적인 표차로 당선된 것은 성공한 기업인으로 알려졌고 많은 유권자가 그가 양극화 현상을 해결해줄 것으로 기대했기 때문이다. 지금은 많은 젊은이가 기업인 출신 대학교수이며 정치지망생 안철수가 대졸자 취업난과 양극화 문제를 해결해주리라고 기대한다.

그런데 대졸자 취업난과 양극화 문제는 기업인이나 정치인이 해결해줄 수 있는 것이 아니다. 이것은 노동력을 절약하는 컴퓨터와 자동화로 인한 '고용 없는 성장'의 종국적 결과다. 매년 경제가 꾸준하게 성장하고 기업이 엄청난 이익을 내도 정작 대졸자들은 평생 몸담을 번듯한 일자리를 구하기가 매우 어렵다.

이 책을 여기까지 다 읽은 독자라면 이미 정치인이나 정치지망생이 대졸자 취업난과 양극화뿐만 아니라 우리의 어떠한 문제도 제대로 해결할 수 없다는 것을 알아차렸을 것이다. 그들에게 이 문제 따위는 아예 관심사가 아니다. 국가예산을 멋대로 배분하고 공공의 목

■ ■ ■ ■ ■

적에다가 그들의 '사적인 이해'를 덮어씌우는데 혈안이 되어 있을 뿐이다. 주기적으로 금융위기를 일으켜 서민의 호주머니에서 돈을 털어내는 것이 그들의 목적이다. 그렇다고 해서 낙심할 필요는 없다. 하늘이 무너져도 솟아날 구멍은 얼마든지 있다.

양극화 문제를 완화하고 중산층으로 도약하는 방법은 있다. 그 중 하나가 위험하기 그지없다고 생각하는 주식투자다. 또 다른 방법은 가치가 복리로 증가하는 '자산'을 보유해서 복리로 증가하는 인플레이션을 따라잡는 것이다. 서울과 수도권의 아파트 가격은 내려가지만, 지방의 토지농지와 임야 가격은 꾸준하게 복리로 상승한다. 만일 토지에서 매년 꾸준히 이익을 창출한다면 그 토지의 가격은 그야말로 기하급수적이익의 30배 이상으로 증가한다. 만일 그 토지에 주택이 들어서서 지목이 대지로 바뀐다면 토지가격이 또다시 크게 상승한다. 이런 토지가 대도시 인근에 있어 출퇴근할 수 있고 지하수를 개발할 수 있다면 금상첨화다.

토지에서 꾸준한 이익을 창출하는 것은 얼마든지 가능하다. 평균 수명이 연장되면서 성인병환자와 암환자가 무서운 속도로 급증하고 있고 그들이 필요로 하는 다양한 기능성 식품에 대한 수요도 급격하게 증가한다. 양극화의 수혜를 입은 고소득 계층은 높은 가격을 주고서라도 무농약 유기농 제품을 마다하지 않는다. 이것이 억대 농사꾼이 급증하는 배경이다. 이런 제품을 꾸준히 생산하는 토지의 가격

■ ■ ■ ■ ■

은 복리로 기하급수적으로 상승한다.

그렇다면, 토지를 무슨 수로 마련하나? 취업난이 심각하지만, 아예 직장을 구할 수 없는 것은 아니다. 눈높이를 낮추면 박봉이지만 꾸준한 수입을 얻을 수 있는 직장을 구할 수 있다. 평생 그 직장에 있어야 한다면 답답하다. 그러나 젊었을 때 월급을 차곡차곡 모아 장년이 되어 자신을 중산층으로 밀어 올려줄 토지를 구입할 생각을 한다면 견딜 수 있다.

직장생활과 농사를 겸할 수 있나? 힘들지만 얼마든지 가능하다. 일본에서는 80대 할머니도 작은 텃밭에서 기계로 농사를 짓는다. 요즘은 기계가 밭 갈고 돌 골라내고 비닐도 쳐주고 씨도 뿌려준다. 농협회원이 되면 낮은 이자와 장기 할부로 이런 기계를 구입할 수 있다. 이렇게 직장생활과 농사를 겸하려면 지방에서 직장을 구하는 편이 훨씬 더 유리하다.

만일 지방정부가 예산을 정의롭게 분배하고 각종 세제혜택을 제공한다면, 도시 직장인들이 지방에서 토지구입과 영농으로 중산층으로 도약해서 양극화를 완화하는 데 크게 도움이 된다. 이것이 죽어가는 농촌을 살리는 길이기도 하다. 그런데 지금의 간접민주주의로는 지방정부가 그렇게 하게 할 방법이 없다. 지방정부가 예산을 정의롭게 분배하고 세제혜택을 제공하게 만들려면 '직접민주주의

■ ■ ■ ■ ■

Direct Democracy'가 필요하다.

최근《정의란 무엇인가》의 저자 하버드대의 센델 교수가 정의로운 분배를 위해 진지한 정치적 논의를 시작하자고 역설했다. 2007~2008년에 발생한 글로벌증시 대폭락과 경제위기가 시장이 더 이상 공정하고 정의로운 분배를 보장하는 메커니즘이 아니라는 사실을 확실하게 증명했다는 것이다. 그러니까 이제 정의로운 분배를 위한 정치적 논의를 본격적으로 시작하자는 것이다.

미국에서는 이것이 가능하다. 정치인의 거짓말과 꼼수를 원천적으로 차단하는 직접민주주의가 있기 때문이다. 미국은 17세기부터 타운회의Town Meeting라는 직접민주주의를 해왔다. 공동체 대부분 또는 모든 공동체 구성원들이 함께 모여 지방정부의 정책과 예산을 결정하는 것이다. 정치인이 아니라 공동체 구성원이 직접 정치를 하는 것이다. 그래서 미국에서는 정의로운 분배를 위한 정치적 논의가 얼마든지 가능한 것이다.

진정한 의미의 민주주의는 직접민주주의다. 그리고 직접민주주의의 꽃은 선거가 아니라 제비뽑기이다. 현대 민주주의의 기원이라고 하는 아테네 민주주의Athenian Democracy는 행정관 700명 중에서

■ ■ ■ ■ ■

500명을 제비뽑기로 뽑았고, 17세기 이탈리아 도시국가들도 제비뽑기를 했다. 정치인과 판검사를 오랜 세월에 걸쳐 실력과 인격이 충분히 검증된 인재풀에서 제비뽑기로 임명한다면, 정치인의 거짓말과 꼼수 그리고 부정부패가 크게 줄어들 것이다. 바로 이것이 진정한 의미의 민주주의다.

이 책이 세상에 나온 2012년 9월은 우리나라가 직접민주주의로 향하는 여정의 끝이 아니라 시작이어야 한다. 이제 우리 평범한 사람들이 진지하게 나서야 한다. 우리도 직접민주주의를 이루어 정치인의 거짓말과 꼼수를 근원적으로 차단하고, 우리의 삶과 재산을 지키고 인간으로서 존엄성을 되찾아야 한다.

뒤를 돌아보자. 또다시 정치인들이 금융위기를 만들어 우리에게 막대한 피해를 입히는 것을 좌시하려는가? 또다시 금융위기가 터지는 것을 막으려면 금융감독원을 해체해야 하는데 우리가 뽑아준 정치인들이 그것을 해내겠는가? 직접민주주의의 필요성은 우리가 입은 그 막대한 피해를 돌이켜보는 것만으로도 쉽게 확인할 수 있다.

나에게는 꿈이 있다. 언젠가는 우리가 직접민주주의를 이루어 정치인의 거짓말과 꼼수에서 벗어나 예측가능하고 안전한 현실에서

▪ ▪ ▪ ▪ ▪

존엄한 삶을 영위할 수 있어야 한다. 바로 이것이 우리의 희망이고 신념이다.

나에게는 꿈이 있다. 우리의 후손들이 우리가 이뤄낸 직접민주주의를 자랑스럽게 여기기를 진정으로 바란다. 선진국의 은퇴자들이 앞다퉈 우리나라로 몰려들고, 세계의 모범이 되고 위대한 나라가 되려면 반드시 직접민주주의를 실현해야 한다.

이러한 나의 꿈이 실현될 때까지는《위험한 정치경제학》시리즈가 계속 세상에 얼굴을 들이댈 것이다. 직접민주주의가 없는 미래에서는 정치가 계속 폭력을 휘두를 것이고, 정치인이 계속 꼼수를 부려 금융위기를 초래할 것이고 필자가 그들을 계속 감시할 것이기 때문이다. 미래에는 조금이나마 정치와 정치인에 대해 긍정적인 이야기를 하고 싶지만 그럴 수 있을 것 같지는 않다. 끝으로 이 책이 독자에게 다가갈 수 있도록 원고를 다듬어준 출판사 관계자에게 심심한 감사의 말을 전한다.

Dangerous Political Economy